高等院校物流管理专业系列教材·物流企业岗位培训系列教材

物流法律法规

（第4版）

罗佩华　岳嫣婷 ◎ 主　编
杨四龙　温耀原 ◎ 副主编

清华大学出版社
北京

内容简介

本书根据物流发展的新特点,结合国家物流管理法规及实际案例,系统介绍物流企业法律、物流合同法律、货物采购与销售法律、物流信息管理法律、流通加工、配送、包装、仓储法律、装卸搬运法律、物流运输法律、货物保险法律、邮政快递法律、物流宏观调控法律、物流环境法律等物流法规相关知识,并通过实证案例分析培养和提高读者的应用能力。

本书具有通用性和实用性,既可作为普通高等院校物流管理、工商管理等专业教学的教材,同时兼顾高职高专、高等教育自学考试、成人高等教育教学,还可用于物流从业人员的在岗培训,并为社会广大创业者提供有益的学习指导。

本书封面贴有清华大学出版社防伪标签,无标签者不得销售。
版权所有,侵权必究。举报: 010-62782989, beiqinquan@tup.tsinghua.edu.cn。

图书在版编目(CIP)数据

物流法律法规/罗佩华,岳嫣婷主编. —4版. —北京:清华大学出版社,2023.6(2024.2重印)
高等院校物流管理专业系列教材　物流企业岗位培训系列教材
ISBN 978-7-302-63805-6

Ⅰ. ①物… Ⅱ. ①罗… ②岳… Ⅲ. ①物流管理—法规—中国—高等学校—教材 Ⅳ. ①D922.294.1

中国国家版本馆 CIP 数据核字(2023)第 105789 号

责任编辑:贺　岩
封面设计:汉风唐韵
责任校对:宋玉莲
责任印制:刘海龙

出版发行:清华大学出版社
　　　　网　　址: https://www.tup.com.cn, https://www.wqxuetang.com
　　　　地　　址: 北京清华大学学研大厦 A 座　　邮　　编: 100084
　　　　社 总 机: 010-83470000　　邮　　购: 010-62786544
　　　　投稿与读者服务: 010-62776969, c-service@tup.tsinghua.edu.cn
　　　　质量反馈: 010-62772015, zhiliang@tup.tsinghua.edu.cn
印 装 者:天津鑫丰华印务有限公司
经　　销:全国新华书店
开　　本:185mm×230mm　　印　张:21　　字　数:428 千字
版　　次:2012 年 3 月第 1 版　　2023 年 7 月第 4 版　　印　次:2024 年 2 月第 2 次印刷
定　　价:68.00 元

产品编号:094838-01

高等院校物流管理专业系列教材·物流企业岗位培训系列教材

编审委员会

主　任

　　牟惟仲　　中国物流技术协会理事长、教授级高级工程师

副主任

　　翁心刚　　北京物资学院副院长、教授
　　冀俊杰　　中国物资信息中心原副主任、总工程师
　　张昌连　　中国商业信息中心原主任、总工程师
　　吴　明　　中国物流技术协会副理事长兼秘书长、高级工程师
　　李大军　　中国物流技术协会副秘书长、中国计算机协会理事

委　员

　　张建国　　王海文　　刘　华　　孙　旭　　刘徐方　　贾强法
　　孙　军　　田振中　　李耀华　　李爱华　　郑强国　　刘子玉
　　刘丽艳　　宋鹏云　　王　艳　　林玲玲　　赵立群　　尚　珂
　　张劲珊　　董　铁　　罗佩华　　吴青梅　　于汶艳　　郑秀恋
　　卢亚丽　　刘慧敏　　赵　迪　　刘阳威　　李秀华　　罗松涛

总　编

　　李大军

副总编

　　王海文　　刘徐方　　刘　华　　田振中　　孙　旭

序言

Xuyan

物流是国民经济的重要组成部分,也是我国经济发展新的增长点。2020年10月,党的十九届五中全会审议通过《中共中央关于制定国民经济和社会发展第十四个五年规划和二〇三五年远景目标的建议》,为我国物流产业发展指明了前进方向,并对进一步加快我国现代物流发展、提高经济运行质量与效益、实现可持续发展战略、推进我国经济体制与经济增长方式的根本性转变,具有非常重要而深远的意义。

国家"一带一路、互联互通"经济建设的快速推进和全球电子商务的迅猛发展,不仅有力地促进了我国物流产业的国际化发展,而且使我国迅速融入全球经济一体化的进程,中国市场国际化的特征越发凸显。

物流不但涉及交通运输、仓储配送、通关报检等业务环节,同时也涉及国际贸易、国际商务活动等外向型经济领域。当前面对世界经济的迅猛发展和国际市场激烈竞争的压力,如何加强物流科技知识的推广应用、加快物流专业技能型应用人才的培养,已成为我国经济转型发展过程中亟待解决的问题。

针对我国高等职业教育院校物流教材陈旧和知识老化的问题,为了满足国家经济发展和社会就业需要,满足物流行业规模发展对操作技能型人才的需求,在中国物流技术协会的支持下,我们组织北京物资学院、大连工业大学、北京城市学院、吉林工程技术师范学院、北京财贸职业学院、郑州大学、哈尔滨理工大学、燕山大学、浙江工业大学、河北理工大学、华北水利水电学院、江西财经大学、山东外贸职业学院、吉林财经大学、广东理工大学等全国20多个省市应用型大学及高职高专院校物流管理专业的主讲教师和物流企业经理共同编写了此套教材,旨在提高高等院校物流管理专业学生和物流行业从业者的专业技术素质,更好地服务于我国物流产业和物流经济。

作为普通高等院校物流管理专业的特色教材，本套教材融入了物流运营管理的最新教学理念，注重与时俱进，根据物流业发展的新形势和新特点，依照物流活动的基本过程和规律，全面贯彻国家"十四五"教育发展规划，按照物流企业对人才的需求模式，加强实践能力训练，注重校企结合、贴近物流企业业务实际，注重新设施设备操作技术的掌握，强化实践技能与岗位应用能力培训，并注重教学内容和教材结构的创新。

本套教材根据高等院校物流管理专业教学大纲和课程设置，对帮助学生尽快熟悉物流操作规程与业务管理，毕业后顺利走上社会具有特殊意义，因而既可作为本科或高职院校物流管理专业的教材，也可作为物流、商务贸易等企业在职员工的培训用书。

中国物流技术协会理事长　牟惟仲
2022 年 10 月于北京

前言 第4版

法制社会需要依法办事，现代物流产业的持续、稳定、健康发展，必须以良好的法律制度环境作为依托，建立完善的物流法律制度是物流产业得以发展的重要条件。物流企业经营管理需要遵纪守法。物流法律法规在规范经营、处理交易纠纷、安全保障、消费者权益保护、促进产业健康发展等方面具有积极的作用；物流法规不仅为我国物流产业规模化发展保驾护航，而且成为我国物流企业挺进国际物流市场的重要保证。

物流法律法规是高等教育物流管理专业的核心基础课程，也是物流从业者必须认真学习掌握的关键知识技能。本书作为普通高等教育物流管理专业的特色教材，坚持科学发展观，严格按照教育部关于"加强职业教育、突出应用能力培养"的教育教学改革要求，注意突出实操性；本书的出版对提高从业人员的法律素养、提升企业的服务质量和水平，促进我国物流产业的健康发展都具有十分重要的意义。

本书自 2018 年第 3 次出版以来，因写作质量高而深受全国各高等院校广大师生的欢迎，目前已经多次重印；此次再版，作者审慎地对原教材进行了反复论证、精心设计，包括：结构调整、更新案例、补充新知识。特别是根据 2020 年 5 月 28 日通过的《中华人民共和国民法典》（书中简称《民法典》）对全书相关内容进行全面修订，并对技能训练等作相应修改，使其更贴近现代物流业发展实际，更好地为国家物流经济和教学服务。

由于本书融入了现代国际物流法律法规的最新教学实践，坚持创新、力求严谨、注重与时俱进，具有通用性和实用性，因此既可作为普通高等院校物流管理、工商管理等专业教学的首选教材，同时兼顾高职高专、高等教育自学考试、成人高等教育教学，还可以用于物流从业人员的在职岗位培训，并为社会广大创业者提供有益的学习指导。

本书由李大军筹划并具体组织，罗佩华和岳嫣婷主编，罗佩华统改稿,杨四龙、温耀原任副主编,由中国物流技术协会会长牟惟仲教授审定。写作分工:牟惟仲(序言),张肖华(第一章、第四章),罗佩华(第二章、第十三章、第十四章),岳嫣婷(第三章、第七章),杨四龙(第五章、第六章、第九章),张冠男(第八章、第十章),温耀原(第十一章、第十二章);李晓新(文字版式修改、课件制作)。

  本书再版过程中,我们参阅了大量有关物流法规的最新书刊、网站资料,以及国家新颁布实施的《民法典》和物流管理政策规定,收集整理了具有实用价值的典型案例,并得到业界专家教授的具体指导,在此一并致谢。为方便教学,本书配有课件,读者可以通过扫描书后二维码免费下载使用。因物流法规涉及面广,并且编者水平有限,书中难免存在疏漏和不足之处,恳请专家和广大读者批评指正。

编 者

2023年1月

第一章　物流法概述 ……………………………………………… 1

第一节　物流法律制度概述 …………………………………… 2
一、物流法律制度的概念及特征 …………………………… 2
二、物流法律制度的基本原则 ……………………………… 4
三、物流法律制度的作用 …………………………………… 6

第二节　物流法律关系 ………………………………………… 8
一、物流法律关系的概念与特征 …………………………… 8
二、物流法律关系的构成要素 ……………………………… 9
三、物流法律关系的发生、变更和终止 …………………… 12

第三节　我国物流立法概况 …………………………………… 13
一、法律层面的物流立法 …………………………………… 13
二、行政法规层面的物流立法 ……………………………… 14
三、物流部门规章 …………………………………………… 14
四、物流地方性法规与地方政府规章 ……………………… 14
五、物流标准 ………………………………………………… 15
六、国际法层面的物流立法 ………………………………… 15

第二章　物流主体法律制度 …………………………………… 17

第一节　物流企业法律制度 …………………………………… 18
一、物流企业的概念和特征 ………………………………… 18
二、物流企业的分类 ………………………………………… 18
三、物流企业的设立 ………………………………………… 19
四、物流企业的变更 ………………………………………… 22
五、物流企业的终止 ………………………………………… 24

　　　　　六、物流企业的法律责任 ·· 26
　　第二节　物流行业准入法律制度 ·· 29
　　　　　一、物流企业市场准入制度 ·· 29
　　　　　二、我国关于内资物流企业市场准入的相关法律规定 ················· 30
　　　　　三、外商投资物流企业的市场准入条件及相关法律规定 ·············· 33
　　第三节　物流行业管理法律制度 ·· 35
　　　　　一、道路货物运输及站场管理规定 ··· 35
　　　　　二、道路危险货物运输管理规定 ··· 36
　　　　　三、国内水路运输经营资质管理规定 ·· 36

第三章　物流合同法律制度 ·· 38

　　第一节　物流合同概述 ·· 39
　　　　　一、物流合同的定义 ·· 39
　　　　　二、物流合同的种类 ·· 39
　　　　　三、物流合同的法律属性 ·· 41
　　　　　四、签订物流合同的原则 ·· 42
　　第二节　物流合同的订立 ·· 42
　　　　　一、物流合同订立的一般程序 ·· 42
　　　　　二、物流合同成立的时间和地点 ··· 46
　　　　　三、物流合同的形式 ·· 47
　　　　　四、物流合同的条款 ·· 47
　　第三节　物流合同的效力 ·· 48
　　　　　一、物流合同的生效 ·· 48
　　　　　二、物流合同的无效 ·· 49
　　　　　三、可撤销物流合同 ·· 50
　　　　　四、效力待定的物流合同 ·· 51
　　第四节　物流合同的履行 ·· 52
　　　　　一、物流合同履行的概念 ·· 52
　　　　　二、物流合同履行的规则 ·· 52
　　　　　三、双务物流合同履行中的抗辩权 ·· 55
　　　　　四、物流合同履行中的保全措施 ··· 57
　　第五节　物流合同的变更、转让、解除与终止 ································ 58
　　　　　一、物流合同的变更 ·· 58
　　　　　二、物流合同的转让 ·· 59

三、物流合同的解除 ………………………………………………………… 61
　　　四、物流合同的终止 ………………………………………………………… 62
　第六节　违反物流合同的法律责任 ……………………………………………… 63
　　　一、违约行为形式 …………………………………………………………… 63
　　　二、违约责任 ………………………………………………………………… 64
　　　三、承担违约责任的方式 …………………………………………………… 64
　　　四、违约责任的免除 ………………………………………………………… 65

第四章　货物买卖法规中的物流问题 …………………………………………… 66

　第一节　货物买卖法规中的物流问题列举 ……………………………………… 67
　　　一、买卖合同的概念和法律特征 …………………………………………… 68
　　　二、买卖合同双方当事人的权利和义务 …………………………………… 68
　　　三、货物所有权的转移 ……………………………………………………… 74
　　　四、货物风险的转移 ………………………………………………………… 77
　第二节　我国《对外贸易法》对物流问题的规定 ……………………………… 79
　　　一、对外贸易经营者 ………………………………………………………… 80
　　　二、特殊货物、技术进出口的管制 ………………………………………… 80
　　　三、国际服务贸易 …………………………………………………………… 81
　　　四、与对外贸易有关的知识产权的保护 …………………………………… 82
　　　五、对外贸易调查和对外贸易救济 ………………………………………… 83

第五章　物流信息管理法律制度 ………………………………………………… 85

　第一节　物流信息管理法律制度概述 …………………………………………… 86
　　　一、物流信息的概念与特征 ………………………………………………… 87
　　　二、物流信息管理法律概况 ………………………………………………… 87
　第二节　电子商务法律制度 ……………………………………………………… 89
　　　一、电子商务法的概念与特征 ……………………………………………… 89
　　　二、电子商务法对物流关系的调整 ………………………………………… 90
　　　三、电子签名法律制度 ……………………………………………………… 90
　　　四、电子认证法律制度 ……………………………………………………… 95
　　　五、电子合同法律制度 ……………………………………………………… 98

第六章　加工、配送的法律制度 ………………………………………………… 102

　第一节　流通加工中的法律规定 ………………………………………………… 102

　　　　一、物流加工的含义与作用 …………………………………………… 103
　　　　二、物流加工的类型 ……………………………………………………… 103
　　　　三、物流企业在物流加工中的法律地位 ………………………………… 104
　　　　四、加工承揽合同的主要内容 …………………………………………… 105
　　第二节　配送法律规定 ……………………………………………………………… 106
　　　　一、物流配送概述 ………………………………………………………… 106
　　　　二、物流配送所涉及的法律关系 ………………………………………… 108
　　　　三、配送合同 ……………………………………………………………… 109

第七章　货物包装法律制度 …………………………………………………………… 119

　　第一节　货物包装法律制度概述 …………………………………………………… 119
　　　　一、包装的概念及分类 …………………………………………………… 119
　　　　二、物流包装法律规范 …………………………………………………… 120
　　　　三、包装法律规范的基本原则 …………………………………………… 121
　　第二节　普通货物包装的法律规定 ………………………………………………… 122
　　　　一、普通货物的含义 ……………………………………………………… 122
　　　　二、普通货物包装中所适用的法律规范 ………………………………… 122
　　　　三、包装条款 ……………………………………………………………… 122
　　　　四、销售包装的基本要求 ………………………………………………… 124
　　　　五、运输包装的要求 ……………………………………………………… 127
　　第三节　危险货物运输包装的法律规定 …………………………………………… 133
　　　　一、危险货物的含义 ……………………………………………………… 133
　　　　二、危险货物运输包装的要求 …………………………………………… 134
　　第四节　国际物流中的包装法律规范 ……………………………………………… 142
　　　　一、国际物流中包装的特点 ……………………………………………… 142
　　　　二、国际物流中包装所适用的法律 ……………………………………… 143
　　　　三、《国际海运危险货物规则》对于危险货物包装的基本要求 ………… 144

第八章　仓储法律制度 ………………………………………………………………… 146

　　第一节　保管合同和租赁合同 ……………………………………………………… 147
　　　　一、保管合同 ……………………………………………………………… 147
　　　　二、租赁合同 ……………………………………………………………… 149
　　第二节　仓储合同 …………………………………………………………………… 153
　　　　一、仓储合同的概念和法律特征 ………………………………………… 153

　　　　　二、仓储合同的内容 ·· 155
　　　　　三、仓单的概念和内容 ·· 159
　　　　　四、仓储合同中保管人和存货人的权利和义务 ············· 160
　　第三节　危化品储存安全管理制度 ·································· 164
　　　　　一、危化品储存应当遵循的安全管理规定 ···················· 164
　　　　　二、易爆品的储存管理规定 ··· 164
　　　　　三、易燃液体的储存管理 ·· 165
　　　　　四、剧毒化学品的储存管理 ··· 165
　　　　　五、危化品的其他管理规定 ··· 165

第九章　货物装卸搬运法律制度 ·································· 166

　　第一节　装卸搬运概述 ·· 167
　　　　　一、装卸搬运的概念 ··· 167
　　　　　二、装卸搬运的法律法规 ·· 167
　　　　　三、港口装卸搬运作业的主体 ····································· 168
　　第二节　港口装卸搬运作业的法律规定 ··························· 169
　　　　　一、港口装卸搬运作业概述 ··· 169
　　　　　二、港口货物作业合同 ··· 170
　　　　　三、港口装卸搬运作业的主要规则 ······························ 170
　　第三节　集装箱码头装卸搬运作业的法律规定 ················· 173
　　　　　一、集装箱码头装卸搬运作业的概念 ·························· 173
　　　　　二、物流企业在集装箱码头装卸搬运中的义务 ············ 173
　　　　　三、装、拆箱人的责任 ··· 174
　　　　　四、物流企业的其他义务 ·· 175
　　第四节　铁路装卸搬运作业中的法律规定 ······················· 176
　　　　　一、与铁路装卸搬运作业有关的法律 ·························· 176
　　　　　二、铁路货物装卸搬运作业规则 ································· 176
　　第五节　公路装卸搬运作业中的法律规定 ······················· 178
　　　　　一、与公路装卸搬运有关的法律规范 ·························· 178
　　　　　二、公路装卸搬运作业规则 ··· 178
　　　　　三、公路集装箱装拆箱作业人的责任 ·························· 180

第十章　运输法律制度 ·· 182

　　第一节　货物运输合同 ·· 183
　　　　　一、货物运输概述 ·· 183

二、常见的货物运输方式 …… 183
　　三、货物运输合同 …… 184
第二节　危险品运输装卸安全管理规定 …… 188
　　一、危险品运输装卸安全管理立法 …… 188
　　二、危险品运输装卸安全管理规定 …… 189
第三节　水运物流法律规定 …… 192
　　一、运单法律规定 …… 192
　　二、国内水路运输管理规定 …… 193
第四节　陆运物流法律规定 …… 196
　　一、公路货物运输相关法律规定 …… 196
　　二、国际公路货物运输法律规定 …… 199
　　三、汽车租用法律规定 …… 201
　　四、铁路货物运输法律规定 …… 201
第五节　空运物流法律规定 …… 202
　　一、航空货物运输法律规定 …… 203
　　二、包机合同 …… 205
　　三、国际航空货物运输法律规定 …… 205
第六节　多式联运法律规定 …… 206
　　一、多式联运合同 …… 206
　　二、国际货物多式联运法律规定 …… 207
第七节　货物运输代理法律规定 …… 208
　　一、货物运输代理的概念 …… 208
　　二、国际货运代理业务 …… 208
　　三、国际货运代理人的法律地位 …… 210

第十一章　物流活动中的保险法律制度 …… 212

第一节　物流风险与物流保险法律制度 …… 212
　　一、物流风险的概念与表现形式 …… 212
　　二、物流保险法律制度的概念和发展现状 …… 215
第二节　物流保险合同 …… 217
　　一、保险合同概述 …… 217
　　二、物流保险合同 …… 224
第三节　物流活动中的保险法律的规定 …… 226
　　一、货物运输保险的法律规定 …… 226
　　二、国际货物运输保险中的国际公约与国际惯例 …… 229

　　　　三、企业财产保险、机动车辆保险的法律规定 ………………………………… 233

第十二章　国际物流中的法律制度 ……………………………………………… 235

第一节　国际货物买卖中的物流问题及国际公约与国际惯例 …………………… 236
　　　　一、国际货物买卖与国际物流 …………………………………………………… 236
　　　　二、调整国际货物买卖的法律规定 ……………………………………………… 238

第二节　国际货物运输中的国际公约与国际惯例 ………………………………… 244
　　　　一、调整国际海上货物运输的国际公约与惯例 ………………………………… 244
　　　　二、调整国际航空运输关系的国际公约与国际惯例 …………………………… 248
　　　　三、调整国际铁路运输关系的国际条约 ………………………………………… 249
　　　　四、调整国际货物多式联运关系的国际公约与国际惯例 ……………………… 251

第三节　保税货物仓储的法律问题 ………………………………………………… 253
　　　　一、保税仓库 ……………………………………………………………………… 253
　　　　二、保税货物仓储的法律规定 …………………………………………………… 257

第十三章　物流经济调控法律制度 ………………………………………………… 261

第一节　物流经济调控法律制度概述 ……………………………………………… 262
　　　　一、财税金融法制建设 …………………………………………………………… 262
　　　　二、物流税收法律制度建设 ……………………………………………………… 262
　　　　三、产业促进法制建设 …………………………………………………………… 262
　　　　四、计划法制建设 ………………………………………………………………… 262

第二节　公路法中物流宏观调控法律规定 ………………………………………… 263
　　　　一、公路法概述 …………………………………………………………………… 263
　　　　二、公路发展的基本原则和法律保护 …………………………………………… 263
　　　　三、公路主管部门 ………………………………………………………………… 264
　　　　四、公路规划 ……………………………………………………………………… 264
　　　　五、公路建设 ……………………………………………………………………… 264
　　　　六、公路养护 ……………………………………………………………………… 265
　　　　七、路政管理 ……………………………………………………………………… 266
　　　　八、收费公路 ……………………………………………………………………… 267
　　　　九、公路监督检查 ………………………………………………………………… 267
　　　　十、法律责任 ……………………………………………………………………… 267

第三节　铁路法中物流宏观调控法律规定 ………………………………………… 267
　　　　一、铁路法概述 …………………………………………………………………… 267
　　　　二、铁路运输营业 ………………………………………………………………… 268

　　　　三、铁路安全与保护 …………………………………… 269
　　　　四、法律责任 …………………………………………… 270
　第四节　航空法中物流宏观调控法律规定 …………………… 271
　　　　一、航空法的概述 ……………………………………… 271
　　　　二、民用航空器的管理 ………………………………… 272
　　　　三、民用机场 …………………………………………… 272
　　　　四、空中航行管理 ……………………………………… 273
　　　　五、公共航空运输 ……………………………………… 274
　　　　六、搜寻援救和事故调查 ……………………………… 276
　　　　七、对地面第三人损害的赔偿责任 …………………… 276
　　　　八、对外国民用航空器的特别规定 …………………… 277
　　　　九、涉外关系的法律适用 ……………………………… 277
　　　　十、法律责任 …………………………………………… 278
　第五节　港口法中物流宏观调控法律规定 …………………… 279
　　　　一、港口法概述 ………………………………………… 279
　　　　二、港口的管理体制 …………………………………… 279
　　　　三、港口的规划与建设 ………………………………… 279
　　　　四、港口经营 …………………………………………… 281
　　　　五、港口安全与监督管理 ……………………………… 282
　　　　六、法律责任 …………………………………………… 284
　第六节　邮政法中物流宏观调控法律规定 …………………… 284
　　　　一、邮政法的概念 ……………………………………… 284
　　　　二、邮政法的基本原则 ………………………………… 285
　　　　三、邮政企业的设置与邮政设施 ……………………… 285
　　　　四、邮政服务 …………………………………………… 286
　　　　五、邮政资费与邮政凭证 ……………………………… 286
　　　　六、邮件的寄递 ………………………………………… 287
　　　　七、邮件的运输、验关检疫 …………………………… 288
　　　　八、损失赔偿 …………………………………………… 288
　　　　九、快递业务 …………………………………………… 289
　　　　十、监督检查 …………………………………………… 291
　　　　十一、法律责任 ………………………………………… 291

第十四章　物流环境法 ……………………………………………… 293
　第一节　绿色物流的内涵与理论基础 ………………………… 294

一、可持续发展理论 ·· 294
　　二、生态经济学理论 ·· 296
　　三、生态伦理学理论 ·· 297
第二节　环境法的基本原则在物流产业的贯彻 ······················ 297
　　一、保护优先原则 ·· 298
　　二、预防为主原则 ·· 300
　　三、综合治理原则 ·· 304
　　四、损害担责原则 ·· 307
　　五、公众参与原则 ·· 311

参考文献 ··· 314

第一章 物流法概述

【学习目标】
1. 掌握我国物流法律基本知识;
2. 掌握我国物流法律体系的组成;
3. 掌握物流法律(制度)的概念与特点,理解物流法律关系。

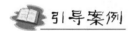 引导案例

强化流通体系支撑作用

深化流通体制改革,畅通商品服务流通渠道,提升流通效率,降低全社会交易成本。加快构建国内统一大市场,对标国际先进规则和最佳实践优化市场环境,促进不同地区和行业标准、规则、政策协调统一,有效破除地方保护、行业垄断和市场分割。建设现代物流体系,加快发展冷链物流,统筹物流枢纽设施、骨干线路、区域分拨中心和末端配送节点建设,完善国家物流枢纽、骨干冷链物流基地设施条件,健全县乡村三级物流配送体系,发展高铁快运等铁路快捷货运产品,加强国际航空货运能力建设,提升国际海运竞争力。优化国际物流通道,加快形成内外联通、安全高效的物流网络。完善现代商贸流通体系,培育一批具有全球竞争力的现代流通企业,支持便利店、农贸市场等商贸流通设施改造升级,发展无接触交易服务,加强商贸流通标准化建设和绿色发展。加快建立储备充足、反应迅速、抗冲击能力强的应急物流体系。

(资料来源:《中华人民共和国国民经济和社会发展第十四个五年规划和2035年远景目标纲要》)

第一节 物流法律制度概述

一、物流法律制度的概念及特征

物流活动涉及生产领域、流通领域、消费领域的各个方面。物流业有序健康的发展，必然要受到相应法律规范的调整与保障。尽管目前我国对物流法律制度的研究还不多，关于调整物流活动的法律是否能够构成一个独立的法律部门尚没有权威性结论，但是，从法律层面调整物流活动已经成为物流业发展的迫切的客观需要。随着物流业的发展，物流活动所涉及的法律问题越来越突出，必然要求国家尽快制定和完善物流方面的法律法规。

（一）物流法律制度的概念

物流法律制度是调整物流活动主体在物流活动中产生的与物流活动相关的社会关系的法律规范的总和。

（二）物流法律制度的调整对象

物流法律制度是一个相对独立的法律规范集合体。其相对独立性表现在独特的调整对象上。由于物流关系涉及政府、物流企业、客户等主体，因此，物流法律制度的调整对象包括两类。

1. 横向物流法律关系

横向物流法律关系就是在物流企业之间以及物流企业与其服务对象之间因各种物流行为或服务而引起的各种经济关系。这类物流法律关系当事人根据平等、自愿原则就物流活动达成协议，若一方不履行义务；另一方可以要求其承担相应的法律责任。

横向物流法律关系与一般的民商事关系有所不同：一方面，物流法律关系主体至少有一方是物流企业，而不是任意的民事主体；另一方面，物流法律关系是体现特定的物流活动内容的财产关系，而不是任意的财产关系和人身关系。

2. 纵向物流法律关系

纵向物流法律关系是国家在规划、管理以及调控物流产业或物流经济过程中发生的各种经济关系。这类关系属于行政法律关系的范畴，但这类行政法律关系必须发生在行政主体与物流活动当事人之间。

（三）物流法律制度的特征

物流法律制度不同于其他法律制度，它具有以下特征。

1. 广泛性

物流系统运行过程和物流活动内容的多样性决定了物流法律制度的广泛性,具体表现在以下方面:

(1) 主体种类众多

物流活动的参与者涉及不同行业、不同部门,如仓储经营者、包装服务商、各种运输方式下的承运人、装卸作业者、承揽加工业者、配送商、信息服务供应商等。这些物流参与者的活动既要受到社会活动一般行为规范的制约,也要受到各种物流法律法规的约束,成为物流法律关系的主体。

(2) 内容的综合性

物流活动包括物品从原材料经过生产环节的半成品、成品,最后经过流通环节到达消费者手中的全过程。同时,还包括物品用后的回收和废弃物的处理过程,涉及运输、储存、装卸、搬运、包装、流通加工、配送、信息处理等诸多环节。物流法律制度应当对所有这些环节中产生的社会关系进行调整,因此物流法律制度的内容具有综合性。

(3) 形式的多样性

物流活动的多样性决定了物流法律制度表现形式的多样性。从法的效力等级角度看,法的表现形式有:国家最高权力机关正式颁布的宪法和法律;国家最高行政机关颁布的行政法规;省、自治区、直辖市权力机关发布的地方性法规;国务院各主管部门制定的部门规章;特定地方人民政府制定的地方政府规章。此外,还有相关的技术标准或技术法规等。其中,宪法具有最高效力;法律的法律效力次之;行政法规和部门规章起到补充和辅助法律实施的作用。当物流活动在世界范围内进行时,还受到国际条约或国际惯例的制约。

2. 复杂性

物流活动的广泛性和综合性决定了物流法律制度具有复杂性,具体表现在:

(1) 物流法律制度包括横向的民商事法律规范和纵向的行政法律规范,以及各种技术法律规范,因此物流法律制度既涉及公法制度又涉及私法制度。

(2) 即使在同一部门法中,因物流活动所涉及的领域众多,涵盖了运输、仓储、装卸、加工等环节,各环节中的运行方式又有所不同,主体权利义务和责任的承担亦有可能适用不同的法律法规。

(3) 物流活动参与者的多样性,也使物流法律关系变得复杂。而且同一物流服务提供者经常处于双重或多重法律关系中,因而形成不同领域对主体行为的规范。

(4) 随着国际物流的发展,物流活动跨越了国界。因而,在物流活动中必然产生各国物流法律法规以及国际条约与国际惯例的法律适用问题,从而使物流法律制度呈现出复杂性的特点。

3. 技术性

物流活动由运输、包装、仓储和装卸等技术性较强的多个物流环节组成,整个物流活动过程都需要运用现代信息技术,所以,物流活动自始至终都体现出较高的技术性特征。物流法律制度作为调整物流活动、规范物流市场的法律规范,必然涉及从事物流活动的专业术语、技术标准、设备标准以及设备操作规程等,从而具有技术性的特点。

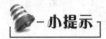

现代物流是经济全球化、一体化发展的产物。国际物流的出现和发展,使物流超越了一国和区域的界限[实现了商品实体从一个国家(或地区)流转到另一个国家(或地区)的物流活动——国际物流的官方定义]从而走向国际化。

通过在全世界范围内构建体现因特网技术的智能性、服务方式的柔性、运输方式的综合多样性,并与环境协调发展的国际性物流系统,以最低廉的成本实现货物快速、安全、高效、通达和便利地送达最终消费者手中的目标,进而促进国际经济全球化。与国际物流相适应,物流法律也呈现出国际化的趋势,这具体表现在一些领域内出现了全世界通用的国际标准。

二、物流法律制度的基本原则

(一)遵循物流产业现代化发展规律,促进国民经济发展的原则

国外物流产业的形成和发展已有半个多世纪的历程,从对物流活动的研究和认识的逐渐深化过程中积累了相当多的成功经验,摸索出了适合物流发展的规律。具体而言主要有以下几项:

1. 物流产业专业化

物流企业从以前的多样性逐渐发展和探索优化出一些专业合理的物流形式。

2. 物流企业集约化、协同化

物流企业集约化、协同化主要表现在两个方面:一是大力建设物流园区,二是物流企业兼并与合作。

3. 物流产业全球化

随着经济全球化的日渐深入,物流产业作为现代经济的重要支柱,全球化特征越加显著。

4. 物流产业信息技术化

现代信息技术已经全面深入到了各个产业之中,物流业与信息技术的结合对物流业

产生了革命性的推动。

5. 物流产业人文化

随着人们对环境保护意识的加强,"绿色物流""低碳物流"已经成为物流业新的发展趋势。这些规律是各国必须遵循的,也为我国物流业的发展奠定了宏观环境与微观环境的基础。为现代物流的发展起到保驾护航作用的物流法律制度,也必须遵循这些物流产业现代化发展的规律。

(二)合理覆盖原则

物流法律制度体系中的法律、法规和规章应当覆盖物流发展中需要调整的各种社会关系,包括电子商务中的安全交易关系、物流环节中所发生的各种合同关系、水路公路运输市场的管理关系等。物流法律法规的调整范围既要全面又要合理,使物流管理各项关系能够有法可依。

(三)连贯性与前瞻性原则

法律制度体系的建立和完善必须保持历史的连续性和继承性。立法规划的编制和新法律法规的制定要充分考虑已有法律法规的作用和地位,注意协调与衔接。同时,立法要具有前瞻性,为法律体系的进一步完善留有余地。应当注意国内立法与WTO规则、国际条约及国际惯例的接轨。物流法律制度体系的建设应当遵循连贯性与前瞻性原则。

(四)依据国情和借鉴国外物流立法经验相结合的原则

随着我国经济体制的转轨和全球经济一体化,我国必须对现有的物流法律法规进行修改、废止,同时加快物流法律法规的制定,填补物流立法空白。当然,这不是一蹴而就的,它必须分阶段、分轻重缓急,逐一实现。应当借鉴西方主要发达国家先进的立法思想、立法技术,同时还要考虑到我国国情,制定出具有普遍适用性的物流法律法规。

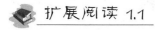

扩展阅读 1.1

2030年前碳达峰行动方案确定的政策保障

三、物流法律制度的作用

市场经济是法治经济。政府的经济管理行为以及经济主体的各种经济活动均应被纳入法治的轨道。目前,制约物流业发展的一个主要原因是作为物流业支撑要素的物流法律法规建设落后。

建立健全物流法律制度具有重要意义。对政府管理来说,通过物流法律法规可以规范各种物流行为,建立起健康发展的现代物流业。对物流企业和物流从业人员来说,物流法律制度的基本作用是促进、保障物流活动的正常进行及维护有关当事人的合法利益。

(一)保护物流活动当事人的合法权利

物流法律首先是保护物流活动当事人的合法权利,这是法律的基本目的。一个良好的物流法律环境是从事物流经营活动和提供物流服务的重要基础,尤其是完善的物流合同法律制度,对保护当事人的合法利益最为重要。相对统一的物流法律制度可以实现通过公正的司法途径解决物流活动中的争议,充分保证受害人获得法律救济,保护当事人的合法权益。

(二)规范各种物流行为

物流活动本身有着广泛的内容,这使物流活动中所涉及的法律问题非常广泛,相关的法律、法规、国际条约在内容上也相应具有复杂性和多样性的特点。一般来说,物流法律法规对各种物流行为的规范有两种机制:一是通过从事物流活动的企业和个人自觉遵守国家强制性规定;二是通过自愿达成的合同约束有关当事人。物流法律对各种物流行为的规范具体体现在以下几个方面:

1. 对基础物流行为的规范

物品本身的流通要受到国家法律法规的约束。有的物品可以流通,有的物品法律限制其流通,有的物品被法律禁止流通,有的物品可以在国内流通却不能在国外流通,有的物品要根据政府间的协议满足一定的条件才能流通,等等。因此,物品的运输、仓储、装卸、加工等物流活动均应该在法律许可的范围内进行。

2. 对运输物流行为的规范

运输作为物流的重要环节,要受到相应法律法规的制约。以水运为例,运输经营人的行为要受到水上运输法律、港口航道安全管理和海事监督方面的规定的制约。在国际水域航行要遵守海洋法公约、国际防污染公约、海上人命救助公约等规定。陆上运输、航空运输也具有针对运输工具的相应法规。而运输工具作为货物的载体,国家对其也有相应的规定,以保证货物顺利运达。

3. 对国际物流行为的规范

现代物流是经济全球化的产物。国际物流的出现和发展使物流活动超越了一国或者某一区域的界限而走向国际化。与国际物流相适应，物流法律制度也出现国际化的趋势，表现在一定领域内出现了全世界通用的国际标准，包括托盘、货架、装卸机具、车辆、集装箱的尺度规格、条形码、自动扫描等技术标准和工作标准等。这些在很大程度上规范了国际物流行为。

国际物流需经过口岸进出国境。货物、运输工具进出境的监管一方面体现着国家的主权；另一方面作为国际物流的重要环节，是规范国际物流的重要制度之一，也是维护国际贸易正常秩序的需要。当然，货物、运输工具进出境的监管也会影响物流的实现并影响物流的速度和效率。从发展物流角度，在实现规范的同时，应该尽可能提高效率。

4. 对其他物流行为的制约

物流活动的其他环节包括储存、装卸、搬运、包装、流通加工、配送、信息处理等。由于这些活动主要在国内进行，因此更多地受到国内法律法规的制约，但这也不是绝对的。例如，包装活动的要求就需要根据贸易和运输的具体情况适用不同的规定，尤其应该符合进口国或地区有关的法律要求。此外，信息处理中也既要适用国内法规又要符合国际通用准则。

（三）促进物流业的健康发展

物流业的发展需要协调性、统一性和标准化，尽管这需要通过各方面的努力和协助，但政府的作用是至关重要的。政府要在政策、规划、立法及财政等方面给予支持，制定有利于物流业发展的技术政策及标准，加强和完善物流相关的立法工作，促进物流市场体系的形成，为物流业创造有序竞争的环境，促进物流业的健康发展。

（四）增强我国市场经济活力

物流法律制度对正常经济交往中形成的物流法律关系和物流法律行为予以确认和规范，把经济活动控制在秩序的范围内，以巩固经济关系。物流法律制度把现存物流关系和活动的准则抽象和概括为制度和行为模式，使之具有典型性和完善性，以指引分散的、具体的物流关系和活动向着有利于立法者期待的方向发展。特别是在物流关系刚刚形成的时候，这种引导性作用更为明显。

在社会变迁中，物流法律制度对物流关系因素进行扶持，对落后因素进行改造，从而可以加速经济的变革或发展进程。建立完善的物流法律制度对于增强市场活力、促进我国市场经济健康发展具有重要作用。

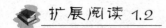

扩展阅读 1.2

加快推动数字产业化

第二节 物流法律关系

一、物流法律关系的概念与特征

（一）物流法律关系的概念

法律关系是法律在规范人们的行为过程中所形成的一种特殊的社会关系，即法律上的权利义务关系。法律关系由法律关系主体、法律关系内容、法律关系客体三个要素构成，缺少其中任何一个要素，都不能构成法律关系。

物流法律关系是指物流法律规范在调整物流活动过程中所形成的具体的权利义务关系。物流法律关系由物流法律关系主体、物流法律关系内容和物流法律关系客体构成。

（二）物流法律关系的特征

1. 物流法律关系是受物流法律规范调整的社会关系

首先，物流法律关系产生的前提是物流法律规范的存在。没有物流法律规范，就没有物流法律关系。其次，物流法律关系是在物流活动中形成的一种社会关系。

2. 物流法律关系是以物流权利义务为内容的社会关系

为维护物流法律关系，国家通过制定物流法律规范的方式规定了物流活动各方的权利义务，从而形成了物流法律关系。

3. 物流法律关系的产生、变更、消灭皆因物流法律事实引起

物流法律关系的产生由法律事实引起；同样，物流法律关系的变更、消灭也都由法律事实引起。物流法律事实包括物流法律行为和事件。

（三）物流法律关系的分类

按照物流法律关系调整对象分，物流法律关系分为两类。

1. 横向物流法律关系

这是物流法律关系最主要的部分,体现的是平等主体之间进行物流民商活动时形成的法律关系,如仓储关系、配送关系、保管关系等。

2. 纵向物流法律关系

这部分物流法律关系体现了国家对物流产业的调控和监管,表现为物流税收关系、物流计划关系、价格调控关系、物流市场准入退出关系、物流市场监管关系。

二、物流法律关系的构成要素

法律关系的构成要素是指在法律关系中相互依存、相互制约、缺一不可的组成部分。法律关系由法律关系主体、法律关系客体、法律关系内容三要素构成。物流法律关系也由物流法律关系主体、物流法律关系客体、物流法律关系内容构成。

(一) 物流法律关系主体

物流法律关系主体是指参加物流法律关系、依法享有权利和承担义务的当事人。在物流法律关系中,享有权利的一方当事人为权利人,承担义务的一方当事人为义务人。根据我国相关法律规定,物流法律关系主体包括以下两类:

1. 横向物流法律关系主体

(1) 法人

法人是物流法律规范所调整的特定社会关系的主体。法人包括企业法人、事业法人和机关法人。其中,企业法人是物流法律关系的最主要参与者,它通常以公司或者其他形式的企业和经济组织的形态出现,例如,综合性的物流企业、航运企业、货运代理企业、进出口公司等。

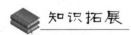
知识拓展

《民法典》关于法人的规定

第五十七条　法人是具有民事权利能力和民事行为能力,依法独立享有民事权利和承担民事义务的组织。

(2) 非法人组织

根据《民法典》的规定,非法人组织是不具有法人资格,但是能够依法以自己的名义从事民事活动的组织。非法人组织包括个人独资企业、合伙企业、不具有法人资格的专业服务机构等。非法人组织必须符合相应的法律规定,取得经营资质,才能从事物流业务。非法人组织的设立在程序上需履行法定的登记手续,经有关机关核准登记并领取营业执照后方可进行活动。

非法人组织不能独立承担民事责任。这是非法人组织与法人的最根本区别。非法人组织在对外进行经营业务活动时,如其财产能够清偿债务,则由其自身偿付;其财产不足以清偿债务时,则由其设立人对该债务承担连带清偿责任。

(3) 自然人

自然人是指按照自然规律出生的人。自然人具有民事主体资格,可以作为物流法律关系主体。一般而言,自然人成为物流服务的提供者将受到很大限制。现代物流涉及的领域较为广泛,自然人在特定情况下可能通过接受物流服务成为物流法律关系的主体。

2. 纵向物流法律关系主体

(1) 国家行政机关

纵向物流法律关系主要表现为国家行政机关与物流企业之间的监督与被监督、管理与被管理的关系。国家行政机关是物流行政法律关系的必要主体。例如,在物流活动中,经常会发生质量监督管理机关、运输管理部门等国家行政机关对物流企业的设立、变更、终止和整个物流活动进行监督管理而形成的各种法律关系。

(2) 物流企业

参与物流法律关系的物流企业包括各种物流公司、航运公司、货运代理公司、理货公司等,此外,还有以下几类:

① 物流服务需求企业

物流服务需求企业包括工业企业和批发零售企业。它们在物流法律关系中一般作为主合同中的服务购买方。

② 第三方物流公司

第三方物流公司在物流法律关系中同时参与物流主合同与物流分合同的订立和履行。

③ 物流作业的实际履行企业

物流作业的实际履行企业主要是物流分合同的参与者。这类企业包括运输企业、港口经营企业、仓储企业、加工企业、咨询企业、信息服务企业等。

(3) 非法人组织

在物流行政法律关系中,非法人组织从事物流活动时,也要接受行政机关的监督、管理;在物流活动中,依法享有权利承担义务。因此,它们也成为物流行政法律关系的主体。

(二) 物流法律关系的内容

物流法律关系的内容是指物流法律关系主体在物流活动中享有的权利和承担的义

务。权利是指主体为实现某种利益而依法为某种行为或不为某种行为的可能性；义务是指义务人为满足权利人的利益而为一定行为或不为一定行为的必要性。

1. 横向物流法律关系的内容

横向物流法律关系的内容，是指平等物流法律关系主体在物流活动中享有的权利和承担的义务。横向物流权利是指权利主体能够凭借法律的强制力或合同的约束力，在法定限度内自主或不为一定行为以及要求义务主体为或不为一定行为，以实现其实际利益。横向物流义务是指义务主体必须在法定范围内为或不为一定行为，以协助或不妨碍权利主体实现其利益。

2. 纵向物流法律关系的内容

纵向物流法律关系的内容，主要指物流法律关系主体在纵向物流活动中享有的权利和承担的义务。其特点主要表现为以下几个方面。

（1）权利不可自由处分

在纵向物流法律关系中，当事人权利的行使和义务的履行往往不仅涉及当事人自身的利益，而且涉及国家或他人的利益，因此权利人对自己的权利一般不能放弃。

（2）权利义务的相对性

纵向物流法律关系的双方当事人，不论是行政机关还是行政相对人，都既享有权利又承担义务，他们的权利义务是统一的、相对的。

（3）权利义务的不可分性

在纵向物流法律关系中当事人的权利义务是不可分的。权利中包含着义务，义务中包含着权利。例如，质量监督管理部门对物流企业设立申请进行审核，这既是权利，也是其义务。

（三）物流法律关系客体

物流法律关系客体是指物流法律关系的主体享有的权利和承担的义务所共同指向的对象。物流法律关系的多样性决定了物流法律关系客体的广泛性。

横向物流法律关系，大多数为债的关系。权利主体即债权人有权要求义务主体即债务人为一定行为或者不为一定行为，包括物的交付、智力成果的交付或提供一定的劳务。因而，这类物流法律关系的客体通常表现为交付一定的物或智力成果，以及提供一定的服务等。

纵向物流法律关系客体主要表现为物流行政法律关系主体的活动，包括主体作为和不作为。凡是物流法律规范中有关行政法律规范所规定的行为，都是纵向物流法律关系的客体。

三、物流法律关系的发生、变更和终止

（一）物流法律关系的发生

物流法律关系的发生又称物流法律关系的设立，是指因某种物流法律事实的存在而在物流法律关系主体之间形成了权利和义务关系。

物流法律关系的发生原因取决于某种物流法律事实的存在，如法人之间订立物流服务合同等。

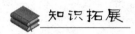知识拓展

物流法律事实

物流法律事实，是指引起物流法律关系发生、变更和终止的现象。物流法律事实分为事件和行为两大类。事件是指发生的某种客观情况，是与当事人意志无关的，能够引起法律关系发生、变更或者终止的事实。行为则是指物流法律关系主体实施的、与其意志相关的，能够引起物流法律关系发生、变更或者终止的作为和不作为。

（二）物流法律关系的变更

物流法律关系的变更又称物流法律关系的相对消灭，是指因某种物流法律事实的出现而使物流主体之间已经发生的物流法律关系的某一要素发生改变。

物流法律关系的变更原因是法律所规定的或者合同中约定的某种物流法律事实的出现。如发生了法律规定的可以变更的物流行为，当事人协议约定改变履行合同的标的。物流法律关系变更的结果，是使业已存在的物流法律关系的主体、客体和内容发生了某种变化。如经过出租人的同意，承租人将承租的房屋加以维修，因而相应减少了承租人交付的租金。

（三）物流法律关系的终止

物流法律关系的终止又称物流法律关系的绝对消灭，是指因某种物流法律事实的出现而导致业已存在的物流法律关系归于消灭。

物流法律关系终止的原因是出现了某种导致业已存在的物流法律关系归于消灭的物流法律事实，如委托合同关系中委托人取消了委托或者受托人辞去了委托。物流法律关系终止的法律后果，是指原本存在的某种物流法律关系不复存在。

案例 1-1

2017年11月28日12时,衢州高速交警巡逻至G3京台高速往南平方向开化段时发现一辆尾部冒着浓烟的危险化学品运输车,在浓烟的影响下,高速公路后方行车视线受到严重影响,多辆车子紧急制动避让,情况非常危险。经车辆驾驶员自述,运输的是30吨航空煤油,由安徽出发开往浙江宁波,在行经G3京台高速开化服务区时,发现车辆发动机喷油嘴故障导致黑烟从排气管往外冒。因未考虑到浓烟会对后方车辆安全行车带来严重影响,驾驶员选择继续上路,直至被交警发现并制止。

鉴于该事件未造成严重后果,高速交警依据《道路交通安全法》有关规定,对驾驶员不符合标准的机动车违法行为处以200元罚款,并要求将车辆故障修复后再上路行驶。

(资料来源:https://www.sohu.com/a/207918865_756525)

【案例解析】

危险化学品运输车辆驾驶员、押运员在运输过程中,如发生车辆故障或货物泄漏等突发情况,一定要第一时间停车报警,避免引发严重后果;如存在违反危险化学品安全管理相关规定,危害公共安全的,将以危险驾驶罪被追究刑事责任。

第三节 我国物流立法概况

我国自20世纪70年代末引入物流概念以来,各级政府、产业界和理论界高度重视现代物流业的发展,使现代物流业有了一个良好的发展开端。为规范、促进物流业的发展,作为物流支撑要素之一的物流法律法规环境也开始形成。我国对物流业的法律调整主要是从对各个行业中物流活动的规制入手。全国人大、国务院及其所属各部门、各地方陆续出台了一系列与物流发展相关的法律法规,调整物流关系的法律规范开始通过有机结合,形成一个庞大的物流法群,这些法规为规范物流活动起到非常重要的作用。

从法律效力角度来看,物流法律法规可分为以下六类:一是法律;二是行政法规;三是由国务院各部委颁布的部门规章;四是由各省市自治区颁布施行的地方性法规和地方政府规章;五是物流标准;六是国际条约。

一、法律层面的物流立法

法律是指由拥有立法权的国家机关(全国人民代表大会及其常务委员会)按照立法程序制定和颁布的规范性文件。法律是法的最基本、最重要的表现形式。

法律层面的物流立法已有不少,如调整物流主体的法有:《中华人民共和国公司法》《中华人民共和国个人独资企业法》《中华人民共和国合伙企业法》《中华人民共和国外商投资法》《中华人民共和国破产法》等。调整物流业务的法律有：《中华人民共和国民法典》《中华人民共和国公路法》《中华人民共和国铁路法》《中华人民共和国航空法》《中华人民共和国海商法》《中华人民共和国邮政法》等。

二、行政法规层面的物流立法

行政法规是指由国家最高行政机关，即国务院根据宪法和有关法律，在自己职权范围内制定的规范性文件，其法律地位和法律效力仅次于宪法和法律。行政法规层面的物流立法包括以下几方面。

1. 调整物流主体的行政法规

例如：《中华人民共和国道路运输条例》(2004年4月30日由国务院公布，2022年3月第四次修订)，《中华人民共和国国际海运条例》(2001年12月11日由国务院公布，2019年3月第三次修订)等。

2. 调整物流行为的行政法规

例如：《中华人民共和国航道管理条例》(国务院于2008年12月27日发布，2009年1月1日起施行)，《中华人民共和国海关稽查条例》(国务院于1997年1月3日发布，2022年3月29日第三次修订)，《国内水路运输管理条例》(国务院于2012年10月13日发布，2017年3月1日第二次修订)等。

三、物流部门规章

物流部门规章是指由国务院所属各部、各委员会根据法律、行政法规，在本部门的权限范围内制定的规范性文件。

物流部门规章主要有：《船舶载运危险货物安全监督管理规定》(交通运输部令2018年第11号，2018年9月15日起施行)，《道路货物运输及站场管理规定》(交通运输部2022年9月26日修正并公布施行)，《国际货物运输代理业管理规定及实施细则》(商务部于2011年3月8日发布实施)，《中国民用航空货物国内运输规则》(中国民用航空总局1996年3月1日修订并施行)，《道路运输车辆技术管理规定》(交通运输部于2016年1月14日公布，2022年9月26日修正)，《铁路运输企业准入许可办法》(交通运输部2014年12月8日公布，2015年1月1日实施)等。

四、物流地方性法规与地方政府规章

地方性法规是指由省、自治区、直辖市以及省会所在市和国务院批准的较大的市的人民代表大会及其常委会，在其法定权限范围内制定的、适用于本辖区的规范性文件。地方法规不得与宪法、法律、行政法规等规范性文件相抵触。地方政府规章是指省、自治区、直辖市以及省会所在市和国务院批准的较大的市的人民政府,在其法定权限范围内制定的、适用于本辖区的规范性文件。如2017年4月19日发布的《福建省人民政府办公厅关于调整高速公路通行费支持物流业发展的意见》、江西省商务厅2016年2月22日印发的《江西省降低社会物流成本专项行动计划》等。

五、物流标准

物流标准是指重复性的技术事项在一定范围内的统一规定。物流标准一般分为国家标准、行业标准。国家标准是指由国家标准化主管机构批准发布,对全国经济、技术发展有重大意义,且在全国范围内统一的标准。

物流活动的技术性、复杂性的特点决定了物流法律规范将包括大量的技术规范来指导物流活动,物流标准有《物流术语》《中国联运通用托盘外形尺寸及公差》《中国联运托盘技术条件》《中国联运通用托盘实验方法》《危险货物包装标志》等相关文件。

六、国际法层面的物流立法

国际条约是指国家及其他国际法主体间所缔结的以国际法为基础,确定其相互关系中的权利和义务的一种国际书面协议,也是国际法主体间互相交往的一种最普遍的法律形式。涉及物流法律关系的国际条约很多,但并不是所有国际条约都可以无条件地在任何一个国家内生效。根据国家法和国家主权原则,只有经一国政府签署、批准或加入的有关物流的国际条约才对该国具有法律约束力,成为该国物流法的表现形式。

物流法律国际条约包括《联合国国际货物买卖合同公约》、《统一提单的若干法律规定的国际公约》(以下简称《海牙规则》)、《维斯比规则》、《汉堡规则》、《华沙公约》、《铁路货物运输国际公约》、《国际公路货物运输合同公约》等。

国际惯例是指在国际上因对同一性质的问题所采取的类似行为,经过长期反复实践逐渐形成的,为大多数国家所接受的,具有法律约束力的不成文的行为规则。有关物流法律的国际惯例主要包括《国际贸易术语解释通则》《跟单信用证统一惯例》等。

上述这些物流法律法规和标准基本上起到了缓解物流领域的"法律空白"状况,对规范我国物流市场,推动我国物流行业的健康发展具有重要的意义。尤其对物流主要功能的运输方面的法规专业划分得很细,使我国的物流业步入良性发展轨道。然而,面对物流业飞速发展的趋势,现有的法规还存在着一些问题,如物流立法过于分散且欠协调、物流主体立法不完善、物流标准体系建设滞后、物流法规效力等级低等。因此物流法律法规体系的建立与健全已成为现代物流快速发展的瓶颈。因此,政府部门应通过物流法律法规的逐步完善,促使物流产业更加迅速地发展。

扩展阅读 1.3

大力发展绿色经济

思考与练习

1. 简述物流法律制度的概念。
2. 简述物流法律关系的概念、特征、构成要素。
3. 简述物流法律制度的基本原则。

第二章 物流主体法律制度

【学习目标】
1. 掌握物流企业的设立,了解物流企业的变更与终止;
2. 熟悉物流行业准入法律制度;
3. 了解物流行业管理法律制度。

引导案例

2015年3月9日,临沂兰田军联物流B区34—35号(临沂冠达货运托运部)突然"人去楼空",在临沂做生意的何女士怀疑该托运部老板携款潜逃。与何女士有同样经历的受害者还有很多,他们自发成立一个维权讨款小组。据初步统计,此次物流关门事件涉及金额至少数百万元(具体金额尚在调查)。目前,受害者已经报警。

何女士在临沂从事医疗器械批发生意,这次冠达货运托运部拖欠她的货物代收款竟高达15万多元,冠达货运托运部老板携款潜逃,给她造成巨大损失。

"现在物流生意好做,准入门槛低,雇辆车、花几万块钱就能办个货运部。有些托运部甚至是皮包公司,连辆货车都没有,只负责收货,它们挂靠在其他物流公司上,一旦货运发生意外,货运老板卷款而逃便成家常便饭。"何女士介绍说,希望有关部门加强市场监管,将临沂物流做大做强。

(资料来源:https://linyi.dzwww.com/lysh/201503/t20150311_12016363.htm)

【案例解析】

出现临沂冠达货运托运部人间"蒸发"的事件是由于有关管理部门缺乏对物流企业设立之后的运作情况(包括变更情形)的全程监管,使不合格的市场主体扰乱了物流市场秩序。

物流活动在国民经济建设中的作用变得越来越重要。物流业以其新的面貌成为21世纪经济发展中具有举足轻重地位的重要产业。然而,我国的物流市场准入法律制度尚存在不少问题和缺陷,这些问题和缺陷已成为现代物流业快速发展的瓶颈。从理论上加强物流市场准入法律制度的研究,为建立和完善科学合理的物流市场准入法律制度提供理论支持,对于保障我国物流产业健康有序发展、增强物流业国际竞争力具有重要的现实意义和理论意义。

第一节 物流企业法律制度

一、物流企业的概念和特征

根据原国家质量监督检验检疫总局、国家标准化管理委员会《物流企业分类与评估指标》规定,物流企业是指至少从事运输(含运输代理、货物快递)或仓储一种经营业务,并能够按照客户物流需求对运输、储存、装卸、包装、流通加工、配送等基本功能进行组织和管理,具有与自身业务相适应的信息管理系统,实行独立核算、独立承担民事责任的经济组织。非法人物流经济组织可比照适用《物流企业分类与评估指标》。

小提示

具体来讲,物流企业是在原料、半成品从其生产地到消费地的过程中进行用户服务、需求预测、信息联络、物料搬运、订单处理、采购、包装、运输、装卸、仓库管理等一系列以物品为对象的活动,并以获取利润、增加积累、创造社会财富为目的的营利性社会经济组织。物流企业涉及仓储业、运输业、批发业、零售业、外贸业等行业。

物流企业是专门从事与商品流通有关的各种经营活动,以营利为目的,自主经营、自负盈亏、独立核算的经济组织。物流企业区别于其他各类企业的特征是:从事商品流通经营活动;专业性较强且对特殊物流企业有市场准入制度;投资较大。

二、物流企业的分类

根据不同的标准,可以对物流企业进行以下分类。

按出资人所承担的责任不同,可以将物流企业分为物流公司、合伙物流企业、个人独资物流企业。

按投资主体的不同,可以将物流企业分为内资投资物流企业、外商投资物流企业。

按是否具备独立的法律人格,可以将物流企业分为法人型物流企业、非法人型物流企业。

按业务分工的不同,可以将物流企业分为运输型物流企业、仓储型物流企业、综合服务型物流企业。

三、物流企业的设立

(一)企业的设立原则

企业的设立原则是指企业依据何种法定原则,通过何种具体途径获得企业设立。我国物流企业的设立原则主要是许可主义原则和准则主义原则。

1. 许可主义原则

许可主义原则又称"核准主义""审批主义",是指企业的设立除了需要符合法律规定的条件外,还须报请政府主管部门审核批准方能申请登记成立。

2. 准则主义原则

准则主义原则又称"登记主义",是指企业设立不需要报有关机关批准,只要企业设立时符合法律规定的成立条件,即可向企业登记机关申请登记,经该机关审查合格授予主体资格后成立。

(二)物流企业设立的条件

物流企业设立是指物流企业的创立人为使企业具备从事物流活动的能力,取得合法主体资格,依照法律规定的条件和程序所实施的一系列的行为。

1. 物流企业设立应具备的一般条件

(1)有企业名称和章程

企业具有合法名称是企业获得法律主体资格的条件。设立法人企业还需要制定企业章程,规范投资者的相互关系和企业内部机构,便于国家的监督。

(2)具有与经营能力相适应的自有资金

物流企业经营过程中要以自己的资产进行经营活动,并承担相应的民事责任,非法人企业的投资人对企业的债务也要承担民事责任。

(3)有合法的组织机构和从业人员

物流企业应有合法的组织机构,并且具备与所经营的业务相适应的专业技术人员。

(4)有与企业生产经营规模相适应的经营场所和设备设施

物流企业由于其经营的特性,必须要有与企业生产经营规模相适应的经营场所,以及与企业生产经营规模相适应的包装、运输、装卸等设备设施。

设立提供国际运输服务的企业除应具备以上条件外,还应当具备以下条件:①必须建立自己的国际运输服务线路;②有一支具有国际运输知识、经验和能力的专业队伍;③在各条运输线路上具备由完整的分支机构、代表或代理人组成的网络机构;④在涉及多式联运的情况下,要能够制定各线路的多式联运单一费率。

2. 物流有限责任公司的设立条件

设立物流有限责任公司,应符合我国《中华人民共和国公司法》(以下简称《公司法》)规定的设立有限责任公司的条件。

(1) 股东符合法定人数。
(2) 有符合公司章程规定的全体股东认缴的出资额。
(3) 股东共同制定公司章程。
(4) 有公司名称,建立符合有限责任公司要求的组织机构。
(5) 有公司住所。

3. 物流股份有限公司的设立条件

设立物流股份有限公司,应符合我国《公司法》规定的设立股份有限公司的条件。

(1) 发起人符合法定人数。
(2) 有符合公司章程规定的全体发起人认购的股本总额或者募集的实收股本总额。
(3) 股份发行、筹办事项符合法律规定。
(4) 发起人制定公司章程,采用募集方式设立的经创立大会通过。
(5) 有公司名称,建立符合股份有限公司要求的组织机构。
(6) 有公司住所。

4. 个人独资物流企业的设立条件

设立个人独资物流企业应当具备下列条件:

(1) 投资人为一个自然人。
(2) 有合法的企业名称。
(3) 有投资人申报的出资。
(4) 有固定的生产经营场所和必要的生产经营条件。
(5) 有必要的从业人员。

5. 普通合伙物流企业的设立条件

普通合伙企业由普通合伙人组成,普通合伙人对合伙企业债务承担无限连带责任。设立普通合伙物流企业应当具备下列条件:

(1) 有两个以上合伙人,合伙人为自然人的,应当具有完全民事行为能力。
(2) 有书面合伙协议。
(3) 有合伙人认缴或者实际缴付的出资。
(4) 有合伙企业的名称和生产经营场所。
(5) 法律、行政法规规定的其他条件。

国有独资公司、国有企业、上市公司以及公益性的事业单位、社会团体不得成为普通合伙人。

(三)物流企业设立登记的程序

物流企业的设立登记是指企业的创立人申请企业登记,经主管机关审核批准登记并领取营业执照,方可从事物流经营活动。

1. 物流企业设立的登记机关

国家市场监督管理总局是我国企业设立的登记主管机关,对企业的设立登记实行分级登记管理原则,级别管辖分为三级:国家级、省级、区县级。

2. 物流企业设立的程序

(1)有符合法律规定的物流企业的设立人

企业的设立人是指设立企业的全体股东或发起人。依照《公司法》和《公司登记管理条例》的规定,设立股份有限公司应当有2人以上200人以下为发起人,其中须有半数以上的发起人在中国境内有住所。

(2)向登记主管机关提出设立登记申请

企业的设立人自己或者委托代表、代理人向市场监督管理部门提出申请,提交企业设立登记申请书和其他文件。

(3)登记主管机关对企业提交的申请进行核准、登记

登记主管机关在受理申请后,审核该公司文件,做出核准申请并发给营业执照,对于不符合法定条件的,予以驳回申请。

3. 物流有限责任公司的设立程序

物流有限责任公司的设立程序应符合《公司法》的规定。按照《公司法》的规定,有限责任公司的设立为发起设立,主要有以下几个步骤:制定公司章程;必要的行政审批;出资;登记。

4. 物流股份有限公司的设立程序

物流股份有限公司的设立程序应符合《公司法》的规定。按照《公司法》的规定,股份有限公司的设立,可以采取发起设立或者募集设立的方式由股份有限公司发起人承担公司筹办事务。

—小提示

发起设立,是指由发起人认购公司应发行的全部股份而设立公司。股份有限公司采取发起设立方式设立的,注册资本为在公司登记机关登记的全体发起人认购的股本总额。在发起人认购的股份缴足前,不得向他人募集股份。

募集设立,是指由发起人认购公司应发行股份的一部分,其余股份向社会公开募集或

者向特定对象募集而设立公司。股份有限公司采取募集方式设立的,注册资本为在公司登记机关登记的实收股本总额。

法律、行政法规以及国务院决定对股份有限公司注册资本实缴、注册资本最低限额另有规定的,从其规定。

5. 个人独资物流企业的设立程序

申请设立个人独资物流企业,应当由投资人或者其委托的代理人向个人独资企业所在地的登记机关提交设立申请书、投资人身份证明、生产经营场所使用证明等文件。委托代理人申请设立登记时,应当出具投资人的委托书和代理人的合法证明。个人独资企业不得从事法律、行政法规禁止经营的业务。从事法律、行政法规规定须报经有关部门审批的业务,应当在申请设立登记时提交有关部门的批准文件。

6. 普通合伙物流企业的设立程序

申请设立合伙物流企业,应由全体合伙人指定的代表或共同委托的代理人向企业登记机关申请设立登记,提交登记申请书、合伙协议书、合伙人身份证明等文件。合伙企业的经营范围中有属于法律、行政法规规定在登记前须经批准的项目的,该项经营业务应当依法经过批准,并在登记时提交批准文件。

四、物流企业的变更

物流企业的变更是指企业注册登记事项的变更以及企业的分立、合并。

(一)物流企业注册登记事项的变更

物流企业主要注册登记事项的变更包括企业名称、企业住所、经营场所、经营范围、经营方式、经营期限、法定代表人或负责人、股东、注册资本等方面的变更。物流企业的变更应向登记主管机关办理变更登记。

(二)物流公司的变更

物流公司的变更是指物流公司的合并、分立或者改变物流公司类型所导致的物流公司实体的变化。

1. 物流公司的合并、分立

公司合并或者分立,登记事项发生变更的,应当依法向公司登记机关办理变更登记;公司解散的,应当依法办理公司注销登记;设立新公司的,应当依法办理公司设立登记。

公司合并,应当由合并各方签订合并协议,并编制资产负债表及财产清单。公司应当自做出合并决议之日起在法定期限内通知债权人,并在报纸上公告。债权人在法定期限内可以要求公司清偿债务或者提供相应的担保。公司合并时,合并各方的债权、债务应当由合并后存续的公司或者新设的公司承继。

公司分立,其财产做相应的分割,且应当编制资产负债表及财产清单。公司应当自作出分立决议之日起10日内通知债权人,并在报纸上公告。公司分立前的债务由分立后的公司承担连带责任,但公司在分立前与债权人就债务清偿达成的书面协议另有约定的除外。

企业无论是分立还是合并,均应向登记主管机关办理登记手续。包括:因分立或合并而续存的企业申请变更登记;因分立或合并而新设的企业申请设立登记;因分立或合并而终止的企业申请注销登记。

2. 物流公司实体变更

物流有限责任公司变更为股份有限公司,应当符合《公司法》规定的股份有限公司的条件;股份有限公司变更为有限责任公司,也应当符合《公司法》规定的有限责任公司的条件。物流公司实体变更的,公司变更前的债权、债务由变更后的公司承继。

（三）物流公司的增资、减资

公司需要减少注册资本时,必须编制资产负债表及财产清单。

公司应当自做出减少注册资本决议之日起10日内通知债权人,并于30日内在报纸上公告。债权人自接到通知书之日起30日内,未接到通知书的自公告之日起45日内,有权要求公司清偿债务或者提供相应的担保。

物流有限责任公司增加注册资本时,股东认缴新增资本的出资,依照《公司法》有关设立有限责任公司缴纳出资的有关规定执行。股份有限公司为增加注册资本发行新股时,股东认购新股的,依照公司法关于设立股份有限公司缴纳股款的规定执行。

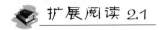
扩展阅读 2.1

申通1.06亿元收易物流股权,助力"五位一体"战略

（四）普通合伙物流企业的入伙、退伙

入伙是指在合伙企业的存续期间,合伙人以外的第三人加入合伙企业并取得合伙人资格的行为。新合伙人入伙,除合伙协议另有约定外,应当经全体合伙人一致同意,并依法订立书面入伙协议。

退伙是指在合伙存续期间,合伙人资格的消灭。退伙分为自愿退伙和法定退伙。自愿退伙是指合伙人基于自愿的意思表示而退伙,可分为单方退伙和通知退伙。法定退伙是指直接根据法律的规定而退伙,可分为当然退伙和除名退伙。

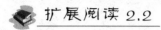

关于魏涛、刘剑恶意损害股东利益的公告

五、物流企业的终止

(一)物流企业终止的原因

物流企业终止是指因各种法定解散事由的出现,企业从此消灭法律主体资格。引起物流企业解散的原因主要有以下几种:①企业章程规定的企业终止事由发生;②依法被撤销;③依法被宣告破产。

(二)物流企业的清算

物流企业的清算是指在企业解散或宣告破产后,对拟解散的企业尚未了结的债权债务进行清理,使企业的法律人格归于消灭的过程。在清算期间,企业应依法组织清算组,由清算组负责对企业的债权债务进行清理,编制会计表册,偿还企业债务,分配企业剩余财产,以企业的名义参与诉讼。在此期间,清算组只能以企业的名义从事和清算有关的活动,不再从事生产经营活动。

(三)物流企业终止的程序

1. 经政府部门批准或审核

除私营企业外,凡设立时经有关部门审批的企业,在终止时均应通过原审批机关的审批或批准。

2. 进行清算

物流企业无论因何种原因终止,都要进行清算。

3. 办理注销登记

物流企业办理注销登记应向登记主管机关提交注销登记申请书、原主管部门审查同意的文件、主管部门或清算组出具的清算完结的证明等文件,经登记主管机关核准后,收缴企业营业执照和公章,将注销情况通知开户行并进行公告。

(四) 物流公司的解散和清算

1. 物流公司的解散

公司因下列原因解散:公司章程规定的营业期限届满或者公司章程规定的其他解散事由出现;股东会或者股东大会决议解散;因公司合并或者分立需要解散;依法被吊销营业执照、责令关闭或者被撤销;人民法院依照《公司法》的规定予以解散。

公司有公司章程规定的营业期限届满或者公司章程规定的其他解散事由的情形的,可以通过修改公司章程而存续。有限责任公司修改公司章程须经持有 2/3 以上表决权的股东通过,股份有限公司修改公司章程须经出席股东大会会议的股东所持表决权的 2/3 以上通过。

公司经营管理发生严重困难,继续存续会使股东利益受到重大损失,通过其他途径不能解决的,持有公司全部股东表决权 10% 以上的股东可以请求人民法院解散公司。

2. 物流公司的清算

公司的解散除合并、分立外,均应在解散事由出现之日起 15 日内成立清算组,开始清算。清算组在清理公司财产、编制资产负债表和财产清单后,应当制定清算方案,并报股东(大)会或者人民法院确认。清算组在清理公司财产、编制资产负债表和财产清单后,发现公司财产不足清偿债务的,应当依法向人民法院申请宣告破产;公司经人民法院裁定宣告破产后,清算组应将清算事务移交给人民法院。公司清算结束后,清算组应制作清算报告,报股东(大)会或者人民法院确认,并报送公司登记机关,申请注销公司登记,公告公司终止。

(五) 个人独资物流企业的解散与清算

1. 个人独资物流企业的解散

个人独资企业解散是个人独资企业因某些法律事由的出现导致其民事主体资格消灭的行为。

2. 个人独资物流企业的清算

个人独资企业解散,由投资人自行清算或者由债权人申请人民法院指定清算人进行清算,清算人执行清算事务并对外代表企业。投资人自行清算的,应当在清算前 15 日内书面通知债权人或予以公告。债权人应当在 30 日内向投资人申报其债权,未接到通知的应当在公告之日起 60 日内向投资人申报其债权。

3. 责任消灭制度

个人独资企业解散后,原投资人对个人独资企业存续期间的债务仍应承担偿还责任,但债权人在5年内未向债务人提出偿债请求的,该责任消灭。个人独资企业清算结束后,投资人或者人民法院指定的清算人应当编制清算报告,并于15日内到登记机关办理注销登记。

(六)合伙物流企业的解散与清算

1. 合伙物流企业的解散

合伙企业的解散是指合伙企业因某些法律事实的发生而归于消灭的行为。合伙企业解散,应当由清算人进行清算。

2. 合伙物流企业的清算

清算人由全体合伙人担任,也可以由全体合伙人同意指定一个或者数个合伙人担任,或委托第三人担任清算人;自合伙企业解散事由出现之日起15日内未确定清算人的,合伙人或者其他利害关系人可以申请人民法院指定清算人。清算人自被确定之日起10日内将合伙企业解散事项通知债权人,并在报纸上公告;债权人应当自接到通知书之日起30日内,未接到通知书的自公告之日起45日内,向清算人申报债权。清算期间,合伙企业存续,但不得开展与清算无关的经营活动。

合伙企业财产在依次支付清算费用、职工工资、社会保险费用、法定补偿金,缴纳所欠税款、清偿债务后的剩余财产,在合伙人之间分配。清算结束,清算人向企业登记机关报送清算报告,申请办理合伙企业注销登记。合伙企业注销后,原普通合伙人对合伙企业存续期间的债务仍应承担无限连带责任。

六、物流企业的法律责任

(一)物流企业的民事责任

物流企业的民事责任是指物流企业违反民事法律法规所应当承担的责任。

承担民事责任的主要形式有停止侵害、排除妨碍、消除危险、返还财产、恢复原状、修理、重作、更换、赔偿损失、支付违约金、消除影响、恢复名誉、赔礼道歉等。

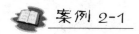
案例 2-1

上海法院首例注册资本认缴出资案判决

【案情介绍】

上海某投资公司成立于2013年11月,注册资本2000万元,实缴金额400万元。其中公司发起人徐某认缴出资额为1400万元实缴出资额为280万元,毛某认缴出资额为

600万元实缴出资额为120万元。两人的认缴出资期限均为两年。到了2014年4月,毛某将公司股权转让给林某,投资公司也通过股东会决议,决定成立新一届股东会,新老股东徐某与林某将公司资本由2000万元增资到10亿元,但是实缴金额依然是400万元。公司新章程约定,两名股东要在2024年12月31日之前缴纳出资。

2014年5月,投资公司与一家国际贸易公司签订一份有关目标公司"某贸易公司"的股权转让协议。国际贸易公司将其持有的"某贸易公司"99.5%股权转让给投资公司,转让款近8000万元要在合同签订后的30日内付清。合同签订后,双方完成了股权转让,目标公司"某贸易公司"完成了股权转让工商变更登记,投资公司享有"某贸易公司"99.5%股权。

到了2014年7月1日,因为付款问题,国际贸易公司与投资公司签订了股权转让的补充协议,约定投资公司要在2014年8月30日前付款2000万元,2014年11月30日前付款2000万元,2014年12月31日前付款2000万元,2015年1月31日前支付剩余的1960万元。

2014年7月底,投资公司股东会决议:决定公司注册资本金由10亿元减至400万元,老股东徐某也退出公司,由新股东接某接手相关股份,同时修改了公司章程。

2014年9月,投资公司正式向工商登记机关申请注册资本金额由10亿元减至400万元。在提交给工商登记机关的"有关债务清偿及担保情况说明"这一材料中,投资公司的表述为"公司对外债务为0。至2014年9月22日,公司已向要求清偿债务或者提供担保的债权人清偿了全部债务或提供了相应的担保。未清偿的债务,由公司继续负责清偿,并由接某和林某在法律规定的范围内提供相应的担保"。2014年10月,工商登记机关准予投资公司注册资本金额由10亿元减资至400万元的变更登记,并核准了公司章程。

可是投资公司从来没有按照股权转让协议和补充协议的内容向国际贸易公司支付过一分钱。国际贸易公司得知了投资公司减资的消息,遂即将投资公司连同四位新、老股东全部告上法庭,要求被投资公司支付股权转让款首期款人民币2000万元;要求公司股东接某、林某在各自未出资本息范围内,就投资公司不能清偿的部分承担补充赔偿责任,徐某、毛某要承担连带责任;要求接某、林某在减资本息范围内,就投资公司对不能清偿的部分承担补充赔偿责任,徐某、毛某在各自未出资范围内与接某、林某承担连带责任。

【裁判与处理】

法官在审理该案后认为,被告投资公司作为目标公司股权的购买方,没有按照合同约定支付股权价款构成了违约,应该以其全部财产对原告承担责任。投资公司及其股东在明知公司对外负有债务的情况下,没有按照法定的条件和程序进行减资,该减资行为无效,投资公司的注册资本应该恢复到减资以前的状态,即公司注册资本仍然为10亿元,公司股东为徐某和林某。在公司负有到期债务、公司财产不能清偿债务的情况下,股东徐某和林某应该缴纳承担责任之后尚欠的债务;如果公司完全不能清偿债务,则徐某和林某应该缴纳相当于全部股权转让款的注册资本，以清偿原告债务。

被告投资公司未履行法定程序和条件减少公司注册资本，类似于抽逃出资行为，公司债权人也可以要求徐某和林某对于公司不能清偿的部分承担补充赔偿责任。毛某在本案系争股权转让协议签订之前已经退出公司，不应该对其退出之后公司的行为承担责任。由于减资行为被认定无效之后，应该恢复到减资行为以前的状态，因此被告接某不应认定为公司的股东，接某可以不承担投资公司对原告所承担的责任。

（资料来源：https://www.110.com/ziliao/article_729445.html）

【案例解析】

1. 认缴制下公司股东的出资义务不是永久免除

认缴制下公司股东的出资义务只是暂缓缴纳，在公司经营发生了重大变化时，公司包括债权人可以要求公司股东缴纳出资，以用于清偿公司债务。在注册资本认缴制下，公司股东在登记时承诺会在一定时间内缴纳注册资本（本案中被告公司的股东就是承诺在10年时间内缴纳），公司股东这样的承诺，可以认为是其对社会公众包括债权人所作的一种承诺。

股东做出的承诺对股东会产生一定的约束作用，对于相对人来说，也会产生一定的预期。但是，任何承诺、预期都是在一定条件下做出的，这样的条件有可能会产生重大变化。在条件发生重大变化，足以改变相对人（债权人）预期的时候，如果再僵化地坚持股东一直到认缴期限届满时才有出资义务，只会让资本认缴制成为个别股东逃避法律责任的借口。

就本案来说，被告公司在经营中发生了重大变化，公司对外的债务总额就达到了近8000万元，这样一笔债务是依法已经到期的债务的近20倍。投资公司的股东缴纳出资以承担本案中的责任，符合平衡保护债权人和公司股东利益这样的立法目的。

2. 没按照公司法规定的条件和程序视为"未经法定程序将出资抽回的行为"

《公司法》对于公司违背法定程序和条件减资未通知已知债权人的应如何承担责任没有明确规定，但这并不妨碍法院根据案件的具体情形参照适用相关的法律及司法解释。本案公司减资未通知已知债权人与《公司法》司法解释所规定的抽逃出资行为最为类似。最高人民法院关于《公司法》司法解释中界定的抽逃出资行为包括了"其他未经法定程序将出资抽回的行为"。

公司没有按照《公司法》规定的条件和程序，从某种意义上说就是"未经法定程序将出资抽回的行为"，因为两者都影响了公司对外偿债的能力，对债权人的债权带来了不能清偿的风险，同时，都是让公司及股东从各自行为中获取了利益。

（二）物流企业的行政责任

物流企业的行政责任是指物流企业违反行政法律法规所应承担的法律责任，按责任主体和责任形式可分为行政处分和行政处罚。

物流企业所承担的行政责任主要是行政处罚。行政处罚的方式主要有：

(1) 停止违法经营活动；

(2) 没收违法所得；

(3) 罚款；

(4) 暂扣或吊销营业执照；

(5) 撤销经营资格；

(6) 其他，如警告或通报批评等。

(三) 物流企业的刑事责任

物流企业的刑事责任是物流企业触犯刑事法律所应承担的法律责任。物流企业承担的刑事责任是双罚制，即对企业判处罚金，同时对负直接责任的主管人员和其他人员判处刑罚。

扩展阅读 2.3

从上海至莫斯科铁路货物运输成本正接近海运

第二节 物流行业准入法律制度

一、物流企业市场准入制度

(一) 普通物流企业的市场准入条件

对从事货物代理、批发、仓储等行业的普通物流企业没有特殊的限制，只要在设立相应企业时具有与拟经营的物流范围相应的固定的生产经营场所、必要的生产经营条件、与所提供物流服务相应的人员和技术等，就可以申请设立物流企业。

(二) 特殊物流企业的市场准入条件

特殊物流企业的设立须经相应主管机关审批，才能到工商登记管理机关申请登记。

当前，国内大多数物流企业都必须经过行业主管机关的审批。如经营道路货物运输或货运站的要经县级道路运输管理机构审批；国内设立从事国际海上运输业务的物流企业，经营国际船舶运输业务要经交通部审批。

关系国计民生、涉及我国经济命脉的特殊物流企业，如铁路运输企业，必须经交通运输部审批才能设立；公共航空运输企业要向国务院民用航空主管部门申请领取经营许可证，才能办理工商注册登记。国家对此类企业市场准入的规定相当严格，国务院对设立这类企业设定行政许可实施行政审批。

此外，设立国有物流企业要经政府或政府主管部门审批。设立物流股份有限公司和国有独资物流公司要经国务院授权的部门或省级人民政府审批，设立物流股份公司还要经国家证券监督管理部门批准。

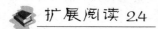

微商行业规范（征求意见稿）

二、我国关于内资物流企业市场准入的相关法律规定

当前，国内对内资物流企业的市场准入进行调整的法律法规，除《民法典》《公司法》《个人独资企业法》《合伙企业法》《全民所有制工业企业法》等一般法律外，还有专门关于或涉及物流行业的行政法规和部门规章。

（一）我国内资物流企业市场准入的法律

除《民法典》《公司法》《个人独资企业法》《合伙企业法》《全民所有制工业企业法》等一般法律对物流企业市场准入进行调整外，还有以下法律：

1.《铁路法》

《铁路法》规定，国家铁路运输企业是指铁路局和铁路分局。国家铁路运输企业行使法律、行政法规授予的行政管理职能，其他法律法规没有具体的铁路运输市场准入的规定。在我国，绝大多数铁路运输企业一直处于国有独资状态。在我国境内依法登记注册的企业法人，从事铁路旅客、货物公共运输营业的，应当向国家铁路局提出申请，经审查合格取得铁路运输许可证。

2.《民用航空法》

《民用航空法》规定,设立公共航空运输企业,应向国务院民用航空主管部门申请领取经营许可证,依法办理工商登记;未取得经营许可证,质量监督管理部门不得办理工商登记。

3.《港口法》

根据《港口法》的规定,国务院交通主管部门主管全国的港口工作。国家鼓励国内外经济组织和个人依法投资建设、经营港口,保护投资者的合法权益。

从事港口经营,应当向港口行政管理部门书面申请取得港口经营许可,并依法办理工商登记。港口经营包括码头和其他港口设施的经营,港口旅客运输服务经营,在港区内从事货物的装卸、驳运、仓储的经营和港口拖轮经营等。

取得港口经营许可,应当有固定的经营场所,有与经营业务相适应的设施、设备、专业技术人员和管理人员,并应当具备法律、法规规定的其他条件。

经营港口理货业务,应当按照国务院交通主管部门规定取得许可。港口理货业务经营人不得兼营货物装卸经营业务和仓储经营业务。

4.《海商法》

《海商法》规定,中国港口之间的海上运输和拖航由悬挂中国国旗的船舶经营。法律、行政法规另有规定的除外。非经国务院交通主管部门批准,外国籍船舶不得经营中国港口之间的海上运输和拖航。

(二)我国关于物流企业市场准入的行政法规和部门规章

1.《道路运输条例》

《道路运输条例》规定,从事道路运输经营以及道路运输相关业务的企业应具备以下条件:有与其经营业务相适应并经检测合格的车辆;有符合《道路运输条例》规定条件的驾驶人员;有健全的安全生产管理制度。《道路运输条例》还对从事客货运的驾驶员资格、车辆所应具备的条件、申请从事危险货物运输经营的条件等都做了具体规定,同时对申请手续与审批机关有详细说明。

2.《国内水路运输管理条例》

该条例对从事我国内河运输的物流企业规定了市场准入条件,我国沿海、江河、湖泊以及其他通航水域中的旅客、货物运输,必须由中国企业、其他单位或个人使用悬挂中国国旗的船舶经营。外国的企业、其他经济组织和个人不得经营水路运输业务,也不得以租用中国籍船舶或者舱位等方式变相经营水路运输业务。

水路运输经营者新增船舶投入运营的,应当凭水路运输业务经营许可证件、船舶登记证书和检验证书向国务院交通运输主管部门或者设区的市级以上地方人民政府负责水路运输管理的部门领取船舶营运证件。水路运输经营者应当在依法取得许可的经营范围内从事水路运输经营。从事水路运输经营的船舶应当随船携带船舶营运证件。

3.《国际海运条例》及其实施细则

中国国际船舶运输经营者必须依法取得中国企业法人资格，按《国际海运条例》及实施细则规定提出申请，经国务院交通主管部门审核许可，取得《国际船舶运输经营许可证》方可经营国际船舶运输业务。

经营国际船舶运输业务，应当具备下列条件：取得企业法人资格；有与经营国际海上运输业务相适应的船舶，其中必须有中国籍船舶；投入运营的船舶符合国家规定的海上交通安全技术标准；有提单、客票或者多式联运单证；有具备国务院交通主管部门规定的从业资格的高级业务管理人员。

4.《定期国际航空运输管理规定》

申请国际航线经营许可的空运企业，应当具备以下条件：

(1) 已按照《公共航空运输企业经营许可规定》申请增加了国际航班经营范围。

(2) 具备与经营该国际航线相适应的民用航空器、人员和保险。

(3) 具备符合规定的航班计划。

(4) 近2年公司责任原因运输航空事故征候率年平均值未连续超过同期行业水平。

(5) 守法信用信息记录中没有严重违法行为记录。

(6) 符合航班正常、服务质量管理的有关规定。

(7) 符合法律、行政法规和规章规定的其他条件。

初次申请国际航线经营许可的，还应具有与经营国际航班相适应的专业技术人员和主要管理人员、相应的经营国际航班的管理制度。

申请国际航线经营许可的空运企业(以下简称申请人)，应当向中国民航总局提交书面申请以及下列材料：

(1) 公共航空运输企业经营许可证。

(2) 最近1年内的航空运输业务经营情况及证明材料。

(3) 与经营该国际航线相适应的民用航空器的情况。

(4) 投保飞机机身险、机身战争险和法定责任险的保险证明文件。

(5) 可行性研究报告。

(6) 经营该国际航线的航班计划、拟飞行航路、班期、运力安排，以及始发站、经停站、目的站国际机场和备降国际机场的资料。

(7) 申请人所使用的国际机场具备与其通航所用机型相适应的条件和具备国际标准的安保措施等证明材料。

(8) 确保航权能够有效执行的说明。

(9) 其他必要的资料。

初次申请国际航线经营许可的,还应当提供与经营国际航班相适应的专业技术人员和主要管理人员情况、有关管理制度等证明材料。

具备上述规定条件的空运企业,提交相应资料向中国民航总局申请经营国际航班。中国民航总局按有关规定审查批准后,变更该空运企业的航空运输企业经营许可证的经营范围。该空运企业持变更后的航空运输企业经营许可证到原注册机关办理变更登记后,方可申请某一国际航线的经营许可。

5.《国际货物运输代理业管理规定》及其实施细则

(1) 国际货物运输代理企业必须依法取得企业法人资格

国际货运代理企业应当依据取得中国企业法人资格,申请设立国际货运代理企业可由企业法人、自然人或其他经济组织组成,禁止具有行政垄断职能的单位申请投资经营国际货运代理业务。

(2) 国际货物运输代理企业的设立条件

设立国际货物运输代理企业,根据其行业特点,应当具备下列条件:有与其从事的国际货物运输代理业务相适应的专业人员;有固定的营业场所和必要的营业设施;有稳定的进出口货源市场。企业申请的国际货运代理业务经营范围中如包括国际多式联运业务,除应当具备上述条件外,还应当具备以下条件:从事国际货运代理业务3年以上;具有相应的国内、外代理网络;拥有在商务部登记备案的国际货运代理提单。

国际货物运输代理企业的注册资本有最低限额要求,如经营海上国际货物运输代理业务的,注册资本最低限额为500万元人民币。国际货物运输代理企业每设立一个从事国际货物运输代理业务的分支机构,应当增加注册资本50万元。

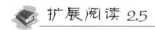

扩展阅读 2.5

中国(浙江)自贸试验区首家中外合资国际船舶代理公司正式落户

三、外商投资物流企业的市场准入条件及相关法律规定

(一) 外商投资物流企业的市场准入条件

我国允许境外投资者采用中外合资经营企业、中外合作经营企业、外商独资企业的形

式投资设立道路运输企业、水路运输企业、航空运输企业、货运代理企业、商业企业、第三方物流企业及从事其他物流或与物流相关业务的企业。2019年3月15日,十三届全国人大二次会议表决通过了《中华人民共和国外商投资法》(以下简称《外商投资法》)。该法自2020年1月1日起施行。《中华人民共和国中外合资经营企业法》《中华人民共和国外资企业法》《中华人民共和国中外合作经营企业法》同时废止。

(二) 我国关于外资物流企业市场准入的相关法律规定

1. 《外商投资法》

国家坚持对外开放的基本国策,鼓励外国投资者依法在中国境内投资。国家对外商投资实行准入前国民待遇加负面清单管理制度。外商投资准入负面清单规定禁止投资的领域,外国投资者不得投资。国家依法保护外国投资者在中国境内的投资、收益和其他合法权益。在中国境内进行投资活动的外国投资者、外商投资企业应当遵守中国法律法规,不得危害中国国家安全、损害社会公共利益。外商投资需要办理投资项目核准、备案的,按照国家有关规定执行;在依法需要取得许可的行业、领域进行投资的,应当依法办理相关许可手续。

2. 《关于鼓励支持和引导非公有制经济参与铁路建设经营的实施意见》

按照平等准入、公平待遇原则,允许外资进入的铁路建设、运输经营及运输装备制造领域,也允许国内非公有资本进入,并适当放宽限制条件。根据国家修订发布的《外商投资产业指导目录》(2022年版)、《鼓励外商投资产业目录》(2022年版,自2023年1月1日起施行)及我国加入世贸组织的承诺,考虑维护路网完整和保持运输集中统一指挥的需要,铁路对国内非公有资本开放的领域有铁路建设领域、铁路客货运输领域、铁路运输装备制造领域和多元经营领域。

3. 外商投资物流企业市场准入的相关政策

(1) 鼓励外商投资产业目录

涉及交通运输、仓储和邮政业(与物流业有关的)的有:铁路干线路网及铁路专用线的建设、经营;城际铁路、市域(郊)铁路、资源型开发铁路和支线铁路及其桥梁、隧道、轮渡和站场设施的建设、经营;高速铁路、城际铁路基础设施综合维修;公路、独立桥梁和隧道的建设、经营;公路货物运输公司;港口公用码头设施的建设、经营;民用机场的建设、经营;公共航空运输公司;农、林、渔业通用航空公司;国际海上运输公司;国际集装箱多式联运业务;输油(气)管道、油(气)库的建设、经营;煤炭管道运输设施的建设、经营;物流业务相关仓储设施建设,特别是自动化高架立体仓储设施,包装、加工、配送业务相关的仓储一体化设施建设、经营;与快递服务相关科技装备及绿色包装的研发应用、绿色物流设施设备的研发应用;农村、社区物流配送;大宗商品进出口分拨物流中心建设等。

涉及批发和零售业的有：一般商品的共同配送、鲜活农产品和特殊药品低温配送等物流及相关技术服务；农村连锁配送；托盘及集装单元共用系统建设、经营。电子商务零售（含跨境电商，不包括法律法规实施特殊管理的药品医疗器械等商品）；电子商务供应链公司（含跨境电商，不包括法律法规实施特殊管理的药品医疗器械等商品）等。

（2）限制外商投资产业目录

涉及交通运输、仓储和邮政业（与物流业有关的）的有：铁路旅客运输公司（中方控股）；国内水上运输公司（中方控股），国际海上运输公司（限于合资、合作）；公共航空运输公司（中方控股，且一家外商及其关联企业投资比例不得超过25％，法定代表人须具有中国国籍）。

（3）禁止外商投资产业目录

涉及交通运输、仓储和邮政业的有：邮政公司、信件的国内快递业务；空中交通管制。涉及批发和零售业的有：烟叶、卷烟、复烤烟叶及其他烟草制品的批发、零售等。

扩展阅读 2.6

顺丰控股与UPS设立合资企业获批 各项交割条件达成

第三节　物流行业管理法律制度

一、道路货物运输及站场管理规定

1. 道路货物运输及站场的概念

道路货物运输经营是指为社会提供公共服务、具有商业性质的道路货物运输活动。道路货物运输包括道路普通货运、道路货物专用运输、道路大型物件运输和道路危险货物运输。道路货物专用运输是指使用集装箱、冷藏保鲜设备、罐式容器等专用车辆进行的货物运输。

道路货物运输站（场）（以下简称"货运站"）是指以场地设施为依托，为社会提供有偿服务的具有仓储、保管、配载、信息服务、装卸、理货等功能的综合货运站（场）、零担货运站、集装箱中转站、物流中心等经营场所。

2. 申请从事道路货物运输经营应当具备的条件

申请从事道路货物运输经营应当具备的条件是：有与其经营业务相适应并经检测合格的运输车辆；有符合规定条件的驾驶人员；有健全的安全生产管理制度。

3. 申请从事货运站经营应当具备的条件

（1）有与其经营规模相适应的货运站房、生产调度办公室、信息管理中心、仓库、仓储库棚、场地和道路等设施，并经有关部门组织的工程竣工验收合格。

（2）有与其经营规模相适应的安全、消防、装卸、通信、计量等设备。

（3）有与其经营规模、经营类别相适应的管理人员和专业技术人员。

（4）有健全的业务操作规程和安全生产管理制度。

二、道路危险货物运输管理规定

1. 申请从事道路危险货物运输经营应当具备的条件

申请从事道路危险货物运输经营应当具备的条件是：有符合要求的专用车辆及设备；有符合要求的停车场地；有符合要求的从业人员和安全管理人员；危险货物运输专用车辆配有必要的通信工具；有健全的安全生产管理制度。

2. 从事非经营性道路危险货物运输的条件

下列企事业单位可以使用自备专用车辆从事为本单位服务的非经营性道路危险货物运输：①省级以上安全生产监督管理部门批准设立的生产、使用、储存危险化学品的企业；②有特殊需求的科研、军工、通用民航等企事业单位。

三、国内水路运输经营资质管理规定

1. 国内水路运输市场的主体

除经营单船600总吨以下的内河普通货船运输外，经营国内水路运输的企业应当取得企业法人资格。自然人经营单船600总吨以下的内河普通货船运输的，应当办理个体工商户登记。企业经营船舶运输应有满足经营需要和安全管理要求的组织机构、固定办公场所；有与其申请的经营范围和船舶运力相适应的海务、机务管理人员；有与其直接订立劳动合同的高级船员占全部船员的比例符合国务院交通运输主管部门的规定；有健全的安全管理制度以及法律、行政法规规定的其他条件。

2. 国内水路运输经营资质条件

从事国内水路运输的企业应当具备下列经营资质条件：

（1）拥有与经营区域范围、经营业务相适应的自有并经营的适航船舶，且上述船舶总运力规模满足适航船舶总运力规模的最低要求。

(2) 有满足经营需要和安全管理要求的经营、海务、机务、船员管理等组织机构，固定办公场所和国家规定的注册资本。

(3) 有健全的安全生产责任制度、安全生产规章制度和操作规程以及生产安全事故应急救援预案等安全管理与生产经营管理制度，并且按照《航运公司安全与防污染管理规定》的要求建立安全管理体系。

(4) 有与经营船舶种类、经营规模相适应的经营、海务、机务专职管理人员，相关专职管理人员应当满足专职管理人员配备的最低要求。

(5) 经营客船运输的，应当落实船舶靠泊、旅客上下船所必需的服务设施和安全设施。

3. 国内水路运输适航船舶总运力规模应当满足的最低要求

除在省、自治区、直辖市行政区域内的封闭通航水域经营客船运输外，国内水路运输企业自有并经营的适航船舶总运力规模应当满足规定的最低要求。

4. 国内水路运输企业应当配备专职管理人员的最低要求

经营普通货船运输企业的海务、机务专职管理人员应当具有与所经营船舶种类和航区相对应的不低于大副、大管轮任职的从业资历；经营客船、危险品船运输的，应当具有船长、轮机长的从业资历。海务、机务管理人员所具备的业务知识和管理能力与其经营范围相适应，身体条件与其职责要求相适应。

思考与练习

1. 物流企业的设立条件有哪些？
2. 物流企业的设立登记有哪些程序？
3. 物流企业的变更包括哪些内容？
4. 物流企业的终止有什么法律程序？
5. 国内物流企业的市场准入条件是什么？
6. 我国关于内资物流企业市场准入的相关法律规定有哪些？
7. 外商投资物流企业的市场准入条件及相关法律规定有哪些？

第三章

物流合同法律制度

【学习目标】
1. 了解合同的概念、分类和基本原则,掌握物流合同订立的程序和要求;
2. 掌握物流合同的效力,掌握物流合同变更、转让和解除的效力;
3. 了解违约责任的承担和形式,掌握物流合同履行的情况及履行中的抗辩权。

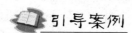

某食品公司因建造公司大楼急需水泥,其基建处遂向青锋水泥厂、新华水泥厂和建设水泥厂发出函电,称:"我公司急需型号为500的水泥100吨,如贵厂有货,请速来函电,我公司愿派人前往购买。"这三家水泥厂在收到函电以后,都先后向某食品公司回复了函电,在函电中告知其备有现货,且告知了水泥的价格。其中,建设水泥厂在发出函电的同时,派车给某食品公司送去了50吨水泥。在该批水泥送到某食品公司之前,某食品公司得知新华水泥厂生产的水泥质量好且价格合理,因此,向新华水泥厂发去函电:"我公司愿购买贵厂100吨500型号水泥,盼速送货,运费由我公司负担。"在发出函电后的第二天上午,新华水泥厂发函称已准备发货。当日下午,建设水泥厂已经将50吨水泥送到。某食品公司告知建设水泥厂:已决定购买新华水泥厂的水泥,不能接受建设水泥厂送来的水泥。建设水泥厂认为某食品公司拒收货物已构成违约。因双方协商不成,建设水泥厂遂向法院提起诉讼。

【案例解析】
某食品公司需要水泥,因此发函给三个水泥厂,言明"如贵厂有货,请速来函电,我公司愿派人前往购买"。某食品公司这一意思表示,第一,不是一方向另一方发出的意欲订立合同的意思表示,而是表明进行磋商后订立,因此是订约的准备行为;第二,函件使相对方当事人获得了订约的信息,从而可以向要约邀请人发出要约,而不是表明要约生效后受要约人即获得承诺资格;第三,表达的意思并不是自己受要约的拘束,在要约有效期限内,不得任意撤销要约,而仅仅是表明自己想购买水泥,有合适的,即可商量订立合同。因此,某食品公司的意思表示属于邀请要约,并不构成要约。建设水泥厂收到这个邀请要约后,没有进一步协商,没有经过订立合同的要约和承诺,就直接将 50 吨水泥送到某食品公司,并不构成合同的履行,因为双方之间还没有要约和承诺,还没有订立合同。因此,某食品公司并不存在违约行为,损失是建设水泥厂自己的过失所致,与某食品公司没有关系。建设水泥厂认为某食品公司拒收货物已构成违约,因双方协商不成,而向法院提起诉讼,是没有法律根据和事实根据的,应当承担败诉的后果。

(资料来源:杨立新编著:《民法案例分析教程》(第五版),中国人民大学出版社 2021 年版,第 203 页,第 208 页)

第一节　物流合同概述

一、物流合同的定义

物流合同是指物流服务需求方与第三方物流经营人订立的,约定由物流经营人为物流服务需求方完成一定的物流行为,物流服务需求方支付相应报酬的合同。它是物流行为当事人双方签订的合同的统称,如货物买卖过程中的买卖合同、加工过程中的加工承揽合同、储存过程中的仓储合同、租赁合同、运输过程中的运输合同等。物流合同属于我国《民法典》的调整范围。

二、物流合同的种类

物流合同种类繁多。常见的有以下几种:

(一)一次性运输合同

一次性运输合同是约定由物流公司负责将货物运输到指定地点交给指定的收货人的合同。物流公司可以自己运输,也可以转交他人运输,但必须对全程运输负责。

(二)定期运输合同

定期运输合同是双方当事人就物流活动某一段时间内的运输业务签订的合同,就合同双方当事人权利义务约定概括性的条款。每次运输的货物名称、包装、价值、运费、收货人等具体条款待托运时由托运单加以明确,作为定期运输合同的一个组成部分。

(三)货运代理合同

在货运代理合同中,物流公司作为代理人,代理委托人确定承运人、签订运输合同、办理托运手续、代为支付运费。物流公司不是运输合同的当事人,有关权利义务由委托人自己承担,物流公司承担较少的法律风险,只收取代理费。

(四) 运输+承揽合同

在这种合同中,物流公司作为承运人承担运输义务,到工厂、仓库收取货物,负责装卸,对货物进行部分加工、分包装,承担货物配送等多项运输合同以外的义务。物流公司收取运费和承揽工作的劳务费,承担的风险也相应增加。

(五) 运输+代理合同

在这种合同中,物流公司负责部分路段的运输业务,对部分路段需要水路、铁路运输或者航空运输的可以约定由物流公司代理托运,物流公司以委托人作为水路、铁路运输或者航空运输合同的货物托运人,物流公司收取运费和代理手续费。

(六) 多式联运合同

物流公司作为多式联运经营人签订多式联运合同,签发多式联运单据,收取全程运费,对全程运输负责。

(七) 运输+转托运输合同

在这种合同中,物流公司负责部分路段的运输,其他部分路段的运输由物流公司以自己的名义转托其他公司。物流公司收取全程运费,也对全程运输负责。

(八) 运输仓储合同

运输、仓储公司接受货主的委托,以费用加利润的方式定价,收取服务费,签订运输仓储合同。这是对运输、仓储等诸多环节按照成本最小化的原则进行系统集成的经营模式,其法律性质仍然是运输、仓储合同关系。在运作过程中诸如优选货运路线、货运系统监测等物流增值服务只是其内部为了提高服务效率和质量进行的改善。我国大多数第三方物流服务均属于这种经营模式,签订这类合同。

(九) 委托合同

我国物流企业源于传统的交通运输、仓储、批发零售以及货运代理等行业,在此基础上加入了其他增值服务环节,其中主要有条码生成、分拣包装、储存保管、分销、代销、寄售、邮购、展卖、超市零售、配送等。物流条款夹杂于分销、租赁等合同内,只是在具体的合同中掩盖了物流服务的法律性质,但未能从根本上改变第三方物流服务的委托合同性质。

(十) 提供智力型服务的委托合同

有些物流企业,其业务已不再是简单的代理、运输、仓储、配送,其所出售的是按一定流程管理的设计方案。第三方物流企业的核心竞争力在于物流系统设计，这种经营模式在物流系统设计方面的法律性质表现为一种提供智力型服务的委托合同关系。

第三方物流站在货主的立场上，以货主企业的物流合理化为设计系统和系统运营管理的目标，为货主企业解决各种疑难问题，从而达到降低成本、提高管理水平、提高企业经济效益和市场竞争能力的效果。

（十一）混合合同

混合合同即在合同中约定物流公司除承担部分运输义务外，还承担加工、仓储、配送、包装、装卸、代理、保险等义务，在一项合同中包含其中的几项合同义务，实际上集合了多种法律性质的合同。合同的名称具有多样性，根据实际情况确定，物流公司收取多项报酬或费用，承担多项法律义务。

三、物流合同的法律属性

在现代经济实践中，物流主要指的是"第三方物流"。所谓第三方物流，一般是指货主企业通过签订合同的方式，利用企业外部的物流服务者执行本企业的全部或部分物料管理和产品配送等物流职能。

一般情况下，第三方物流不拥有商品也不参与商品的买卖，只是在物流渠道中，由专业物流企业将运输、仓储、装卸、加工、整理、配送、信息等方面有机结合，形成完整的供应链，以合同的形式在一定期限内向企业提供系列化、个性化、信息化的综合性物流服务。这种情况下的物流合同是双务合同、有偿合同、要式合同及诺成合同。

 知识拓展

（1）双务合同与单务合同。根据当事人双方权利义务的分担方式将合同分为双务合同与单务合同。双务合同是指当事人双方都享有权利并承担义务的合同；单务合同是指当事人一方只承担义务不享有权利的合同。物流合同多为双务合同。

（2）有偿合同与无偿合同。根据当事人取得权益是否需要支付相应代价将合同分为有偿合同与无偿合同。有偿合同是指当事人一方享有权益必须支付相应代价的合同；无偿合同是指当事人一方享有权益不必支付相应代价的合同。

（3）要式合同与不要式合同。根据法律或当事人对合同的形式是否有特殊要求将合同分为要式合同与不要式合同。要式合同是指法律规定或当事人约定必须采用特定形式的合同，包括依法应当采用书面形式、公证、审批、登记等形式的合同；不要式合同是指法律规定或当事人约定不需要具备特定形式的合同。

（4）诺成合同与实践合同。根据合同的成立是否以交付标的物为必要条件而分为诺成合同与实践合同。诺成合同是指双方当事人意思表示一致就可以成立的合同；实践合同是指除双方当事人意思表示一致外,还需要交付标的物才能成立的合同。

四、签订物流合同的原则

(一)物流合同内容合理

物流合同内容要经过双方当事人充分协商,合理安排双方的权利义务关系。

(二)物流合同尽量完善

物流企业与客户签订合同是一种非常复杂的过程,当事人应当尽可能在签约前考虑周全或者做充分准备完善合同。

1. 物流合同的执行标准及衡量标准要明确

在物流实践中,大量物流合同未对合同的执行标准及衡量标准做出规定,导致双方当事人在执行合同中对所提供的服务产生争议。

2. 服务范围要明确

物流企业与客户签订合同时要对"服务范围"给予明确界定,包括如何为客户提供长期的物流服务、物流服务的具体内容、服务到何种程度以及服务的期限。"服务范围"应详细描述有关货物的物理特征、所有装卸搬运和运输环节、信息流和物流过程中的每一个细节等。

(三)物流合同具有可行性

业务专业性较强的企业在签订物流合同前应向有关专家咨询,请他们参与谈判,分析企业生产、管理的特殊性、特殊要求及特别需要注意的问题,使物流合同中规定的权利义务能够实现。

第二节　物流合同的订立

一、物流合同订立的一般程序

合同的成立必须基于当事人的合意,即当事人意思表示一致。物流合同订立的过程是双方当事人使其意思表示趋于一致的过程。这一过程在合同法上称为要约和承诺。

(一)要约

1. 要约的概念

要约是指一方当事人向他方做出的以一定条件订立合同的意思表示。前者称为要约人,后者称为受要约人。一般认为,要约要取得法律效力,应同时具备如下条件:

（1）要约必须是特定人的意思表示。
（2）要约必须是向相对人发出的意思表示。
（3）要约必须是能够反映所要订立合同主要内容的意思表示。
（4）表明经受要约人承诺，要约人即受该意思表示约束。

案例 3-1

某超市想要购进一批毛巾，于是向几家毛巾厂发出电报，称：本超市欲购进毛巾，如果有全棉新款，请附图样与说明，我超市将派人前往洽谈购买事宜。于是有几家毛巾厂都回电，称自己的毛巾满足该超市的要求并且附上了图样与说明。

其中一家毛巾厂甲厂寄送了图样和说明后，又送了100条毛巾到该超市，超市负责人看到货物后表示不满意，于是决定不购买甲厂的毛巾。甲厂认为超市发出的是要约，其送毛巾的行为是承诺，合同因为承诺而生效。认为超市拒绝购买是违约行为，应该承担违约责任。而超市认为其发出电报行为是一种要约邀请而不是要约，超市不受该行为约束。

超市发出的电报到底是要约还是要约邀请？

【案例解析】

这个电报是某超市发出的，是特定的人发出的。但是，这份电报的内容不具备一个合同应该具备的主要条款，没有写明标的数量、价款，也没有写明履行的期限，因此该电报不是一份要约，而是一项要约邀请。超市是不受该行为的约束的。超市和甲厂之间没有法律上的关系，甲厂受到的损失应该自己承担。

（资料来源：http://www.legalcare.cn/zhuanti/newsd.asp?id=5549）

小提示

在合同实务中，应该注意要约与要约邀请的区别。要约邀请是希望他人向自己发出要约的意思表示。要约邀请的目的则是邀请他人向自己发出要约，自己表示承诺，合同才成立。要约是以订立合同为目的的法律行为，要约一经承诺，合同即告成立。

《民法典》规定，拍卖公告、招标公告、招股说明书、债券募集办法、基金招募说明书、商业广告和宣传、寄送的价目表等为要约邀请。商业广告和宣传的内容符合要约条件的，构成要约。

2. 要约的形式

要约作为一种意思表示，可以采用口头形式、书面形式、其他形式做出。

书面形式是合同书、信件、电报、电传、传真等可以有形地表现所载内容的形式。电子数据交换、电子邮件等方式能够有形地表现所载内容，并可以随时调取查用的数据电文，视为书面形式。

除了书面形式和口头形式,合同还可以其他形式成立,一般可以根据当事人的行为或者特定情形推定合同已成立。

法律明确规定某种要约必须采取书面形式的,应依照法律规定;无法律明确规定的,当事人可视具体合同自由选择要约形式。

 知识拓展

《民法典》第140条规定,行为人可以明示或者默示作出意思表示。沉默只有在有法律规定、当事人约定或者符合当事人之间的交易习惯时,才可以视为意思表示。

3. 要约的法律效力

要约自到达受要约人时生效,具有拘束力。以对话方式做出的意思表示,相对人知道其内容时生效。以非对话方式做出的意思表示,到达相对人时生效。以非对话方式做出的采用数据电文形式的意思表示,相对人指定特定系统接收数据电文的,该数据电文进入该特定系统时生效;未指定特定系统的,相对人知道或者应当知道该数据电文进入其系统时生效。当事人对采用数据电文形式的意思表示的生效时间另有约定的,按照其约定。

要约拘束力一般指在要约的有效期间内,要约人不得随意改变要约的内容,更不得随意撤销要约。否则,由此而给受要约人造成损害的,要约人必须承担赔偿的责任。

但是,属于下列情况之一的,要约对要约人不再具有拘束力:

(1)要约依法被要约人撤回的。

 知识拓展

要约可以撤回。撤回要约的通知应当在要约到达受要约人之前或者与要约同时到达受要约人。

(2)受要约人对要约的内容做出实质性变更的。

(3)以对话形式做出的要约,受要约人没有立即承诺的。

(4)以书面形式做出的要约指定承诺期限而受要约人在指定的期限内没有做出承诺的。

(5)以书面形式做出的要约虽未指定承诺期限,但受要约人在合理的期限内没有做出承诺的。

(6)要约人死亡或丧失民事行为能力,或作为法人的要约人被撤销的。

(7)要约被依法撤销。

要约可以撤销。撤销要约的通知应当在受要约人发出承诺通知之前到达受要约人。

知识拓展

有下列情形之一的,要约不得撤销:
(1) 要约人确定了承诺期限或者以其他形式明示要约不可撤销。
(2) 受要约人有理由认为要约是不可撤销的,并已经为履行合同做了准备工作。

(二) 承诺

1. 承诺的概念

承诺是指受要约人在要约有效期间内同意要约内容的意思表示。有效的承诺必须具备如下条件:

(1) 承诺必须由受要约人做出

承诺通常由受要约人本人做出,也可以由受要约人的代理人做出。受要约人的代理人在其授权范围内所做出的承诺与受要约人的承诺具有同等效力。受要约人以外的任何第三人做出同意要约的意思表示不是承诺,而是第三人对要约人的要约。

(2) 承诺必须在有效期间内做出

所谓"有效期间内"是指:要约指定承诺期限的,所指定的期限内即为有效期间;要约未指定承诺期限的,通常认为合理的时间内即为有效期间。

知识拓展

《民法典》第137条规定,以对话方式作出的意思表示,相对人知道其内容时生效。以非对话方式作出的意思表示,到达相对人时生效。以非对话方式作出的采用数据电文形式的意思表示,相对人指定特定系统接收数据电文的,该数据电文进入该特定系统时生效;未指定特定系统的,相对人知道或者应当知道该数据电文进入其系统时生效。当事人对采用数据电文形式的意思表示的生效时间另有约定的,按照其约定。

(3) 承诺必须与要约的内容一致

承诺是受要约人同意要约人所发出要约的所有条件。受要约人对要约的内容做出实质性变更的,是受要约人向要约人做出的新要约,需要要约人的承诺才能发生合同成立的效力。《民法典》规定,承诺的内容应当与要约的内容一致。受要约人对要约的内容做出实质性变更的,为新要约。有关合同标的、数量、质量、价款或者报酬、履行期限、履行地点和方式、违约责任和解决争议方法等的变更,是对要约内容的实质性变更。

2. 承诺的形式

承诺的形式应与要约相一致。承诺的形式还应注意以下几个问题：

(1) 要约没有确定承诺期限的，承诺应当依照下列规定到达：要约以对话方式做出的，应当即时做出承诺；要约以非对话方式做出的，承诺应当在合理期限内到达。

(2) 必须以书面形式订立的合同，其承诺必须以书面形式做出。

(3) 除法律另有特别规定或双方有约定外，沉默不能视为承诺的形式。

《民法典》第480条规定："承诺应当以通知的方式作出；但是，根据交易习惯或者要约表明可以通过行为作出承诺的除外。"

3. 承诺的生效

承诺的生效，也就意味着合同成立，因此，承诺时间很重要。《民法典》第483条规定："承诺生效时合同成立，但是法律另有规定或者当事人另有约定的除外。"

承诺可以撤回。撤回承诺的通知应当在承诺通知到达要约人之前或者与承诺通知同时到达要约人。

二、物流合同成立的时间和地点

（一）物流合同成立的时间

一般而言，物流合同成立之时也是当事人合同权利义务产生之时。因此，物流合同成立时间的确定，对当事人任何一方都具有重要意义。

《民法典》规定，承诺生效时合同成立。这是合同成立时间的一般规定。合同种类不同，其成立时间的确定标准也不同。法律另有规定或者当事人另有约定的，依法律规定或者依照当事人在法律允许范围内的约定。

《民法典》规定，以通知方式作出的承诺，生效的时间适用本法第137条的规定。承诺不需要通知的，根据交易习惯或者要约的要求作出承诺的行为时生效。

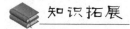
知识拓展

《民法典》第486条规定，受要约人超过承诺期限发出承诺，或者在承诺期限内发出承诺，按照通常情形不能及时到达要约人的，为新要约；但是，要约人及时通知受要约人该承诺有效的除外。

《民法典》第487条规定，受要约人在承诺期限内发出承诺，按照通常情形能够及时到达要约人，但是因其他原因致使承诺到达要约人时超过承诺期限的，除要约人及时通知受要约人因承诺超过期限不接受该承诺外，该承诺有效。

（二）物流合同成立的地点

物流合同成立地点又称为合同缔结地或合同签订地,对于确定合同争议的诉讼管辖有重要意义。如《中华人民共和国民事诉讼法》(以下简称《民事诉讼法》)规定:"合同纠纷提起的诉讼,由被告住所地或者合同履行地人民法院管辖。""合同的双方当事人可以在书面合同中协议选择被告住所地、合同履行地、合同签订地、原告住所地、标的物所在地人民法院管辖,但不得违反本法对级别管辖和专属管辖的规定。"由此可见,确定合同的签订地非常重要。

合同是双方当事人经过要约、承诺阶段,意思表示一致而达成的协议。一般情况下,承诺生效的地点即为合同成立的地点。当事人采用数据电文形式订立合同的,收件人的主营业地为合同成立的地点;没有主营业地的,其住所地为合同成立的地点。当事人另有约定的,按照其约定。

主营业地是指当事人从事经营行为的中心地点,一般以其主要办事机构所在地为主营业地。

《民法典》规定:"当事人采用合同书形式订立合同的,最后签名、盖章或者按指印的地点为合同成立的地点,但是当事人另有约定的除外。"当事人在同一地点签字或盖章的,该地即为合同成立地;签字或盖章不在同一地点的,以最后签字或盖章的地点为合同成立的地点。

三、物流合同的形式

物流合同的形式是缔约当事人达成协议的表现形式。物流合同形式由合同的内容决定并为合同的内容服务。我国《民法典》第469条规定:"当事人订立合同,可以采用书面形式、口头形式或者其他形式。书面形式是合同书、信件、电报、电传、传真等可以有形地表现所载内容的形式。以电子数据交换、电子邮件等方式能够有形地表现所载内容,并可以随时调取查用的数据电文,视为书面形式。"

四、物流合同的条款

（一）物流合同的主要条款

我国《民法典》第470条规定:"合同的内容由当事人约定,一般包括以下条款:当事人的姓名或者名称和住所;标的;数量;质量;价款或者报酬;履行的期限、地点和方式;违约责任;解决争议的方法。"当事人可以参照各类合同的示范文本订立合同。

（二）格式条款

格式条款是当事人为了重复使用而预先拟定,并在订立合同时未与对方协商的条款。

当事人为了简化合同订立过程,节省时间,提高效率,往往预先拟定相对固定格式的合同,以便重复使用。这种条款就是格式条款,合同的条款全部是格式条款的,称为格式合同。一些航次租船合同、定期租船合同、保险合同等属于这类合同。

由于格式条款由一方事先拟定未经过当事人协商,因此采用格式条款订立合同的,提供格式条款的一方应当遵循公平原则确定当事人之间的权利和义务,并采取合理的方式提示对方注意免除或者减轻其责任等与对方有重大利害关系的条款,按照对方的要求,对该条款予以说明。提供格式条款的一方未履行提示或者说明义务,致使对方没有注意或者理解与其有重大利害关系的条款的,对方可以主张该条款不成为合同的内容。

格式条款中有下列情形之一的,该格式条款无效:
(1) 具有《民法典》第一编第六章第三节和第506条规定的无效情形。
(2) 提供格式条款一方不合理地免除或者减轻其责任、加重对方责任、限制对方主要权利。
(3) 提供格式条款一方排除对方主要权利。

知识拓展

《民法典》第506条规定,合同中的下列免责条款无效:
(一) 造成对方人身损害的。
(二) 因故意或者重大过失造成对方财产损失的。

当事人对格式条款的理解发生争议的,应当按照通常理解予以解释。对格式条款有两种以上解释的,应当做出不利于提供格式条款一方的解释。格式条款和非格式条款不一致的,应当采用非格式条款。

第三节 物流合同的效力

合同的效力问题是合同法中的一个核心问题。物流合同何时成立、何时生效对于双方当事人权利义务的行使和履行意义重大。

一、物流合同的生效

物流合同的成立和生效是两个不同的概念。

(一) 物流合同的成立要件

《民法典》规定,具备下列条件的民事法律行为有效:
(1) 行为人具有相应的民事行为能力。

(2) 意思表示真实。
(3) 不违反法律、行政法规的强制性规定,不违背公序良俗。

(二) 物流合同生效的一般要件

(1) 当事人订立合同时具有相应的民事行为能力。
(2) 当事人各方意思表示真实。
(3) 合同内容合法。
(4) 合同标的确定和合同可能履行。

 知识拓展

成年人为完全民事行为能力人,可以独立实施民事法律行为。18周岁以上的自然人为成年人。不满18周岁的自然人为未成年人。16周岁以上的未成年人以自己的劳动收入为主要生活来源的,视为完全民事行为能力人。

8周岁以上的未成年人、不能完全辨认自己行为的成年人为限制民事行为能力人,实施民事法律行为由其法定代理人代理或者经其法定代理人同意、追认;但是,可以独立实施纯获利益的民事法律行为或者与其年龄、智力相适应的民事法律行为。

不满8周岁的未成年人,不能辨认自己行为的成年人为无民事行为能力人,由其法定代理人代理实施民事法律行为。

(三) 物流合同生效的时间

物流合同生效时间可以如下确定:
(1) 依法成立的合同,自合同成立时生效。
(2) 需要登记或审批的合同,自登记审批时生效。
(3) 当事人约定附期限的合同,自期限届满时生效。
(4) 附生效条件的合同自条件成就时生效。
(5) 附解除条件的合同自条件成就时失效。

当事人为自己的利益不正当地阻止条件成就的,视为条件成就;当事人为自己的利益不正当地促成条件成就的,视为条件不成就。

二、物流合同的无效

物流合同无效是指物流合同已经成立,但是违反法律规定的生效条件而自始不产生法律效力。

根据《民法典》规定的无效合同的种类,结合物流合同的特点,可知下列物流合同无效:

(1) 无民事行为能力人订立的物流合同。
(2) 限制民事行为能力人订立的与其年龄、智力、精神健康状况不相适应的物流合同。
(3) 行为人与相对人以虚假的意思表示订立的物流合同。
(4) 行为人与相对人恶意串通，损害他人合法权益的物流合同。
(5) 违反法律、行政法规的强制性规定的物流合同。
(6) 违背公序良俗的物流合同。

此外，合同中的下列免责条款无效：
(1) 造成对方人身损害的。
(2) 因故意或者重大过失造成对方财产损失的。

案例 3-2

某医疗器械公司将一批价值 50 万元的呼吸机交由物流公司运输，保价声明货物价值 2000 元。物流公司接收这批货物后，擅自转交给他人实际运输。然而，司机在运输途中因操作不当发生交通事故，导致货物全部被烧毁。医疗公司遂将物流公司诉至法院，要求对方按照货物实际价值 50 万元进行赔偿。医疗公司认为，物流公司擅自将承运业务转包，存在重大过失，不适用保价限赔条款，应当按照实际价值全额赔偿。物流公司认为，医疗公司虚报货物价值，公司只收取了 600 余元运费，却被要求承担 50 万元货物的赔偿风险，有悖公平原则，应当按照保价金额赔偿 2000 元。

一审法院判决，医疗公司自担 40% 的责任，物流公司承担 60% 的赔偿责任，向医疗公司赔偿损失 30 万元。双方不服，遂上诉至中级人民法院。中院经审理，判决驳回上诉，维持原判。

【案例解析】

中级人民法院经审理认为，依法成立生效的合同对双方当事人均具有法律约束力，当事人应该依照合同约定全面适当履行各自的义务。物流公司作为承运人，将涉案业务转包以致货物全部毁损，在主观上存在重大过失，因此本案不适用保价条款，物流公司应按照货物实际价值进行赔偿。但同时，医疗公司的虚报行为影响了物流公司的合理判断，对损失的发生也存在过错，应当承担相应的责任。鉴于物流公司的转包行为是造成涉案货物毁损的直接原因，物流公司理应承担主要责任，而医疗公司因其过错应承担次要责任。故判决驳回上诉，维持原判。

(资料来源：https://mp.weixin.qq.com/s?__biz=MzA4ODM4ODUzNA==&mid)

三、可撤销物流合同

(一) 可撤销物流合同的概念

可撤销物流合同是指物流合同欠缺一定生效要件，一方当事人可以依照自己的意思选择是否行使撤销权,从而使得合同发生变更或者使得合同的效力归于消灭。被撤销的合同自始没有法律约束力。

（二）可撤销物流合同被撤销的原因

(1) 因重大误解订立的。
(2) 一方以欺诈手段,使对方在违背真实意思的情况下订立的。
(3) 第三人实施欺诈行为,使一方在违背真实意思的情况下订立的,对方知道或者应当知道该欺诈行为的。
(4) 一方或者第三人以胁迫手段,使对方在违背真实意思的情况下订立的。
(5) 一方利用对方处于危困状态、缺乏判断能力等情形,致使合同成立时显失公平的。

（三）撤销权

撤销权是指可撤销合同的一方当事人享有的可以依照自己的意思使合同变更或者使合同归于无效的权利。可撤销合同最终是否被撤销合同效力,取决于撤销权人在撤销权期限内是否行使撤销权以及人民法院或者仲裁机构是否予以撤销。

在因欺诈、胁迫而订立的合同中,撤销权人为受欺诈、受胁迫的人;在乘人之危订立的合同中,撤销权人为处于危难中的人;在因重大误解而订立的合同中,撤销权人为误解人;在显失公平而订立的合同中,撤销权人为受到重大不利影响的一方当事人。

有下列情形之一的,撤销权消灭：

(1) 当事人自知道或者应当知道撤销事由之日起1年内、重大误解的当事人自知道或者应当知道撤销事由之日起90日内没有行使撤销权。
(2) 当事人受胁迫,自胁迫行为终止之日起1年内没有行使撤销权。
(3) 当事人知道撤销事由后明确表示或者以自己的行为表明放弃撤销权。

当事人自民事法律行为发生之日起5年内没有行使撤销权的,撤销权消灭。

小提示

撤销权消灭后,合同由于撤销权人没有行使撤销权而产生法律效力,从而成为有效合同。

四、效力待定的物流合同

效力待定的物流合同是指已经成立的合同因为欠缺一定的生效要件,其生效与否尚未确定,须经过补正才能生效,在一定期限内不予补正则为无效的物流合同。补正是指有权人的追认。经过追认,物流合同产生法律效力。如果权利人没有追认,则该物流合同为无效合同。

效力待定物流合同主要是由于合同当事人主体资格上的瑕疵产生的，包括以下几类合同：

1. 限制民事行为能力人订立的物流合同

《民法典》规定，限制民事行为能力人实施的纯获利益的民事法律行为或者与其年龄、智力、精神健康状况相适应的民事法律行为有效；实施的其他民事法律行为经法定代理人同意或者追认后有效。

2. 无权代理人订立的物流合同

行为人没有代理权、超越代理权或者代理权终止后，仍然实施代理行为，未经被代理人追认的，对被代理人不发生效力。被代理人未作表示的，视为拒绝追认。

相对人可以催告被代理人自收到通知之日起 30 日内予以追认。无权代理人以被代理人的名义订立合同，被代理人已经开始履行合同义务或者接受相对人履行的，视为对合同的追认。行为人实施的行为被追认前，善意相对人有撤销的权利。撤销应当以通知的方式作出。

第四节　物流合同的履行

一、物流合同履行的概念

物流合同的履行是指物流合同生效后，双方当事人按照合同规定的各项条款履行义务和实现权利，使双方当事人的合同目的得以实现的行为。物流合同的履行是合同法律约束力的首要表现。当事人应当按照约定全面履行自己的义务。

二、物流合同履行的规则

物流合同履行的规则是指在物流合同履行过程中需要遵守的具体规范。《民法典》第509 条规定："当事人应当按照约定全面履行自己的义务。当事人应当遵循诚信原则，根据合同的性质、目的和交易习惯履行通知、协助、保密等义务。当事人在履行合同过程中，应当避免浪费资源、污染环境和破坏生态。"

根据我国《民法典》的规定，合同履行的规则有：

（一）法定义务规则

法定义务是当事人在合同中没有约定，但依据法律规定应当承担的义务，包括根据合同法的诚实信用原则产生的附随义务。

（二）正确履行规则

合同的正确履行是指当事人应当按照合同的规定正确履行合同义务，具体来说就是由适当的主体在适当的时间和地点、以适当的方式履行适当的标的物。

（三）亲自履行规则

亲自履行是指合同义务应由合同债务人亲自履行，不得由第三人代为履行。其基本含义有两个：一是合同义务只能由合同当事人的债务人亲自履行；二是合同义务的履行只能向当事人的债权人亲自履行。

（四）合同内容约定不明确时的履行规则

合同生效后，当事人就质量、价款或者报酬、履行地点等内容没有约定或者约定不明确的，可以协议补充；不能达成补充协议的，按照合同相关条款或者交易习惯确定。

当事人就有关合同内容约定不明确，依据以上规定仍不能确定的，适用下列规定：

（1）质量要求不明确的，按照强制性国家标准履行；没有强制性国家标准的，按照推荐性国家标准履行；没有推荐性国家标准的，按照行业标准履行；没有国家标准、行业标准的，按照通常标准或者符合合同目的的特定标准履行。

（2）价款或者报酬不明确的，按照订立合同时履行地的市场价格履行；依法应当执行政府定价或者政府指导价的，依照规定履行。

（3）履行地点不明确，给付货币的，在接受货币一方所在地履行；交付不动产的，在不动产所在地履行；其他标的，在履行义务一方所在地履行。

（4）履行期限不明确的，债务人可以随时履行，债权人也可以随时请求履行，但是应当给对方必要的准备时间。

（5）履行方式不明确的，按照有利于实现合同目的的方式履行。

（6）履行费用的负担不明确的，由履行义务一方负担；因债权人原因增加的履行费用，由债权人负担。

（五）执行政府定价或者政府指导价的合同履行规则

执行政府定价或者政府指导价的，在合同约定的交付期限内政府价格调整时，按照交付时的价格计价。逾期交付标的物的，遇价格上涨时，按照原价格执行；价格下降时，按照新价格执行。逾期提取标的物或者逾期付款的，遇价格上涨时，按照新价格执行；价格下降时，按照原价格执行。

(六) 第三人履行规则

第三人履行是指在合同履行过程中,履行合同义务的人或接受义务履行的人不是合同当事人,而是合同当事人以外的第三人。第三人有以下两种情况:

1. 向第三人履行的合同

法律规定或者当事人约定第三人可以直接请求债务人向其履行债务,第三人未在合理期限内明确拒绝,债务人未向第三人履行债务或者履行债务不符合约定的,第三人可以请求债务人承担违约责任;债务人对债权人的抗辩,可以向第三人主张。

2. 由第三人履行的合同

由第三人履行的合同指双方当事人约定债务由第三人履行的合同。第三人只负担向债权人履行,不承担合同责任。第三人同意履行后又反悔的,或者债务人事后征询第三人意见,第三人不同意向债权人履行的,或者第三人向债权人瑕疵履行的,违约责任均由债务人承担;第三人不履行的,债务人可以代第三人履行,债务人不代为履行,应当赔偿损失。当事人约定由第三人向债权人履行债务,第三人不履行债务或者履行债务不符合约定的,债务人应当向债权人承担违约责任。

(七) 不完全履行规则

不完全履行是指当事人在履行合同时,没有按照合同约定的全部内容进行履行的情况。不完全履行规则主要包括:

1. 中止履行

中止履行是指在合同义务履行之前或履行的过程中,由于某种客观情况的出现,使得当事人不能履行合同义务而只能暂停履行的情况。

2. 部分履行

部分履行是指当事人只能履行合同部分义务的情况。对于债务人的部分履行,债权人可以拒绝接受。但是,如果部分履行不损害债权人利益的,债权人不得拒绝接受,增加的费用由债务人承担。

3. 提前履行

提前履行是指在合同约定的履行期限届满之前履行合同义务的情况。对于债务人的提前履行,债权人可以拒绝接受。但是,如果提前履行不损害债权人利益的,债权人不得拒绝接受,增加的费用由债务人承担。

(八)情势变更规则

情势变更是指构成合同基础的情势发生根本的变化。合同有效成立之后、履行之前，如果出现某种不可归责于当事人的原因的客观变化会直接影响合同履行的结果时，法律允许当事人变更或解除合同而免除违约责任的承担。《民法典》规定，合同成立后，合同的基础条件发生了当事人在订立合同时无法预见的、不属于商业风险的重大变化，继续履行合同对于当事人一方明显不公平的，受不利影响的当事人可以与对方重新协商；在合理期限内协商不成的，当事人可以请求人民法院或者仲裁机构变更或者解除合同。人民法院或者仲裁机构应当结合案件的实际情况，根据公平原则变更或者解除合同。

三、双务物流合同履行中的抗辩权

抗辩权是指在双务合同中，一方当事人在对方不履行或履行不符合约定时，依法对抗对方要求或否认对方权利主张的权利。抗辩权有同时履行抗辩权、后履行抗辩权和不安抗辩权三种。

(一)同时履行抗辩权

1. 同时履行抗辩权的概念

同时履行抗辩权，又称为不履行抗辩权，是指在双务合同中当事人互负债务且没有先后履行顺序，一方当事人在对方为对待给付以前，有权拒绝履行自己的合同债务的权利。

2. 行使同时履行抗辩权的条件

(1) 基于同一双务合同。双方当事人因同一合同互负债务，在履行上存在关联性，形成对价关系。这是同时履行抗辩权成立的前提条件。

(2) 根据合同约定或合同性质要求当事人同时履行合同义务。

(3) 双方债务已届清偿期。

(4) 一方当事人有证据证明应同时履行债务的对方当事人未履行或未适当履行合同。

(5) 对方有履行合同的可能性。

3. 同时履行抗辩权的效力

同时履行抗辩权只是暂阻止对方当事人请求权的行使，而不是永久地终止合同。当对方当事人完全履行了合同义务时，同时履行抗辩权即告消灭，主张抗辩权的当事人就应当履行自己的义务。当事人因行使同时履行抗辩权致使合同迟延履行的，迟延履行责任由对方当事人承担。

(二)后履行抗辩权

1. 后履行抗辩权的概念

后履行抗辩权是指合同当事人互负债务有先后履行顺序的,先履行一方履行债务不符合约定的,后履行一方有权拒绝其履行要求。

2. 后履行抗辩权行使的条件

后履行抗辩权的行使有四个条件:
(1) 当事人基于同一双务合同,互负债务。
(2) 当事人的履行有先后顺序。
(3) 应当先履行的当事人不履行合同或不适当履行合同。
(4) 后履行抗辩权的行使人是履行义务顺序在后的一方当事人。

3. 后履行抗辩权的效力

后履行抗辩权不是永久性的,它的行使只是暂阻止了当事人请求权的行使。先履行一方的当事人如果完全履行了合同义务,则后履行抗辩权消灭,后履行当事人就应当按照合同约定履行自己的义务。

(三)不安抗辩权

1. 不安抗辩权的概念

不安抗辩权又称先履行抗辩权,是指当事人互负债务,有先后履行顺序的,先履行的一方有确切证据证明另一方丧失履行债务能力时,在对方没有履行或者没有提供担保之前,有权中止合同履行的权利。

《民法典》规定,应当先履行债务的当事人,有确切的证据证明对方有下列情形之一的,可以中止履行:
(1) 经营状况严重恶化。
(2) 转移财产、抽逃资金,以逃避债务。
(3) 丧失商业信誉。
(4) 可能丧失履行债务能力的其他情形。
当事人没有确切证据中止履行的,应当承担违约责任。

2. 不安抗辩权的行使条件

(1) 当事人基于同一双务合同,由应先履行债务的一方当事人行使。
(2) 后履行合同的一方当事人有丧失或可能丧失履行债务能力的情形。
先履行债务的当事人应当有证据证明对方不履行合同或者有不能履行合同的可能

性。行使不安抗辩权造成对方损失的,应当承担违约责任。

3. 不安抗辩权的效力

(1) 中止合同

中止合同指先履行合同的当事人停止履行或延期履行合同。先履行合同的当事人行使中止权时,应当及时通知对方,以免给对方造成损害,也便于对方在接到通知后提供相应的担保,使合同得以履行。如果对方当事人恢复了履行能力或提供了相应的担保后,先履行一方当事人"不安"的原因消除,应当恢复合同的履行。

(2) 解除合同

中止履行合同后,如果对方在合理期限内未恢复履行能力并且未提供适当担保的,中止履行合同的一方可以解除合同。

四、物流合同履行中的保全措施

为防止因债务人的财产不当减少而给债权人的债权带来危害,法律允许债权人为保全其债权的实现而采取法律措施,这些措施称作物流合同的保全措施。保全措施包括代位权和撤销权。

(一) 代位权

债权人的代位权是指债权人享有的、在债务人不积极行使自己的权利而危及债权人债权实现时,债权人以自己名义代替债务人直接向第三人行使权利的权利。《民法典》规定,因债务人怠于行使其债权或者与该债权有关的从权利,影响债权人的到期债权实现的,债权人可以向人民法院请求以自己的名义代位行使债务人对相对人的权利,但是该权利专属于债务人自身的除外。

(二) 撤销权

撤销权是指债权人在债务人实施减少财产的行为而危及债权人债权实现时,有请求法院撤销其行为的权利。《民法典》规定,债务人以放弃其债权、放弃债权担保、无偿转让财产等方式无偿处分财产权益,或者恶意延长其到期债权的履行期限,影响债权人的债权实现的,债权人可以请求人民法院撤销债务人的行为。债务人以明显不合理的低价转让财产、以明显不合理的高价受让他人财产或者为他人的债务提供担保,影响债权人的债权实现,债务人的相对人知道或者应当知道该情形的,债权人可以请求人民法院撤销债务人的行为。

第五节　物流合同的变更、转让、解除与终止

一、物流合同的变更

（一）物流合同变更的概念

物流合同的变更是指在物流合同成立以后，尚未履行或尚未完全履行以前，当事人就合同的内容达成修改和补充的协议。

物流合同的变更主要有以下类型：

(1) 当事人各方协商同意变更合同。

(2) 当事人在合同中具有变更合同的权利，其行使权利使合同变更。

(3) 在情势变更使合同履行显失公平的情况下当事人诉请变更合同，法院依职权裁决变更合同。

（二）物流合同变更的条件

物流合同变更的条件主要有：

(1) 存在着合法有效的物流合同关系。

(2) 物流合同内容发生变化。

(3) 物流合同的变更须依当事人协议或直接规定及法院裁决。

(4) 须遵守法律要求的方式。

（三）物流合同变更的效力

物流合同变更以后，当事人应当按照变更后的合同内容履行。物流合同的变更原则上向将来发生效力，未变更的权利义务继续有效，已经履行的债务仍然有效。当事人对合同变更的内容约定不明确的，推定为未变更。

物流合同的变更不影响当事人要求赔偿损失的权利。在合同变更以后，受损失的一方仍然有权请求过错方进行损害赔偿。

案例 3-3

我国某外贸公司与西欧一客户签订一笔工艺品、共计 300 万美元的出口合同。合同订明内包装盒由客户免费提供。距合同规定的交货期前三个月时，公司去电通知客户"货将备妥，请速提供内包装盒"，客户未做答复。一个月后，客户派代表来到上海，某外贸公

司外销员当面向客户代表再次提出:"货已备妥,请即提供内包装盒。"客户代表表示:"内包装印刷来不及,不再提供,可由某外贸公司自行解决。"并指明用无印刷的单瓦楞纸盒。

某外贸公司当即按该代表意见办妥纸盒,进行包装,进仓待运。在合同规定的装运期前一个月,客户突然来电:"此批货物仍应用我方提供的包装。"某外贸公司收电后当即回电客户,说明货已按对方代表意见包装完毕,进仓待运,无法更改。双方产生纠纷。

(资料来源:http://www.cqeport.gov.cn/ReadNews.aspx?NewsID=568)

【案例解析】

该客户代表的表示已经表明双方的合同变更,故某外贸公司已经包装的货物符合合同要求。而客户再次变更包装要求没有得到某外贸公司同意,不能视为有效的变更。

二、物流合同的转让

(一)物流合同转让的概念

物流合同的转让即物流合同主体的变更,是指物流合同当事人一方依法将合同权利义务全部或部分地转让给第三人,包括合同权利的转让、合同义务的转让和合同权利义务的概括转让。

(二)物流合同权利转让

1. 物流合同权利转让的概念

合同权利的转让又称为债权转让或债权让与,是指债权人将合同的权利全部或者部分地转让给第三人。合同权利的转让可以分为全部转让或者部分转让。在部分转让场合下,受让的第三人加入合同关系,与原债权人共享债权,原合同债因此变为多数人之债。

债权人转让权利,一般情况下不需要经过债务人同意,但是应当通知债务人。未经通知债务人的,该转让对债务人不发生效力。债权转让的通知一般情况下不得撤销。

2. 物流合同权利转让的要件

(1) 存在合法有效的物流合同权利,且转让不改变该权利的内容。

(2) 转让人与受让人须就合同权利的转让达成协议。

(3) 被转让的合同权利须具有可让与性。

(4) 转让合同权利按照法律、行政法规的规定需要办理批准、登记等手续的,办妥这些手续方能生效。

(5) 合同权利转让须通知债务人,始对债务人发生效力。

3. 物流合同权利转让的效力

物流合同权利转让将产生一定的法律效力,可以分为对外效力和对内效力。

物流合同权利转让的对内效力,是指合同权利转让在转让双方即转让人(原债权人)和受让人(第三人)之间发生的法律效力。主要表现在:

(1) 合同权利由让与人转让给受让人。如果是全部转让,则受让人将作为新的债权人而成为合同权利的主体,转让人将脱离原合同关系,由受让人取代其地位。如果是部分转让,则受让人将加入合同关系,成为债权人。

(2) 合同权利转让时,受让人不仅取得债权,而且取得与债权有关的从权利,但该从权利专属于债权人自身的除外。

(3) 让与人应将合同权利的证明文件全部交付受让人。其证明文件包括债务人出具的借据、票据、合同文件、往来电报信函等。

(4) 让与人对转让的债权负瑕疵担保责任。让与人应当担保其让与的合同权利不存在瑕疵,如果让与的权利存在瑕疵并因此给受让人造成损失的,让与人应向受让人承担损害赔偿责任。

合同权利转让的外部效力,是指合同权利转让对债务人所具有的法律效力。它表现为让与人(原债权人)与债务人之间的效力和受让人与债务人之间的效力。

① 让与人(原债权人)与债务人之间的效力表现在:如果是全部转让,因转让通知,双方完全脱离合同关系,让与人不得再受领债务人的履行,债务人也不得向让与人履行原来的债务。如果是部分转让,让与人与受让人或者按份共享债权或者连带共享债权,债务人履行债务按照相关规定进行。

② 受让人与债务人之间的效力表现在:债务人在收到转让通知后,即应当按照是全部转让或者部分转让的具体情况,将受让人作为债权人而履行其债务。债务人在合同权利转让时就已经享有的对抗原债权人的抗辩权,并不因为合同权利的转让而消灭。

如果债务人对让与人享有债权,并且债务人的债权先于转让的债权到期或者同时到期的,债务人可以向受让人主张抵销。

(三) 物流合同义务的转让

物流合同义务的转让,是指不改变物流合同的内容,债务人将其合同义务全部或部分地转移给第三人,也称为债务承担,分为免责的债务承担和并存的债务承担。

能够引起物流合同义务转让的原因与合同权利的转让一样,有直接基于法律规定,有基于法律行为,包括单方法律行为和双方法律行为的。

物流合同债务人转移合同义务的,应当征得债权人的同意。

(四) 物流合同权利义务概括转让

物流合同权利义务的概括转让,是指当事人一方将其在合同中的权利和义务一并转让给第三人。当事人进行合同权利义务一并转让的,应当征得对方的同意,并遵守合同法对合同权利转让和合同义务转移的规定。

三、物流合同的解除

（一）物流合同解除的概念

物流合同解除分为广义的合同解除和狭义的合同解除。广义的合同解除是指在合同有效成立后，没有履行或没有履行完毕之前，当事人双方通过协议或者一方行使解除权的方式，使合同关系提前消灭，包括双方协议解除和单方行使解除权解除。狭义的合同解除仅指单方行使解除权的合同解除，指当事人一方行使法定或约定的解除权而使合同效力归于消灭。

（二）物流合同解除的方式

物流合同解除的方式包括双方协议解除和单方行使解除权两种。

（1）双方协议解除合同。

（2）单方行使解除权解除合同。

单方行使解除权解除合同的前提是当事人一方享有解除权，包括法定解除权和约定解除权。其中，约定解除权的发生原因、行使方式及存在期限等都由双方约定。只有在双方没有约定时，才适用法律规定。

有下列情形之一的，当事人可以解除合同：

（1）因不可抗力致使不能实现合同目的。

（2）在履行期限届满之前，当事人一方明确表示或者以自己的行为表明不履行主要债务。

（3）当事人一方迟延履行主要债务，经催告后在合理期限内仍未履行。

（4）当事人一方迟延履行债务或者有其他违约行为致使不能实现合同目的。

（5）法律规定的其他情形。

解除权消灭的原因有：

（1）法律规定或当事人约定的期限届满。

（2）解除权未约定期限或约定不明确的，相对人催告解除权人后，解除权人在催告期限或合理期限内未行使解除权的。

（3）解除权人明确表示放弃解除权的。

（三）物流合同解除的效力

物流合同解除产生合同关系消灭的一般法律后果。《民法典》规定："合同解除的，该合同的权利义务关系终止。"具体表现为：

(1) 解除合同双方当事人将来履行和接受履行的义务。
(2) 合同解除不影响当事人请求损害赔偿的权利。
(3) 合同解除不影响合同中有关清算和清理条款的效力。

 知识拓展

《民法典》规定,合同解除后,尚未履行的,终止履行;已经履行的,根据履行情况和合同性质,当事人可以请求恢复原状或者采取其他补救措施,并有权请求赔偿损失。

四、物流合同的终止

物流合同的终止又称为合同的消灭,是指由于某种原因而引起合同关系在客观上已不存在,合同债权和合同债务归于消灭。

《民法典》规定,有下列情形之一的,债权债务终止:债务已经履行;债务相互抵销;债务人依法将标的物提存;债权人免除债务;债权债务同归于一人;法律规定或者当事人约定终止的其他情形。合同解除的,该合同的权利义务关系终止。

(一) 债务已经履行

债务已经履行是指债务已经按照约定履行,债权人的债权得到实现。债务按照合同约定得到履行,一方面可以使合同债权得到满足,实现订立合同的目的;另一方面也使得合同义务归于消灭,产生合同权利义务终止的后果。

(二) 债务相互抵销

抵销是指当事人互负到期债务,依照法律规定或者当事人约定,各自用其债权来充当债务进行清偿,从而使双方的债务在对等的额度内相互消灭。

法律规定了抵销条件,当条件具备时,依照当事人一方的意思表示即可发生抵销的效力。法定抵销的条件:
(1) 当事人互负债务。
(2) 债务的履行期限届满。
(3) 债务的标的物种类、品质相同。
(4) 该债务按照法律规定和合同性质可以抵销。
当事人双方协商一致,可以使自己的债务与对方的债务在等额内消灭。

(三) 债务人依法将标的物提存

提存是指由于债权人的原因致使债务人难以履行债务的,债务人将标的物交给提存机关从而终止合同权利义务关系的行为。

《民法典》规定,有下列情形之一,难以履行债务的,债务人可以将标的物提存:

(1) 债权人无正当理由拒绝受领。
(2) 债权人下落不明。
(3) 债权人死亡未确定继承人、遗产管理人,或者丧失民事行为能力未确定监护人。
(4) 法律规定的其他情形。

债务人依法将标的物提存后,视为债务已清偿,当事人的合同关系归于消灭。

(四) 债权人免除债务

免除是指债权人抛弃债权而使合同关系归于消灭的行为。债权人免除债务人部分或者全部债务的,合同的权利义务部分或者全部终止。但是免除不能损害第三人的利益。

(五) 债权债务同归于一人

债权债务同归于一人是指由于某种客观事实的发生,使得一项合同中原本由一方当事人享有的债权和另一方当事人承担的债务同归于一人,从而导致合同权利义务的终止,但是损害第三人利益的除外。混同发生的原因主要有合并、继承等。

第六节 违反物流合同的法律责任

物流合同依法成立后,对双方当事人具有法律约束力,当事人必须按照合同规定全面、适当地履行义务,否则构成违约,违约方应该对自己的违约行为承担法律责任。

一、违约行为形式

违约行为是指合同一方当事人不履行合同义务或没有完全履行合同义务的行为。

《民法典》规定,当事人一方明确表示或者以自己的行为表明不履行合同义务的,对方可以在履行期限届满前请求其承担违约责任。当事人一方不履行合同义务或者履行合同义务不符合约定的,应当承担继续履行、采取补救措施或者赔偿损失等违约责任。

物流合同的违约行为的表现形式包括预期违约和实际违约。

1. 预期违约

预期违约是指合同成立生效后履行期到来之前,当事人一方明确表示或者以自己的行为表明不履行合同义务的行为。

2. 实际违约

实际违约是指合同履行期届满时,当事人实际不履行合同义务或不适当履行合同义务的行为。

二、违约责任

违约责任又称违反合同的民事责任,是指合同当事人履行合同义务不符合约定时,依照法律规定或者合同约定所应承担的法律责任。违约责任的法律特征:

(1) 违约责任的成立必须以合法有效的合同为前提。
(2) 违约责任的产生必须有违约事实的存在。
(3) 违约责任可以由当事人在法律允许的范围内约定。

三、承担违约责任的方式

(一) 继续履行

继续履行又称实际履行,是指当事人一方不履行合同义务或者履行合同义务不符合约定时,另一方当事人可以要求其在合同履行期届满后,继续按照原合同的约定履行义务。在可以履行的条件下,违反合同的当事人无论是否已经承担赔偿金或者违约金责任,对方当事人都有权要求违约方继续按照合同约定履行其尚未履行的义务。

(二) 采取补救措施

采取补救措施是指当事人一方履行合同义务不符合约定后,对违约情形进行补救的一种行为。质量不符合约定的,应当按照当事人的约定承担违约责任。对违约责任没有约定或者约定不明确,依照《民法典》第510条的规定仍不能确定的,受损害方根据标的的性质以及损失的大小,可以合理选择请求对方承担修理、重作、更换、退货、减少价款或者报酬等违约责任。

(三) 赔偿损失

赔偿损失是指因合同一方当事人的违约行为而给对方当事人造成财产损失时,违约方给予对方的经济补偿。当事人违约,在继续履行义务或者采取补救措施后对方还有其他损失的,应当赔偿损失。

(四) 支付违约金

违约金是指当事人在合同中预先约定的在一方违约时根据违约情况向对方支付的一定数额的金钱。当事人既可以约定违约金的数额,也可以约定因违约产生的损失赔偿额的计算方法。

当约定的违约金低于造成的损失时,当事人可以请求人民法院或者仲裁机构予以增加;约定的违约金过分高于造成的损失时,人民法院或者仲裁机构可以根据当事人的请求予以适当减少。

（五）定金罚则

当事人可以在合同中约定定金。债务人履行债务的,定金应当抵作价款或者收回。给付定金的一方不履行债务或者履行债务不符合约定,致使不能实现合同目的的,无权请求返还定金;收受定金的一方不履行债务或者履行债务不符合约定,致使不能实现合同目的的,应当双倍返还定金。

四、违约责任的免除

违约责任的免除是指在合同履行过程中,出现法律规定或合同约定的免责事由,从而导致合同不能履行的,可以免除合同当事人的违约责任。

免责事由包括法定免责事由和约定免责事由。法定免责事由是指法律规定的免除责任的事由,主要是指不可抗力;约定免责事由,是指当事人通过合同约定的免除责任的事由,主要是当事人约定的免责条款,但这类免责的格式条款应遵守法律对格式条款的规定。

 知识拓展

合同中的下列免责条款无效:一是造成对方人身伤害的;二是因故意或者重大过失造成对方财产损失。

思考与练习

1. 物流合同订立过程中有哪些程序？
2. 无效合同包括哪些情况？
3. 什么叫不安抗辩权？当事人在哪些情况下可以行使抗辩权？
4. 物流合同解除有哪几种方式？物流合同解除后产生什么样的法律效力？
5. 物流合同终止的情形有哪些？
6. 简述违约责任的主要形式。

第四章

货物买卖法规中的物流问题

【学习目标】
1. 了解货物买卖合同的概念、特征及双方当事人的权利义务;
2. 了解我国《对外贸易法》的适用范围和基本原则。

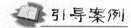引导案例

案例1：

A 公司通过 SAT 中介公司得知南非 AGCA 公司求购烧碱的信息,随后与之签订了货值为 53 万美元的合同,约定付款方式为 OA30 天。货物抵达蒙巴萨港后,A 公司多次催促买方联系人 K 付款,但遭到拒绝。此后,28 个货柜中的 19 个被相继提运乌干达,9 个货柜滞留蒙巴萨港仍未提出,且产生巨额滞港费。后经向 AGCA 公司核实,其并未在乌干达开设工厂,且公司没有上述姓名的工作人员。

据悉,SAT 是一家由乌干达不法商人假借国外知名公司的名头在乌干达境内注册的公司,该商人在乌境内注册了十多家类似的公司,其目的是为实施商业诈骗提供便利。

案例2：

国内 C 公司在一次国际展会上通过贸易中介公司 LTC、UCI 分别与两家乌干达企业 UFM 和 AE 签订了总货值 50 万美元的糖精钠销售合同。货物装箱起运前,出于慎重考虑,C 公司请求中国驻乌干达使馆经商处调查中介公司情况。经现场走访,经商处没有找到上述两家公司,且联系过程中对方频繁更换地址,躲避核查。最后,经商处与合同中的买方 UFM 公司取得联系,经对方主管人员辨认,合同系伪造。

案例3：

D 公司经乌干达公司 BL 介绍,与该公司客户 MIL 公司签订了货值为 13.4 万美元的全精炼石蜡合同,付款方式为 OA60 天。两个月后,MIL 公司

负责人 David 致电 D 公司，表示从未与其签署过购货合同，是某些不法分子盗用公司名义进行贸易诈骗。根据 David 描述，在货物进入乌干达与肯尼亚边境时，乌干达海关发现了该批货物低价偷税报关的问题进而查找到其他违法线索。乌干达海关随即与 MIL 公司取得联系，出于维护自身信誉的考虑，其致电 D 公司说明真相。在本起案件中，所有签署的文件均系乌干达不法商人伪造。

(资料来源：https://www.jianshu.com/plae454c1d54ab)

【案例解析】

从上述案例中不难看出，此类案件的诈骗手法具有较强相似性，归纳为如下几点：第一，冒用乌干达或国外知名企业（或其子公司）名义，在乌干达境内注册中介公司，利用其知名度及信息资料行骗，伪造文件、签章及职员身份，签订虚假合同；第二，采用高风险支付方式交易，即利用我出口企业对新市场缺乏了解、急于扩大贸易量的心理，要求使用赊销（OA）等卖方风险较大的支付方式进行交易，提货后拒不付款甚至失联。

鉴此，建议国内相关企业与涉及乌干达客商交易时提高警惕，注意以下几点：第一，避免以上述高风险付款方式进行交易，尽量采用信用证方式支付以降低风险；第二，谨慎选择贸易伙伴，仔细甄别外方信息，从多方渠道了解对方资信状况，包括电话联系公司总部以核实分公司及订单真实性信息；第三，案件发生后，及时采取适当法律手段维护自身权益，力争减小损失，并向主管部门及使馆经商处反映情况。

第一节　货物买卖法规中的物流问题列举

货物只有经过买卖过程才能进入物流活动各环节。在货物买卖法中，有关货物交付、品质、包装、检验、通知等项规定与物流环节中货物的交接、仓储、包装、加工整理、运输、装卸有着密不可分的联系。买卖合同中约定的运输、包装、货物交付等内容直接制约着物流活动的进行。

目前规范国内货物买卖中物流问题的法律主要为《中华人民共和国民法典》（以下简称《民法典》），与货物买卖中的物流活动密切相关的法规主要体现在《民法典》第三编《合同》的买卖合同一章。而与国际货物买卖中的物流问题联系密切的法律主要为《联合国国际货物销售合同公约》和《中华人民共和国对外贸易法》。

—小提示—

《福建省促进现代物流业发展条例》于 2010 年 9 月 30 日由福建省第十一届人民代表大会常务委员会第十七次会议通过，并于 2011 年 1 月 1 日起正式实施。该条例为中国大陆首部对物流业立法的地方性法规。

一、买卖合同的概念和法律特征

(一) 买卖合同的概念

根据我国《民法典》第 595 条的规定,买卖合同是出卖人转移标的物所有权给买受人,买受人支付价款的合同。其中,交付货物并转移所有权的一方为出卖人,即卖方;受领货物并支付价款的一方为买受人,即买方。

《民法典》第 596 条规定:"买卖合同的内容一般包括标的物的名称、数量、质量、价款、履行期限、履行地点和方式、包装方式、检验标准和方法、结算方式、合同使用的文字及其效力等条款。"

(二) 买卖合同的法律特征

买卖合同主要的法律特征有如下几点:

1. 买卖合同是双务合同

买卖合同的双方当事人均负对待给付的义务,即一方所享有的权利是另一方所负有的义务,且这种权利义务存在着对应的关系,买方的权利是卖方的义务,卖方的权利是买方的义务。

2. 买卖合同是有偿合同

有偿合同是指一方要享有合同中的权利,必须向另一方付出对价。即买方要取得卖方的财物,必须向卖方支付一定的价款。而卖方要获得价款,必须向买方交付所卖货物。有偿性是买卖合同的基本特征,也是买卖合同与赠与合同的最本质区别。

3. 买卖合同是诺成合同

诺成合同,即双方当事人的意思表示达成一致,双方的合同即告成立。

4. 买卖合同是非要式合同

一般情况下,买卖合同的成立、生效并不需要具备特定的形式,但法律另有规定的除外。

二、买卖合同双方当事人的权利和义务

(一) 卖方的义务

我国《民法典》第 598 条规定:"出卖人应当履行向买受人交付标的物或者交付提取标的物的单证,并转移标的物所有权的义务。"据此,买卖合同中卖方的义务主要包括两项,一是交付标的物和有关单证,二是移转标的物的所有权。

1. 交付标的物和有关单证

货物的交付可以分为现实的交付和拟制的交付。现实交付是指将货物交给买方实际占有,交付标的物即是现实的交付。拟制交付是指将货物的所有权证书交给买方以代替货物的交付,在物流实务中最典型的为提单的交付。交付有关单证即是拟制的交付。

卖方的交付可以自己亲自履行,也可以由第三人代为履行。但在第三人代为履行的情况下,合同的主体仍是卖方,因第三人不履行或履行不符合合同约定而产生的违约责任仍应由卖方承担,第三人对此不负违约责任。

卖方交付标的物应当遵循以下规则:
(1) 卖方按照约定的时间交付标的物

《民法典》第601条规定:"出卖人应当按照约定的时间交付标的物。约定交付期限的,出卖人可以在该交付期限内的任何时间交付。"由此可见,合同的交付可以是一个确定的时间点,如当事人可以约定:"货物将于2010年7月1日交付。"也可以是某一确定的时段,如约定:"货物将于2010年7月1日前交付。"对于确定的时间点,即确定的期日,卖方应当在该期日交付;对于确定的期间,则卖方可以在该期间内的任何时间交付。

小提示

当事人没有约定标的物的交付期限或者约定不明确的,适用《民法典》第510条、第511条第4项的规定。

(2) 卖方按照约定的地点交付标的物

对标的物的交付地点,合同有约定的,出卖人应当按照约定的地点交付标的物。法律有规定的,依照法律规定;当事人没有约定交付地点或者约定不明确,依据法律规定仍不能确定的,适用下列规定:标的物需要运输的,出卖人应当将标的物交付给第一承运人以运交给买受人;标的物不需要运输,出卖人和买受人订立合同时知道标的物在某一地点的,出卖人应当在该地点交付标的物;不知道标的物在某一地点的,应当在出卖人订立合同时的营业地交付标的物。

卖方交付不动产的,在不动产所在地履行;卖方交付其他标的物在卖方所在地履行。

如果双方约定以自提货物为交付方式的,应以卖方的营业地、仓库所在地为交付地点;如约定代办托运或以邮寄方式交付,以承运人营业地或邮局为交付地点;如约定以送货为交付方式,以合同成立时买方营业地或住所地为交付地点。

（3）卖方应按照约定的数量交付标的物

卖方如未能按照约定如数交付标的物,应如数补交,并承担迟延部分的违约责任;如果卖方拒绝补交,则卖方应承担违约责任。在卖方所交付标的物多于合同约定的数量时,买方可以接收,也可以拒绝接收。买受人接收多交部分,按照合同的价格支付价款;买受人拒绝接收多交的部分,应当及时通知出卖人。对于买方因保管多交货物而支出的必要费用,卖方有义务承担。

（4）卖方的瑕疵担保义务

卖方的瑕疵担保义务是指出卖人应该履行法定的和约定的义务,确保所交付的货物不存在权利瑕疵和品质瑕疵。

权利瑕疵担保义务,是指出卖人应保证不会出现第三人对买卖标的物主张权利的情况,即出卖人就交付的标的物负有保证第三人不得向买受人主张任何权利的义务。可见,权利瑕疵担保义务要求卖方必须保证其对所出售的货物享有合法的权利,标的物上不负任何担保物权,如抵押权、留置权等。卖方也应保证其所出售的货物没有侵犯他人的权利,如侵犯他人的知识产权等。

《民法典》规定,出卖人就交付的标的物负有保证第三人对该标的物不享有任何权利的义务,但是法律另有规定的除外。买受人订立合同时知道或者应当知道第三人对买卖的标的物享有权利的,出卖人不承担前条规定的义务。买受人有确切证据证明第三人对标的物享有权利的,可以中止支付相应的价款,但是出卖人提供适当担保的除外。

品质瑕疵担保义务,是指出卖人应担保所出售的货物的品质符合要求,即品质无瑕疵。衡量交付的货物是否存在瑕疵有两个标准:一是货物的品质是否符合双方对货物质量的约定;二是在没有约定的情况下,货物的品质是否符合法律的规定。《民法典》第615条规定,出卖人应当按照约定的质量要求交付标的物。出卖人提供有关标的物质量说明的,交付的标的物应当符合该说明的质量要求。

《民法典》第618条规定,当事人约定减轻或者免除出卖人对标的物瑕疵承担的责任,因出卖人故意或者重大过失不告知买受人标的物瑕疵的,出卖人无权主张减轻或者免除责任。

小提示

在物流实务中,如果买卖双方对货物的品质做了约定,那么卖方所提交的货物品质应符合合同的约定。卖方提供有关标的物质量说明的,交付的标的物应当符合该说明的质量要求。如果当事人对标的物的质量要求没有约定或者约定不明确的,可以协议补充;不能达成补充协议的,按照合同相关条款或者交易习惯确定。

如果当事人就有关合同内容依据以上规定仍不能确定的,适用下列规定:质量要求不明确的,按照强制性国家标准履行;没有强制性国家标准的,按照推荐性国家标准履行;没有推荐性国家标准的,按照行业标准履行;没有国家标准、行业标准的,按照通常标准或者符合合同目的的特定标准履行。以样品为标准进行的买卖,当事人应封存样品,以便对照;如果样品存在内在缺陷不能被发现,即使交付的货物与物品相同,卖方仍应使其符合通常标准;卖方提供的货物不符合要求或标准,则按违约处理。

对于单证的交付,《民法典》规定:"出卖人应当按照约定或者交易习惯向买受人交付提取标的物单证以外的有关单证和资料。"

2. 交付标的物,并转移标的物的所有权

买卖合同是出卖人转移标的物的所有权于买受人,买受人支付价款的合同。出卖人应当履行向买受人交付标的物或者交付提取标的物的单证,并转移标的物所有权的义务。转移标的物的所有权是出卖人的基本义务,也是物流产生的根本原因。标的物的所有权自标的物交付时起转移,但法律另有规定或者当事人另有约定的除外。

除将标的物实际交付给买方外,出卖人应当按照约定或者交易习惯向买方交付提取标的物单证以外的有关单证和资料。如商业发票、产品合格证、质量保证书、使用说明书、产品检疫书、产地证明、保修单、装箱单等。

案例 4-1

A纺织公司为某出口服装企业提供一批布料,由于原来的纺织机器不够使用,便与B公司于2018年4月10日签订了买卖5台纺织机器的合同。合同约定,B公司卖给A纺织公司纺织机器5台,每台3万元,共计15万元。A公司先支付5万元后,可将纺织机器提走,余款A公司在5个月内付清;在付清余款前,B公司保留纺织机器的所有权。之后,A公司于5月5日交付了5万元后,将纺织机器全部提走。

A公司在使用该纺织机器的过程中,发现由于纺织机器设计上的问题致使纺出的布匹发生质量问题,从而也未能如期完成为某出口服装企业提供布料的任务。某出口服装企业要求A公司赔偿损失10万元。

问题:

(1) 在A公司付清货款前,5台纺织机的所有权应当归谁?

(2) 若双方没有关于B公司保留所有权的规定,那么在A公司付了5万元款项,B公司将纺织机器交付给A公司后,这5台纺织机的所有权又应归谁呢?

(资料来源:作者自编)

【案例解析】

(1) A公司在付清货款前,5台纺织机的所有权应当归B公司所有。因为《民法典》

第641条规定，当事人可以在买卖合同中约定买受人未履行支付价款或者其他义务的，标的物的所有权属于出卖人。

本案中，A公司和B公司在合同中对标的物的所有权的归属有明确约定，依据该约定，5台纺织机的所有权在货款付清之前归B公司所有。

（2）此种情况下，5台纺织机的所有权应归A公司所有。因为，根据《民法典》第224条规定，动产物权的设立和转让，自交付时发生效力，但是法律另有规定的除外。本案中若双方没有关于B公司保留所有权的规定，则5台纺织机的所有权自B公司将其交付给A公司时起就转移，而不论其价款是否完全付清。

（二）买方的义务

1. 支付价款的义务

支付价款是买方的主要义务。

（1）买方应当按照约定的数额支付价款

《民法典》第626条规定："买受人应当按照约定的数额和支付方式支付价款。对价款的数额和支付方式没有约定或者约定不明确的，适用本法第510条、第511条第2项和第5项的规定。"据此，合同如果对价款没有约定或者约定不明确，可以由当事人协议补充，不能达成补充协议的，按照合同有关条款或者交易习惯确定。如果还不能确定，按照订立合同时履行地的市场价格履行；依法应当执行政府定价或者政府指导价的，依照规定履行。履行方式不明确的，按照有利于实现合同目的的方式履行。

> **小提示**
>
> 《民法典》第510条规定："合同生效后，当事人就质量、价款或者报酬、履行地点等内容没有约定或者约定不明确的，可以协议补充；不能达成补充协议的，按照合同相关条款或者交易习惯确定。"

（2）买方应当按照约定的时间支付价款

《民法典》第628条规定："买受人应当按照约定的时间支付价款。对支付时间没有约定或者约定不明确，依据本法第510条的规定仍不能确定的，买受人应当在收到标的物或者提取标的物单证的同时支付。"

（3）买方应当按照约定的地点支付价款

《民法典》第627条规定："买受人应当按照约定的地点支付价款。对支付地点没有约定或者约定不明确，依据本法第510条的规定仍不能确定的，买受人应当在出卖人的营业地支付；但是，约定支付价款以交付标的物或者交付提取标的物单证为条件的，在交付标的物或者交付提取标的物单证的所在地支付。"

支付价款的地点有四种情况：按照约定的地点支付价款；按照补充性解释的地点支付价款（主要是按交易习惯确定，但也可以按合同其他条款确定）；在出卖人的营业地支付价款；在交付地（履行地）支付价款。

2. 受领货物的义务

及时受领货物也是买方应当履行的合同义务。若买方迟延或无正当理由拒绝受领货物，则应承担违约责任。当然，如果卖方所交货物不符合约定或提前交付、多交付等，买方均有权拒绝接收货物。出卖人多交标的物的，买受人可以接收或者拒绝接收多交的部分。买受人接收多交部分的，按照约定的价格支付价款；买受人拒绝接收多交部分的，应当及时通知出卖人。

3. 拒收时的保管义务

买方在特殊情况下可以拒收货物，但这并不妨碍其履行对货物暂时保管的义务。如果买方发现标的物的品质瑕疵而拒绝接收货物，但是货物在接收地没有其他受托人进行保管，则此时买方负有对货物进行暂时保管的义务，对不易保管的易腐鲜活货物，买方可以紧急变卖，变卖所得在扣除相关费用后退回卖方。但卖方在接到买方拒绝接收通知时应立即自己支付费用并将货物提回或作其他处置，并支付买方的保管费用，同时，卖方也不能因为买方上述情况下的保管或紧急变卖行为而免除责任。

案例 4-2

大连 A 果品公司与广州 B 采购中心于 2015 年 10 月 20 日订立合同，约定由 A 公司为 B 采购中心提供 5000 千克"富士"一等品苹果，单价为每千克 6 元，11 月 10 日前由 A 公司代办托运至广州。B 采购中心于 10 月 21 日先支付 1 万元的预付款，余款于货到后再付给 A 公司。2015 年 11 月 18 日，该 5000 千克苹果通过汽车运至广州。

B 采购中心提取货物后，发现 A 公司提供的富士苹果部分存在腐烂现象，于是拒绝接收货物和支付货款，并将此货物弃于货运站露天放置。结果导致全部苹果均腐烂变质。但 B 采购中心认为苹果的全部腐烂与己方并无关系，因为是 A 公司违约，所提供的苹果未能符合双方的约定，所以己方不能接受。同时要求 A 公司将其预付款 1 万元返还给己方。B 采购中心的此种主张能否成立？为什么？

（资料来源：作者自编）

【案例解析】

B 采购中心的主张不能成立。因为，买方在 A 公司提供的苹果不符合约定的情况下，可以拒收货物，但这并不妨碍其履行对货物暂时保管的义务。同时根据我国《民法典》第 591 条规定："当事人一方违约后，对方应当采取适当措施防止损失的扩大；没有采取适当措施致使损失扩大的,不得就扩大的损失请求赔偿。当事人因防止损失扩大而支出的合理费用,由违约方负担。"

4. 检验和通知义务

《民法典》第620条规定:"买受人收到标的物时应当在约定的检验期限内检验。没有约定检验期限的,应当及时检验。"检验是买方对标的物数量、质量等进行核对检查。它是买方的权利,但同时,按照约定的时间及时检验则是买受人的义务。

《民法典》第621条规定:"当事人约定检验期限的,买受人应当在检验期限内将标的物的数量或者质量不符合约定的情形通知出卖人。买受人怠于通知的,视为标的物的数量或者质量符合约定。当事人没有约定检验期限的,买受人应当在发现或者应当发现标的物的数量或者质量不符合约定的合理期限内通知出卖人。买受人在合理期限内未通知或者自收到标的物之日起2年内未通知出卖人的,视为标的物的数量或者质量符合约定;但是,对标的物有质量保证期的,适用质量保证期,不适用该2年的规定。出卖人知道或者应当知道提供的标的物不符合约定的,买受人不受前两款规定的通知时间的限制。"

《民法典》第622条规定:"当事人约定的检验期限过短,根据标的物的性质和交易习惯,买受人在检验期限内难以完成全面检验的,该期限仅视为买受人对标的物的外观瑕疵提出异议的期限。约定的检验期限或者质量保证期短于法律、行政法规规定期限的,应当以法律、行政法规规定的期限为准。"

《民法典》第623条规定:"当事人对检验期限未做约定,买受人签收的送货单、确认单等载明标的物数量、型号、规格的,推定买受人已经对数量和外观瑕疵进行检验,但是有相关证据足以推翻的除外。"

三、货物所有权的转移

货物所有权的转移是货物买卖法的核心问题,同时也直接制约着物流活动的进行。因为物流活动的各个环节实质上最终都是为货物所有权的转移而服务的。根据我国法律的相关规定,动产标的物所有权自标的物交付时起转移,除非法律另有规定或者当事人另有约定。物流活动经过了运输、包装、交付等各个环节,将货物从卖方交付给买方,实质上是实现了货物所有权的转移的过程。

(一)货物所有权转移规则

1. 自交付时起转移

交付时起转移通常是动产所有权的转移。我国《民法典》第224条规定:"动产物权的设立和转让,自交付时发生效力,但法律另有规定的除外。"因此,尽管买卖合同已经成立,但是只要所购买货物未交付给买方,则货物所有权仍归卖方所有。此时,卖方可以反悔,也可以将该货物另外出让给其他第三人,买方均无权干涉,也不能向第三人追要此货物。不过,买方可以依据买卖合同的规定,要求卖方承担违约责任或赔偿损失。

当然,该规则在法律没有规定或者当事人也没有约定的情况下才适用。

2. 法律规定所有权的转移时间

法律一般对不动产所有权的转移做特别的规定,即自登记时起所有权才转移。同时,对一些具有特殊性质的动产的所有权的转移,法律也做了特别的规定。如《民法典》第225条规定:"船舶、航空器和机动车等物权的设立、变更、转让和消灭,未经登记,不得对抗善意第三人。"此时,登记虽不是物权转移的生效要件,但是却具有对抗第三人的效力。

此外,根据《民法典》的规定,如果买方在买卖合同订立之前就已占有该动产,则动产所有权在买卖合同生效时就转移给买方。如果第三人在买卖合同订立之前就已占有该动产,则卖方可以将向第三人请求返还原物的权利转让给买方,这样就代替了向买方交付货物,从而转移了货物的所有权。

3. 当事人对所有权的转移进行了约定

在法律没有强制性规定的情况下,当事人可以对货物所有权的转移进行约定。在有约定的情况下,动产所有权的转移按照约定进行。

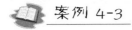
案例 4-3

甲到某古玩城购买字画,看中了乙出卖的某画家的一幅山水画。双方达成协议:价款2万元,甲预付定金5000元,乙3天内将该山水画裱好后交给甲。当晚古玩城失火,该山水画也被焚。

(1) 该山水画的所有权是否已经转移? 风险应由谁承担?

(2) 若双方当时约定交付定金时,山水画的所有权就转移给甲所有,则该山水画被焚后,甲是否应向乙支付其余的1.5万元? 为什么?

(资料来源:作者自编)

【案例解析】

(1) 山水画的所有权未发生转移。因为,动产的所有权在双方没有特别约定或法律没有特别规定的情况下,自交付时起转移,而本案中根据双方的约定,是由乙将画裱好后再交付给甲,而在乙尚未将画交付给甲前该画就被焚,所以所有权也未发生转移。由于该画的所有权仍归乙所有,所以该画灭失的风险也仍应由乙承担。

(2) 在双方对动产所有权的转移进行了约定的情况下,则画的所有权自约定转移的时间起发生转移,即在甲交付定金时,山水画的所有权就转移给甲所有。由于甲享有对该画的所有权,所以该画灭失的风险就应由甲来承担,甲仍负有对乙支付剩余价款的义务。

小提示

《民法典》第215条规定,当事人之间订立有关设立、变更、转让和消灭不动产物权的合同,除法律另有规定或者当事人另有约定外,自合同成立时生效;未办理物权登记的,不影响合同效力。

(二)货物交付时间的确定

货物交付时间的确定直接关系到货物所有权的转移。

关于交付时间,如果买卖双方有特别约定,则按照约定的交付时间进行交付;在法律有特殊规定的情况下,按法律的规定办理。除此之外,对货物的交付时间通常按下列规则进行:

(1)债务人可以随时履行,债权人也可以随时要求履行,但应当给对方必要的准备时间。

(2)合同的标的物在合同订立前已被买方实际占有的,则合同的生效时间视为货物的交付时间。

(3)需要办理特别手续的,办完法定手续的时间为交付时间。

(三)货物交付地点的确定

货物交付地点如果合同有约定,则依照合同约定;法律有特别规定的,则按照规定处理。在当事人没有约定、法律也没有特别规定的情况下,按下列规则确定:

(1)对于动产货物,通常在履行义务一方所在地交付货物。

(2)标的物需要运输的,卖方将标的物交付给第一承运人,即视为交付。标的物不需要运输的,卖方和买方订立合同时知道标的物在某一地点的,卖方在该地点交付标的物;不知道标的物在某一地点的,则在卖方订立合同时的营业地交付标的物。

(3)卖方送货的,卖方将标的物运到预定地点,由买方验收后,视为交付。

(4)卖方代为托运或邮寄的,卖方办完托运或邮寄手续后,视为交付。

(5)买方自己提货的,应以卖方的营业地、仓库所在地为交付地点。

如果双方约定以自提货物为交付方式的,应以卖方的营业地、仓库所在地为交付地点。

四、货物风险的转移

(一) 货物风险转移的概念

货物的风险是指因双方当事人以外的原因而造成的货物灭失、毁损的危险。货物风险的转移是指货物发生灭失、毁损等各种意外损失的可能性何时从卖方转移给买方。承担风险责任的一方当事人要对在其责任期间的货物的灭失、毁损承担责任。货物买卖中的风险何时转移直接关系到由谁来承担货物所遭受的损失。

(二) 货物风险转移的一般规则

货物买卖的风险转移一般在货物交付时发生。我国《民法典》第604条规定："标的物毁损、灭失的风险,在标的物交付之前由出卖人承担,交付之后由买受人承担,但是法律另有规定或者当事人另有约定的除外。"可见,除双方当事人另有约定和法律另有规定外,货物风险的转移与货物所有权的转移是一致的,均是自货物交付时起由卖方转移给买方。因买受人的原因致使标的物未按照约定的期限交付的,买受人应当自违反约定时起承担标的物毁损、灭失的风险。

(三) 在途出售货物的风险转移

根据《民法典》第606条规定："出卖人出卖交由承运人运输的在途标的物,除当事人另有约定外,毁损、灭失的风险自合同成立时起由买受人承担。"如果卖方先把货物装上某个船舶运输,然后才找到合适的买家,则自双方合同成立时起,货物的风险才由卖方转移给买方,而不是自交付给承运人时转移。因此,合同成立之前货物在运输途中遭受的损失仍由卖方承担。

(四) 涉及运输的货物的风险转移

出卖人按照约定将标的物运送至买受人指定地点并交付给承运人后,标的物毁损、灭失的风险由买受人承担。当事人没有约定交付地点或者约定不明确,而标的物需要运输的,出卖人将标的物交付给第一承运人后,标的物毁损、灭失的风险由买受人承担。

案例 4-4

甲公司与乙公司订立一份购买设备的合同,合同约定由乙公司在5月底将设备交付给甲公司,价款20万元,甲公司先向乙公司交付定金5万元,设备交付后15日内将余款付清。合同还约定任何一方违反约定,将向另一方支付违约金6000元。双方约定该设备由乙公司代为托运。5月25日，乙公司到某长途运输公司丙处办理完设备的托运手续。后丙运输设备的长途货车在途经山路时，因遇泥石流，使得所运输的设备被一块山石砸中而受损。6月初，丙公司才将设备交付给甲公司。

依据以上案情回答：

(1) 设备受损，损失应由谁承担？为什么？

(2) 甲公司能否要求退货？为什么？

（资料来源：作者自编）

【案例解析】

(1) 设备受损，损失应由甲公司承担。因为买卖合同标的物的风险自交付时起转移。而涉及运输的，出卖人将货物交给第一承运人时即视为风险转移给买方承担，除非双方另有约定。本案中双方约定由乙公司代为托运。而代为托运的，卖方办理完托运手续的，视为交付。所以，5月25日卖方乙公司办理完托运手续，货物风险转移给买方甲公司。

丙公司在运输中由于遭遇不可抗力致设备受损，所以丙公司可以免责，而由此风险所致的损失只能由甲公司承担。

(2) 甲公司不能要求退货。因为货物的损坏不是由于乙公司造成的，且此时货物的风险已转移至甲公司。

（五）卖方违约与风险转移

卖方未按照约定交付有关标的物的单证和资料的，不影响标的物毁损、灭失的风险的转移。但如果卖方交付货物不符合质量要求，致使合同目的不能实现，则买受人可以拒绝接受标的物或者解除合同。此时，标的物毁损、灭失的风险仍应由出卖人承担，同时卖方还应承担相应的违约责任。

-小提示

这里需要说明的是，货物风险转移至买方承担，并不影响买方因卖方履行义务不符合约定而要求其承担违约责任。

案例 4-5

乙公司与甲公司签订合同，向甲公司购买一批电子元器件，约定在丙市港口交货，由甲公司负责租船运输。货到后，乙公司发现该批货物存在严重的质量问题，根本无法用于生产、使用，于是通知甲公司拒绝接收货物，并将该批货物存放于港口丁仓库。后由于发生海啸,海水灌入丁仓库,造成所有电子元件均遭浸泡,全部报废。该电子元件的损失应由谁承担?

(资料来源:作者自编)

【案例解析】

该电子元件的损失应由甲公司承担。因为根据《民法典》第610条的规定,因标的物质量不符合要求,致使不能实现合同目的的,买受人可以拒绝接受标的物或解除合同。买受人拒绝接受标的物或解除合同的,标的物毁损、灭失的风险由出卖人承担。本案中因为甲公司提供的电子元件不符合合同约定的质量标准,且根本不能用于生产使用,致使合同的目的不能实现,所以乙公司可以拒绝接受货物。同时货物毁损的风险应该由不合格货物的提供者甲公司承担。

(六)买方违约与风险转移

在卖方已将货物置于交付地点,买受人违约没有提取,或者因买受人的原因致使标的物不能按照约定的期限交付的,则买受人自违约之日起承担标的物毁损、灭失的风险。

扩展阅读 4.1

国务院办公厅关于加快推进重要产品追溯体系建设的意见

第二节 我国《对外贸易法》对物流问题的规定

对外贸易实质上就是国家之间的物流活动,因此,《对外贸易法》也是对物流业进行调整和规范的法制,它对促进我国物流业的发展有极其重要的作用。

小提示

我国《对外贸易法》颁布于1994年,并于2004年、2016年、2022年12月30日对其进行了修订。《对外贸易法》对物流问题主要是从宏观上进行调控,而《民法典》中的第三编《合同》是对买卖双方的具体物流行为从微观上进行规定。

《对外贸易法》所调整的贸易关系是我国对外的贸易关系,主要包括货物进出口、技术

进出口和国际服务贸易以及与对外贸易有关的知识产权保护。《对外贸易法》共分为11章69条,包括总则、对外贸易经营者、货物进出口与技术进出口、国际服务贸易、与对外贸易有关的知识产权保护、对外贸易秩序、对外贸易调查、对外贸易救济、对外贸易促进、法律责任和附则。本节主要介绍《对外贸易法》中与物流有关的规定。

一、对外贸易经营者

对外贸易经营者指的是依法办理工商登记或者其他执业手续,依照《对外贸易法》和其他有关法律、行政法规的规定从事对外贸易经营活动的法人、其他组织和个人。

二、特殊货物、技术进出口的管制

在货物和技术的进出口上,我国《对外贸易法》以贸易自由为基本原则,但是在某些情形下,可以限制或者禁止有关货物、技术的进口或者出口。《对外贸易法》第13条规定,"国家准许货物与技术的自由进出口。但是,法律、行政法规另有规定的除外。"

（一）可以限制或者禁止货物、技术进口或出口的情形

国家基于下列原因,可以限制或者禁止有关货物、技术的进口或者出口:

(1) 为维护国家安全、社会公共利益或者公共道德,需要限制或者禁止进口或者出口的。

(2) 为保护人的健康或者安全,保护动物、植物的生命或者健康,保护环境,需要限制或者禁止进口或者出口的。

(3) 为实施与黄金或者白银进出口有关的措施,需要限制或者禁止进口或者出口的。

(4) 国内供应短缺或者为有效保护可能用竭的自然资源,需要限制或者禁止出口的。

(5) 输往国家或者地区的市场容量有限,需要限制出口的。

(6) 出口经营秩序出现严重混乱,需要限制出口的。

(7) 为建立或者加快建立国内特定产业,需要限制进口的。

(8) 对任何形式的农业、牧业、渔业产品有必要限制进口的。

(9) 为保障国家国际金融地位和国际收支平衡,需要限制进口的。

(10) 依照法律、行政法规的规定,其他需要限制或者禁止进口或者出口的。

(11) 根据我国缔结或者参加的国际条约、协定的规定,其他需要限制或者禁止进口或者出口的。

（二）国家对货物、技术进口或出口货物的管理

(1) 国家实行统一的商品合格评定制度,根据有关法律、行政法规的规定,对进出口商品进行认证、检验、检疫。

（2）国家对限制进口或者出口的货物实行配额、许可证等方式管理，对限制进口或者出口的技术实行许可证管理。实行配额、许可证管理的货物、技术，应当按照国务院规定经国务院对外贸易主管部门或者经其会同国务院其他有关部门许可，方可进口或者出口。

（3）国家对部分进口货物可以实行关税配额管理。

（4）进出口货物配额、关税配额，由国务院对外贸易主管部门或者国务院其他有关部门在各自的职责范围内，按照公开、公平、公正和效益的原则进行分配。具体办法由国务院规定。

三、国际服务贸易

关于国际服务贸易的定义，《对外贸易法》并无明确规定。根据关贸总协定"乌拉圭回合"达成的《服务贸易总协定》，将国际服务贸易规定如下：

（1）从一成员方境内向任何其他成员方境内提供服务。

（2）在一成员方境内向任何其他成员方的服务消费者提供服务。

（3）一成员方的服务提供者在任何其他成员方境内通过商业存在提供服务。

（4）一成员方的服务提供者在任何其他成员方境内通过自然人的存在提供服务。

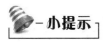

物流业中的货物运输服务、保险业务等均属于国际服务贸易的范畴。随着经济全球化的不断深入，国家间的贸易活动也逐渐从有形商品向无形商品即服务贸易和技术贸易转化。

我国在国际服务贸易方面根据所缔结或者参加的国际条约、协定中所做的承诺，给予其他缔约方、参加方市场准入和国民待遇。但是国家基于某些特殊的原因也可以限制或禁止有关的国际服务贸易。

国务院对外贸易主管部门和国务院其他有关部门依照《对外贸易法》和其他有关法律、行政法规的规定，对国际服务贸易进行管理。

国家基于下列原因，可以限制或者禁止有关的国际服务贸易：

（1）为维护国家安全、社会公共利益或者公共道德，需要限制或者禁止的。

（2）为保护人的健康或者安全，保护动物、植物的生命或者健康，保护环境，需要限制或者禁止的。

（3）为建立或者加快建立国内特定服务产业，需要限制的。

（4）为保障国家外汇收支平衡，需要限制的。

（5）依照法律、行政法规的规定，其他需要限制或者禁止的。

（6）根据我国缔结或者参加的国际条约、协定的规定，其他需要限制或者禁止的。

四、与对外贸易有关的知识产权的保护

国家依照有关知识产权的法律、行政法规,保护与对外贸易有关的知识产权。进口货物侵犯知识产权,并危害对外贸易秩序的,国务院对外贸易主管部门可以采取在一定期限内禁止侵权人生产、销售的有关货物进口等措施。

《对外贸易法》在对外贸易秩序方面做了如下规定。

(一) 对垄断和不正当竞争行为的禁止

《对外贸易法》第31条和第32条明确规定,在对外贸易经营活动中,不得违反有关反垄断的法律、行政法规的规定实施垄断行为。在对外贸易活动中不得实施以不正当的低价销售商品、串通投标、发布虚假广告、进行商业贿赂等不正当竞争行为和有关反垄断的法律、法规规定的垄断行为。如实施上述行为,情节危害到对外贸易秩序的,国务院对外贸易主管部门可以采取必须的措施消除危害。

(二) 对外贸易经营者在对外贸易活动中不得进行的行为

对外贸易经营者在对外贸易活动中不得有下列行为:
(1) 伪造、变造进出口货物原产地标记,伪造、变造或者买卖进出口货物原产地证书、进出口许可证、进出口配额证明或者其他进出口文件。
(2) 骗取出口退税。
(3) 走私。
(4) 逃避法律、行政法规规定的认证、检验、检疫。
(5) 违反法律、行政法规规定的其他行为。

(三) 遵守国家外汇管理规定

对外贸易经营者在对外贸易经营活动中,应当遵守国家有关外汇管理的规定。

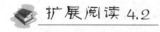
扩展阅读 4.2

天津打造北方最重要跨境电商海港口岸 9家名企已签

五、对外贸易调查和对外贸易救济

(一) 对外贸易调查

对外贸易调查是各国为保护本国产业和市场秩序而采取的重要法律手段。按照我国《对外贸易法》的规定,对外贸易调查的启动应由国务院对外贸易主管部门发布公告,调查可以采取书面问卷、召开听证会、实际调查、委托调查等方式进行;然后根据调查结果,由国务院对外贸易主管部门做出调查报告或做出处理裁定,并发布公告。

根据《对外贸易法》的规定,国务院对外贸易主管部门可以自行或会同国务院其他部门对以下事项进行调查:

(1) 货物进出口、技术进出口、国际服务贸易对国内产业及其竞争力的影响。

(2) 有关国家或地区的贸易壁垒。

(3) 为确定是否应当依法采取反倾销、反补贴或者保障措施等对外贸易救济措施,需要调查的事项。

(4) 规避对外贸易救济措施的行为。

(5) 对外贸易中有关国家安全利益的事项。

(6) 为执行《对外贸易法》相关条款的规定,需要调查的事项。

(7) 其他影响对外贸易秩序,需要调查的事项。

(二) 对外贸易救济

国家根据对外贸易调查结果,可以采取适当的对外贸易救济措施。

根据对外贸易调查结果可以采取的对外贸易救济措施主要有反倾销措施、反补贴措施、保障措施及预警机制和反规避措施等。

其他国家或者地区的产品以低于正常价值的倾销方式进入我国市场,对已建立的国内产业造成实质损害或者产生实质损害威胁,或者对建立国内产业造成实质阻碍的,国家可以采取反倾销措施,消除或者减轻这种损害或者损害的威胁或者阻碍。

进口的产品直接或者间接地接受出口国家或者地区给予的任何形式的专项性补贴,对已建立的国内产业造成实质损害或者产生实质损害威胁,或者对建立国内产业造成实质阻碍的,国家可以采取反补贴措施,消除或者减轻这种损害或者损害的威胁或者阻碍。

因进口产品数量大量增加,对生产同类产品或者与其直接竞争的产品的国内产业造成严重损害或者严重损害威胁的,国家可以采取必要的保障措施,消除或者减轻这种损害或者损害的威胁,并可以对该产业提供必要的支持。

因其他国家或者地区的服务提供者向我国提供的服务增加,对提供同类服务或者与其直接竞争的服务的国内产业造成损害或者产生损害威胁的,国家可以采取必要的救济措施，消除或者减轻这种损害或者损害的威胁。

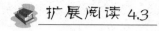

福建自贸试验区"投资自由便利"位居全国前列

思考与练习

1. 简述买卖合同的概念与法律特征。
2. 简述买卖合同中买方的主要义务。
3. 简述买卖合同中卖方的主要义务。
4. 试述货物所有权转移的基本规定。
5. 试述货物买卖中的风险承担的基本规定。
6. 试述《对外贸易法》对物流活动的影响。

第五章 物流信息管理法律制度

【学习目标】
1. 了解物流信息管理法律制度的含义、特征、现状；
2. 了解电子商务法律制度的主要内容，掌握其基本规定；
3. 理解并掌握电子签名和电子认证法律制度的基本规定；
4. 了解电子合同制度的基本规定。

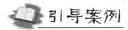 引导案例

悬顶之剑　严惩电信网络诈骗

随着通信、互联网技术的不断发展，电信网络新型违法犯罪已成为犯罪新常态。2021年10月20日，十三届全国人大常委会第三十一次会议对反电信网络诈骗法草案进行分组审议。守护百姓"钱袋子"，遏制"高位运转"的电信网络诈骗犯罪，为反电信网络诈骗工作提供法治保障，对于保护公民合法权益、维护社会稳定和国家安全具有重大意义。

随着通信、互联网技术的不断发展，电信网络新型违法犯罪已成为犯罪新常态。电信网络诈骗犯罪都是非接触性犯罪，犯罪嫌疑人主要通过电话、网络进行犯罪，如网上兼职刷单诈骗，冒充网购客服、领导、熟人以及公检法人员诈骗等。

诈骗手段不断翻新，诈骗组织呈职业化、团体化发展态势，且电信网络诈骗犯罪成本低、收益高、易复制、难追查，导致电信网络诈骗犯罪屡打不绝。特别是随着金融资金结算方式多样化、快捷化，诈骗对象选择精准化发展，群众防骗知识缺乏，导致电信网络诈骗犯罪仍在"高位运转"。

2020年，全国电信网络诈骗案件共立案92.7万起，案件造成群众损失353.7亿元，同比分别增长了18.6%和68.7%，此类犯罪警情占全部刑事警情的比例超过40%；今年1月至8月有数据显示，电信网络诈骗立案已经达到了65.5万起，同比上升了12.3%……电信网络诈骗犯罪已经成为当前发

案最高、损失最大、群众反响最强烈的突出犯罪,多发高发态势引发关注。

守护百姓"钱袋子",遏制"高位运转"的电信网络诈骗犯罪不容再缓!反电信网络诈骗专门立法,"悬顶之剑"严惩电信网络诈骗。

2021年10月20日,十三届全国人大常委会第三十一次会议对反电信网络诈骗法草案进行分组审议。10月23日,全国人大常委会将草案文本公开向社会征求意见,公开征求意见期间,共有13 441位公众参与,提出28 599条意见。草案为反电信网络诈骗工作提供法治保障,对于保护公民合法权益、维护社会稳定和国家安全具有重大意义。

一、明晰法律概念 科学界定内涵

反电信网络诈骗法属于针对性解决特定问题的系统综合的专项法律,对电信网络诈骗行为做出科学界定尤为重要。

二、明确主体责任 避免九龙治水

草案明确了地方各级人民政府、公安部门、金融等行业主管部门、电信业务经营者等各方主体责任。一些委员提出,应当进一步完善相关规定,压实各方主体责任。

三、加大处罚力度 让法律"长出牙齿"

一些委员建议,进一步加大对电信网络诈骗违法行为的处罚力度。要让法律"长出牙齿",治到痛处,还需要对涉案财产的认定和处置进一步明确。

四、增加宣传主体 明确宣传职责

加强宣传教育是反电信网络诈骗的重要措施,草案对此做出针对性规定。一些委员认为,应充实相关内容,进一步加强反电信网络诈骗宣传。加强舆论宣传,普及法律知识,是防范电信网络诈骗的基础工作。

现在网络诈骗成了公敌、顽疾和毒瘤,打击治理电信网络诈骗犯罪事关人民群众切身利益,事关社会大局的稳定,也事关国家经济安全和我们的国家形象。

守护百姓"钱袋子",反电信网络诈骗专门立法,犹如"悬顶之剑"有效挤压犯罪空间,铲除犯罪土壤,为反电信网络诈骗工作提供法治保障!

(资料来源:https://www.npc.gov.cn/npc/c30834/202112/c66d9245396e46f787588bafacc661a3.shtml)

第一节 物流信息管理法律制度概述

信息技术推动了人类从工业社会过渡到信息社会。随着信息社会的到来,信息产业已经成为世界经济增长最快的产业之一。物流信息在物流活动中具有重要地位,对物流信息进行有效的法律规制,有利于促进物流业的发展。

一、物流信息的概念与特征

（一）物流信息的概念

根据《中华人民共和国国家标准物流术语》的定义，物流信息是指"反映物流各种活动内容的组织、资料、图像、数据、文件的总称"。

信息的广义的概念是指一切"表述"（或反映）事物的内部或外部互动状态或关系的东西。《辞海》中对于信息的定义是：信息是指对于信息的接收者来说事先不知道的报道。信息的价值就在于能帮助人们了解某些事物或对象。

（二）物流信息的特征

1. 信息量大、分布广

物流信息范围广泛，随着物流活动以及商品交易活动的发展而大量发生，包括交通运输信息、仓储信息、装卸搬运信息、包装信息、流通加工信息以及配送信息等。多品种少量生产和多幅度小数量配送使运输、库存、配送等物流活动大量增加，物流企业也通过广泛利用电子数据交换进行信息传递。

2. 种类多

物流信息种类多，不仅包括物流系统内部各个环节中不同种类的信息，而且包括与物流系统密切相关的其他系统所涉及的信息，如生产系统、供应系统等相关信息。所涉及的信息种类多，也增加了物流信息的搜集、分类、筛选、统计、研究等工作的难度。

3. 动态性强

在现代经济社会中，各种信息的更新非常快。物流信息应当与商品流通的时间相适应，各种作业活动频繁发生，物流信息的更新速度也加快。特别是随着科学技术的发展，为满足物流活动的发展需求，物流信息的发展会越来越快，呈现出动态性强的特点。

二、物流信息管理法律概况

（一）物流信息管理的概念

物流信息管理的对象是物流信息资源和物流信息活动。

物流信息管理是对物流活动全过程的相关信息进行收集、整理、传播、存储和利用的信息管理活动,主要包括物流信息的产生、物流信息的流转和物流信息的安全等三个方面。物流信息管理涉及的信息对象十分广泛,而且具有很强的专业性。

(二)物流信息管理的法律

物流信息管理法律制度是指调整物流信息管理活动中有关当事人之间权利义务关系的法律规范的总称。与物流信息管理的内容相适应,我国调整物流信息管理活动的法规主要有物流信息网络政策法律法规、知识产权法律制度和商业秘密保护法律制度等。

我国的物流管理法律主要有《电子签名法》《著作权法》《保守国家秘密法》《反不正当竞争法》等。其中,《电子签名法》是我国首部专门的有关物流信息、计算机与互联网信息方面的法律。2018年8月31日,第十三届全国人民代表大会常务委员会第五次会议通过《电子商务法》。在1999年3月15日通过的《合同法》中,规定了有关电子数据交换的法律规则。2020年5月28日通过的《民法典》中对数据电文也做出规定。

有关物流管理方面的行政法规主要有《计算机信息网络国际联网管理暂行规定》《互联网信息服务管理办法》《电信条例》等。国务院在2000年9月25日颁布的《互联网信息服务管理办法》是目前我国对提供互联网信息服务实行管理的主要行政法规。此外,我国信息产业部制定了《电子认证服务管理办法》《互联网电子公告服务管理规定》等主要行政规章。

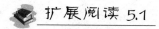

食药监总局拟明令禁止处方药网售

随着互联网的发展,电子商务的发展速度也相当迅猛,对电子商务的法律规制迅速走向国际化。1996年联合国国际贸易法委员会通过了《电子示范法》,对电子商务有关程序和方法等做了具体规定。一些重要的国际组织陆续制定了电子商务的国际规则。

1997年,国际商会通过《国际数字保证商务通则》,在《2020年国际贸易术语解释通则》中规定了相关的交易规则。WTO的有关服务贸易的协议,如《全球基础电信协议》《信息技术协议》和《开放全球金融服务市场协议》等,也为电子商务和信息技术的发展奠定了法律基础。

第二节 电子商务法律制度

一、电子商务法的概念与特征

电子商务是利用计算机技术、网络技术和远程通信技术，实现整个商务过程中的电子化、数字化和网络化，进行电子商务交易的当事人借助互联网技术或各种商务网络平台，完成商务交易的过程。具体包括：发布供求信息，订货及确认订货，支付及票据的签发、传送和接收，确定配送方案并监控配送过程等。电子商务的迅速发展，需要对电子商务活动进行有效的法律规制。

（一）电子商务法的概念

电子商务法是指调整电子商务活动中所产生的社会关系的法律规范的总称，是调整以数据电文为交易手段而形成的商事关系的规范体系。狭义上的电子商务法是指《中华人民共和国电子商务法》（以下简称《电子商务法》）。《电子商务法》于2018年8月31日由第十三届全国人民代表大会常务委员会第五次会议通过，自2019年1月1日起施行。该法适用于中华人民共和国境内的电子商务活动。《电子商务法》所称的电子商务是指通过互联网等信息网络销售商品或者提供服务的经营活动。

（二）电子商务法的特征

1. 商法性

商法是调整商事主体的组织和商事行为的法律规范。电子商务法规范主要属于商事行为法，例如电子商务中的数据电文制度、电子签名及其认证制度、电子合同制度、电子信息交易制度、电子支付制度等。

2. 技术性

电子商务是网络经济与现代高科技发展的产物，在电子商务法中，许多法律规范都是直接或间接地由技术规范演变而成的，如电子商务中的签名技术，就是将有关的技术规范转化成了法律要求。这对当事人之间的交易形式和权利义务的行使都有极其重要的影响，保护了电子商务活动的有序进行。

3. 开放性

电子商务必然要对世界各地区、各种技术网络开放，而且，其技术、手段、方式的应用也不断推陈出新，各种先进技术在电子商务中很快得到应用。电子商务法还应适应多种技术手段，实现网络信息资源共享。

4. 国际性

电子商务具有跨国性,电子商务法也具有国际性,这是电子商务法的一个显著特征。这就要求全球范围内的电子商务规则应该是协调和基本一致的。因此电子商务法应当而且可以通过多国的共同努力予以发展。联合国国际贸易法委员会的《电子商务示范法》为全球范围内的电子商务规则的协调性奠定了基础。

5. 复杂性

电子商务的高科技性和互联网技术的专业性、复杂性,造成了电子商务法的复杂性。往往在一个商务交易中不仅涉及交易的双方当事人之间的关系,而且还会涉及第三人,因为交易双方必须在第三人的协助下才能完成交易活动。电子商务活动涉及多重的法律关系,从而使法律关系复杂化。

二、电子商务法对物流关系的调整

电子商务法调整的内容主要包括电子商务交易主体问题、电文数据引起的法律问题、网上电子支付问题、电子商务市场规制问题、网上的个人隐私权问题以及电子网站运营的法律问题。

与物流紧密相关的电子商务法律问题主要是因在物流活动中涉及的电子合同、电子支付手段及相关电子信息证据的保存等而引起的法律问题。这些问题突出体现在传统法律体系中关于商业文件的书面形式、合同成立方式、时间、地点,以及签字、认证和合同效力、电子文书的证据效力等问题的规定如何与电子商务中的数据信息协调。

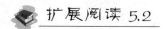
扩展阅读 5.2

北京发改委:"双十一"假打折从重处罚

下面对电子商务法中与物流行为密切相关的电子合同、电子签名、电子支付及电子证据的保护问题进行介绍。

三、电子签名法律制度

随着通信、计算机、网络等科技的发展,世界进入信息化时代。国际互联网的形成,大大地提高了物流企业工作效率。网络技术的发展促进了物流企业经济活动的发展和变化,在与网络有关的法律法规中,《电子签名法》是其中重要的一部法律。

(一) 电子签名的概念和种类

1. 电子签名概述

(1) 签名的概念

签名一般是指一个人用手亲笔在一份文件上写下名字或留下印记、印章或其他特殊符号,以确定签名人的身份,并确定签名人对文件内容予以认可。

传统的签名必须依附于某种有形的介质,而在电子交易过程中,文件是通过数据电文的发送、交换、传输、储存来形成的,没有有形介质,这就需要通过一种技术手段来识别交易当事人、保证交易安全,以达到与传统的手写签名相同的功能。这种能够达到与手写签名相同功能的技术手段就是电子签名。

(2) 电子签名的概念

电子签名是指数据电文中以电子形式所含、所附用于识别签名人身份并表明签名人认可其中内容的数据。电子签名的概念包含以下内容:

① 电子签名是以电子形式出现的数据。

② 电子签名是附着于数据电文的。电子签名可以是数据电文的一个组成部分,也可以是数据电文的附属,与数据电文具有某种逻辑关系,能够使数据电文与电子签名相联系。

③ 电子签名必须能够识别签名人身份并表明签名人认可与电子签名相联系的数据电文的内容。

2. 电子签名的功能

电子签名的功能主要表现在以下三个方面:

(1) 表明签名人对文件内容的确认。

(2) 能够表明文件的来源,即识别签名人。

(3) 能够构成签名人对文件内容正确性和完整性负责的根据。

3. 电子签名的种类

(1) 电子化签名

电子化签名是把手写签名与数字化技术结合起来的签名,使用者在特别设计的感应板上用笔手写输入其亲自签写的名字,由计算机程序加以识别并作出反应后再经过密码化处理,然后将该签名资料与其所要签署的文件相结合,以达成原先以纸面为媒介物的情况下亲手签名所要完成的签署及证明。

(2) 生理特征签名

生理特征签名是利用每个人的指纹、声波纹、视网膜结构、脑波等生理特征各不相同的特征,以使用者的指纹、声波纹、视网膜结构以及脑波等生理特征作为辨别使用者的工具的签名。

(3) 数字签名

数字签名是指以对称密钥加密、非对称加密、数字摘要加密等加密方法产生的电子签名。数字签名产生于 1978 年,在 20 世纪 90 年代被大量采用。与电子签名的其他种类相比较,数字签名发展较为迅速并且也较为成熟,早期的电子签名立法主要规定的就是数字签名。

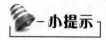

"数字签名"的其他定义

ISO 7498—2 标准中,数字签名被定义为:"附加在数据单元上的一些数据,或是对数据单元所作的密码变换,这种数据和变换允许数据单元的接收者用以确认数据单元来源和数据单元的完整性,并保护数据,防止被人(例如接收者)进行伪造。"

美国电子签名标准(DSS,FIPS 186—2)对数字签名解释为:"利用一套规则和一个参数对数据计算所得的结果,用此结果能够确认签名者的身份和数据的完整性。"

(二) 我国电子签名法律制度

1. 我国《电子签名法》的立法目的

《电子签名法》的第一条开宗明义地阐明其立法目的是:"为了规范电子签名行为,确立电子签名的法律效力,维护有关各方的合法权益,制定本法。"

在各国关于电子签名的立法中,一般都首先明确规定其立法目的。主要包括以下几个方面:承认数据电文以及电子签章的法律地位,保障电子交易安全,维护各方当事人的合法权益,并且通过电子签名立法来推动电子商务的发展。

2. 我国《电子签名法》的适用范围

《电子签名法》规定,民事活动中的合同或者其他文件、单证等文书,当事人可以约定使用或者不使用电子签名、数据电文。当事人约定使用电子签名、数据电文的文书,不得仅因为其采用电子签名、数据电文的形式而否定其法律效力。

但是,以下文书不适用《电子签名法》,具体包括:

(1) 涉及婚姻、收养、继承等人身关系的。
(2) 涉及土地、房屋等不动产权益转让的。
(3) 涉及停止供水、供热、供气、供电等公用事业服务的。
(4) 法律、行政法规规定的不适用电子文书的其他情形。

根据以上规定,《电子签名法》适用民事活动,主要适用于电子商务活动,但是又不局限于电子商务活动。

3. 电子签名的法律效力

电子签名的法律效力体现为法律的强制性，即法律的拘束力，是法律对人们行为的约束和强制作用。电子签名法规定电子签名的合法性、有效性，并且明确规定合法有效的电子签名的条件，即在电子签名方法和手段中，只有满足一定条件的电子签名才具有与手写签名或者盖章同等的效力。

《电子签名法》第14条规定："可靠的电子签名与手写签名或者盖章具有同等的法律效力。"那么，什么是可靠的电子签名呢？我国《电子签名法》规定，可靠电子签名的需要满足以下条件：

（1）电子签名制作数据用于电子签名时，属于电子签名人专有。
（2）签署时电子签名制作数据仅由电子签名人控制。
（3）签署后对电子签名的任何改动能够被发现。
（4）签署后对数据电文内容和形式的任何改动能够被发现。

此外，当事人也可以选择使用符合其约定的可靠条件的电子签名。

联合国《电子签名示范法》对可靠电子签名条件的规定

联合国《电子签名示范法》第6条规定，凡法律规定要求有一人的签名时，如果根据各种情况，包括根据任何有关协议，所用电子签名既适合生成或传送数据电文所要达到的目的，而且也同样可靠，则对于该数据电文而言，即满足了该项签名要求。

符合下列条件的电子签名视作可靠的电子签名：

（1）签名制作数据在其使用的范围内与签名人而不是还与其他任何人相关联。
（2）签名制作数据在签名时处于签名人而不是还处于其他任何人的控制之中。
（3）凡在签名后对电子签名的任何更改均可被觉察。
（4）如果签名的法律要求目的是对签名涉及的信息的完整性提供保证，凡在签名后对该信息的任何更改均可被觉察。

4. 数据电文的法律效力和证据效力

（1）数据电文的法律效力

《电子签名法》确认了数据电文为符合法律法规要求的书面形式，规定能够有形地表现所载内容并可以随时调取查用的数据电文视为符合法律、法规要求的书面形式。

《民法典》第135条规定："民事法律行为可以采用书面形式、口头形式或者其他形式；法律、行政法规规定或者当事人约定采用特定形式的，应当采用特定形式。"《民法典》第469条规定："当事人订立合同，可以采用书面形式、口头形式或者其他形式。书面形式是合同书、信件、电报、电传、传真等可以有形地表现所载内容的形式。以电子数据交换、电子邮件等方式能够有形地表现所载内容,并可以随时调取查用的数据电文,视为书面形式。"

(2) 数据电文的证据效力

数据电文的证据效力对于电子商务具有十分重要的意义。我国的《电子签名法》《民法典》确认了数据电文为书面形式,还明确了数据电文不得仅因为其是以电子、光学、磁或者类似手段生成、发送、接收或者储存的而被拒绝作为证据使用。

按照我国有关证据的法律规定,以书面形式存在的文件属于书证的范畴。根据有关证据的法律规则,证据必须具有真实性。认定数据电文具有证据的效力,还必须依据法律的规定进行认定。

我国《电子签名法》规定,在审查数据电文作为证据的真实性时,应当考虑以下因素:

① 生成、储存或者传递数据电文方法的可靠性。
② 保持内容完整性方法的可靠性。
③ 用以鉴别发件人方法的可靠性。
④ 可以证明数据电文可靠、完整的其他相关因素。

5. 数据电文的发送与接收

(1) 数据电文的发送

我国《电子签名法》规定,有下列情形之一的,视为发件人发送:

① 经发件人授权发送的。
② 发件人的信息系统自动发送的。
③ 收件人按照发件人认可的方法对数据电文进行验证后结果相符的。

当事人对以上规定的事项另有约定的,从其约定。

(2) 数据电文的接收

① 数据电文的收讫

法律、行政法规规定或者当事人约定数据电文需要确认收讫的,应当确认收讫。发件人收到收件人的收讫确认时,数据电文视为已经收到。

② 数据电文的接收时间

收件人指定特定系统接收数据电文的,该数据电文进入该特定系统时生效;未指定特定系统的,相对人知道或者应当知道该数据电文进入其系统时生效。当事人对采用数据电文形式的意思表示的生效时间另有约定的,按照其约定。《民法典》第137条规定:"以对话方式作出的意思表示,相对人知道其内容时生效。以非对话方式作出的意思表示,到达相对人时生效。以非对话方式作出的采用数据电文形式的意思表示,相对人指定特定系统接收数据电文的,该数据电文进入该特定系统时生效;未指定特定系统的,相对人知道或者应当知道该数据电文进入其系统时生效。当事人对采用数据电文形式的意思表示的生效时间另有约定的,按照其约定。"

③ 数据电文的发送地点

发件人的主营业地为数据电文的发送地点，收件人的主营业地为数据电文的接收地点。没有主营业地的，其经常居住地为发送或者接收地点。

当事人对数据电文的发送地点、接收地点另有约定的，从其约定。

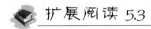

百色"二维码"管理高速公路桥梁

四、电子认证法律制度

（一）电子认证的概念与作用

1. 电子认证的概念

电子认证是指特定认证机构对电子签名及其签署者的真实性进行验证的具有法律意义的服务。

2. 电子认证的作用

（1）防止欺诈

在电子商务环境下，交易双方当事人可能互不相见，特别是跨国交易的当事人相距甚远，难以形成信赖关系，容易发生欺诈行为，而且在发生欺诈事件后，当事人的救济方法也非常有限。即使能够采取救济方法，其救济方法的成本会较高，甚至会高于损失。所以，事先对各种欺诈予以防范，才是最经济的选择。

（2）防止否认

在电子交易领域中，当事人也应当遵循诚实信用原则。电子签名具有不可否认性，具体包括数据信息的发送、接收及其内容的不可否认，这既是技术要求，也是对交易双方当事人的行为规范。

（二）电子认证机构的设立条件

电子认证机构是电子商务活动中专门从事颁发认证证书的结构。提供电子认证是一项复杂的技术工程，需要有专门技术人才从事电子认证工作。同时，作为具有权威性的第三方认证机构还需要具有相应的人力物力、管理等条件。

1. 具有与提供电子认证服务相适应的专业技术人员和管理人员

电子认证服务机构中从事电子认证服务的专业技术人员、运营管理人员、安全管理人员和客户服务人员不少于 30 名。

2. 具有与提供电子认证服务相适应的资金和经营场所

电子认证服务机构的注册资金不低于人民币 3000 万元,具有固定的经营场所和满足电子认证服务要求的物理环境。

3. 具有符合国家安全标准的技术和设备

认证机构开展业务必须具有的设备包括硬件和软件两个方面。电子认证服务机构应当具有符合国家有关安全标准的技术和设备。

4. 具有国家密码管理机构同意使用密码的证明文件

为保障信息安全,保障国家、社会以及其他合法权益,电子认证服务机构应当具有国家密码管理机构同意使用密码的证明文件。

5. 法律、行政法规规定的其他条件

电子认证机构从事电子认证服务,应当向国务院信息产业主管部门提出申请,并提交符合法律规定条件的相关材料。国务院信息产业主管部门接到申请后经依法审查,对于符合法律规定条件的,予以许可的,颁发电子认证许可证书。

未经许可提供电子认证服务的,应当承担的法律责任:由国务院信息产业主管部门责令停止提供违法认证行为;对于未经许可提供电子认证服务而获得的违法所得,给予没收。对于进行未经许可提供电子认证服务的行为,其违法所得 30 万元以上的,处违法所得 1 倍以上 3 倍以下的罚款;没有违法所得或者违法所得不足 30 万元的,处 10 万元以上 30 万元以下的罚款。

(三) 认证机构的职责

1. 制定并公布电子认证业务规则

电子认证服务提供者应当制定、公布符合国家有关规定的电子认证业务规则,电子认证业务规则应当包括责任范围、作业操作规范、信息安全保障措施等事项,并向国务院信息产业主管部门备案。

2. 查验身份,审查有关材料

电子认证服务提供者收到电子签名人提交的电子签名认证证书申请后,应当对申请人的身份进行查验,并对有关材料进行审查。

3. 保证电子签名认证证书内容在有效期内完整、准确

电子认证服务提供者应当保证电子签名认证证书内容在有效期内完整、准确,并保证电子签名依赖方能够证实或者了解电子签名认证证书所载内容及其他有关事项。电子认证服务提供者应当妥善保存与认证相关的信息，信息保存期限至少为电子签名认证证书失效后5年。

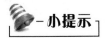

电子签名认证证书应当载明的内容

《电子签名法》规定，电子认证服务提供者签发的电子签名认证证书应当准确无误，并应当载明下列内容：

（1）电子认证服务提供者名称。

（2）证书持有人名称。

（3）证书序列号。

（4）证书有效期。

（5）证书持有人的电子签名验证数据。

（6）电子认证服务提供者的电子签名。

（7）国务院信息产业主管部门规定的其他内容。

（四）认证机构的法律责任

电子签名人或者电子签名依赖方因依据电子认证服务提供者提供的电子签名认证服务从事民事活动遭受损失，电子认证服务提供者不能证明自己无过错的，承担赔偿责任。由此可见，认证机构承担的赔偿责任遵循过错责任原则。

电子认证服务提供者不遵守认证业务规则、未妥善保存与认证相关的信息，或者有其他违法行为的，由国务院信息产业主管部门责令限期改正；逾期未改正的，吊销电子认证许可证书，其直接负责的主管人员和其他直接责任人员10年内不得从事电子认证服务。吊销电子认证许可证书的，应当予以公告并通知工商行政管理部门。

 扩展阅读 5.4

关于推动邮政业服务农村电子商务发展的指导意见

五、电子合同法律制度

电子合同是随着电子商务的发展而发展起来的。网络经济使越来越多的交易通过网络进行,反过来更加促进了物流业的进步。电子合同既具有传统合同的特点,又具有其特殊性;既要遵循合同活动的一般准则,又对传统合同规则提出挑战。

(一)电子合同的概念

电子合同是在网络条件下,当事人之间为了实现一定目的,通过电子邮件和电子数据交换等形式所明确相互权利义务关系的协议。

电子合同具有以下特征:

1. 网上运作

订立合同的双方或多方在网络上运作,可以互不见面。合同内容等信息记录在计算机或磁盘等中介载体中,其修改、流转、储存等过程均在计算机内进行。网上运作的交易方便、快捷,但是,风险性也很大。

2. 载体的电子化

电子合同是以计算机程序为基础生成的电子文本,所依赖的电子数据具有易消失性和易改动性。

3. 采用电子签名

与传统的签字盖章的方式不同,电子合同表示合同生效采用电子签名。

4. 合同成立的时间、地点特殊性

传统合同的生效地点一般为合同成立的地点,合同生效时间为合同成立的时间。而采用数据电文形式订立合同的,收件人的主营业地为合同成立的地点;没有主营业地的,其住所地为合同成立的地点。当事人另有约定的,按照其约定。

(二)电子合同的形式

电子合同的主要形式有:

1. 以 EDI 方式订立合同

电子数据交换,简称 EDI(electronic data interchange),根据国际标准化组织(ISO)的定义,EDI 是"将商务或行政事务处理按照一个公认的标准,形成结构化的事务处理或文档数据格式,从计算机到计算机的电子传输"。它通过计算机通信网络将贸易、运输、保险、银行和海关等行业信息用一种国际公认的标准格式实现各有关部门或公司与企业之间的数据交换与处理,并完成以贸易为中心的全部过程。

2. 以电子邮件方式订立的合同

电子邮件是通过网络将一方输入的文字、图片或声音等信息通过服务器传送到另一方的终端机上的信息。与 EDI 合同相比，以电子邮件方式订立的合同更能直观地反映订约双方的意思表示。但是电子邮件在传输中，信息容易被截获、修改，安全性较差，因此应当鼓励使用电子签名，以确保电子邮件的真实性。

（三）电子合同的订立

电子合同的订立是合同当事人通过数据电文的方式就合同内容进行协商，达成一致意见的过程。

1. 要约和承诺

电子合同的订立也需要经过要约和承诺两个阶段。

要约是希望和他人订立合同的意思表示。物流企业在网站上的"在线委托单"或"在线订单"是否是要约？依照《民法典》第473条规定："要约邀请是希望他人向自己发出要约的表示。拍卖公告、招标公告、招股说明书、债券募集办法、基金招募说明书、商业广告和宣传、寄送的价目表等为要约邀请。"所以，"在线委托单"或"在线订单"属于商业广告，是要约邀请。所谓要约邀请是指一方希望他人向自己发出要约的意思表示。

但是，《民法典》还规定："商业广告和宣传的内容符合要约条件的，构成要约。"据此，如果物流企业所发出的商业广告符合要约的要求，就构成要约。当事人对这种符合要约条件的商业广告表示同意，即构成承诺，合同关系成立。

电子合同的承诺符合《民法典》规定的，构成有效承诺，合同关系即告成立。

2. 电子合同的成立时间与成立地点

承诺生效的时间是合同成立的时间。当事人采用数据电文等形式订立合同的，可以在合同成立之前要求签订确认书。《民法典》第491条规定："当事人采用信件、数据电文等形式订立合同要求签订确认书的，签订确认书时合同成立。当事人一方通过互联网等信息网络发布的商品或者服务信息符合要约条件的，对方选择该商品或者服务并提交订单成功时合同成立，但是当事人另有约定的除外。"

《电子商务法》规定："电子商务经营者发布的商品或者服务信息符合要约条件的，用户选择该商品或者服务并提交订单成功，合同成立。当事人另有约定的，从其约定。电子商务经营者不得以格式条款等方式约定消费者支付价款后合同不成立；格式条款等含有该内容的，其内容无效。"

知识拓展

《电子商务法》规定,电子商务经营者应当清晰、全面、明确地告知用户订立合同的步骤、注意事项、下载方法等事项,并保证用户能够便利、完整地阅览和下载。

电子商务经营者应当保证用户在提交订单前可以更正输入错误。

《民法典》第492条规定,承诺生效的地点为合同成立的地点。采用数据电文形式订立合同的,收件人的主营业地为合同成立的地点;没有主营业地的,其住所地为合同成立的地点。当事人另有约定的,按照其约定。

(四)电子合同的效力

电子合同的效力是指电子合同依法成立,具有法律上的约束力,当事人之间产生合同权利义务关系,并且受到国家法律的保护。当事人在电子合同成立后不能擅自变更和解除合同。

当事人违反有效成立的电子合同,将承担法律责任,守约方也可以向人民法院起诉,人民法院也可以采取强制措施使当事人承担民事责任、履行义务,对另一方当事人进行补救。合法有效的合同对第三人也产生一定的法律约束力,任何单位和个人不得侵犯当事人的合同权利,不得非法阻挠当事人履行义务。

电子合同的生效必须满足实质要件和形式要件。实质要件包括:

(1)当事人在订立合同时必须具有相应的民事权利能力和民事行为能力。

(2)当事人的意思表示真实。

(3)合同的内容不违反法律或者社会公共利益。

 知识拓展

《电子商务法》第48条规定,电子商务当事人使用自动信息系统订立或者履行合同的行为对使用该系统的当事人具有法律效力。

在电子商务中推定当事人具有相应的民事行为能力。但是,有相反证据足以推翻的除外。

形式要件是指合同的形式符合法律的相应规定。法律、行政法规规定应当办理批准、登记等手续生效的,依照其规定。

扩展阅读 5.5

商务部回复人民网网友：
健全电商平台管理规范 打通特殊人群购物障碍

思考与练习

1. 简述物流信息的概念与特征。
2. 简述电子商务法的概念与特征。
3. 什么是商业秘密？法律规定侵犯商业秘密的行为有哪些？
4. 什么是电子签名？我国法律规定"可靠的电子签名"需要满足什么条件？
5. 什么是电子认证？认证机构的职责是什么？
6. 什么是电子合同？电子合同与传统合同相比，具有哪些特殊性？

第六章

加工、配送的法律制度

【学习目标】
1. 了解加工配送在物流中的地位及作用;
2. 了解加工承揽合同的类型;
3. 了解物流配送及配送合同的概念、种类和主要内容;
4. 了解物流配送所涉及的法律关系;
5. 掌握物流企业在配送活动中的法律地位及相应的权利义务。

引导案例

商务部流通业发展司 2014 年 9 月 22 日发布的《商务部关于促进商贸物流发展的实施意见》第三部分"提高专业化水平"中指出:要加快生产资料物流转型升级。鼓励生产资料物流企业充分利用新技术和新的商业模式整合内外资源,延长产业链,跨行业、跨领域融合发展,增强信息、交易、加工、配送、融资、担保等一体化综合服务能力,由单纯的贸易商、物流商向供应链集成服务商转型。

支持生产资料生产、流通企业在中心城市、交通枢纽、经济开发区和工业园区有序建设大宗生产资料物流基地和物流园区,促进产业适度集聚。整合农村农资流通和配送网点资源,建立健全覆盖县级区域和中心乡镇的农资物流配送网络。

(资料来源:https://www.mofcom.gov.cn/article/hlfwzl/201409/20140900742047.shtml)

第一节 流通加工中的法律规定

物流加工是指在物流过程中,根据需要对物品进行包装、分割、计量、分拣、刷标志、拴标签、组装等作业的总称。物流加工与生产加工并不一样,物流加工主要是在生产后、流通或使用前的整理,因此,也有人称之为加工整理。物流加工能弥补生产过程中的加工不足,使产需双方更好地衔接。但无论如何,物流加工在性质上仍是一种加工承揽的工作。由于我国没有专门的物流加工方面立法,因此,《民法典》中关于加工承揽合同的具体规定,可以适用于物流加工。

一、物流加工的含义与作用

(一)物流加工的含义

物流加工是指产品从生产地到使用地的过程中,根据需要进行包装或分割、计量、分拣、刷标志、挂标签、组装等简单作业。物流加工是对货物或其包装进行必要的加工和整理的工作,它与生产加工是不同的,它是产品从生产到消费中间的一种加工活动,是产品在生产之后进入市场之前的简单的加工整理,是物流中的一项内容;而生产加工则是生产产品。尽管物流加工只是在生产原料使用前的简单加工和为了配合运输或使用需要而进行的必要整理,但就性质而言,它仍属于加工承揽性质的工作。

(二)物流加工的作用

1. 弥补生产过程中的加工不足

物流加工是生产加工在流通领域中的延伸,能使产需双方更好地衔接,从而弥补生产过程的加工不足,满足不同客户的需求。

2. 完善物流

物流加工能有效地完善流通。物流加工虽然不是所有物流中必然出现的环节,但是它在物流系统中的作用却是不可忽视的,它实际上对物流系统起着补充、完善、提高、增强物流水平以及促进流通现代化的作用。

3. 成为物流的重要利润来源

物流加工是一种投入不高、产出大的加工方式,看似简单的物流加工往往可以解决大问题,能够给相关各方带来更多的利润。

4. 提高原材料的利用率

物流加工可以对原材料进行初级加工,为物流其他环节创造条件,提高加工效率及设备利用率,充分发挥各种输送手段的效率。

二、物流加工的类型

(一)为弥补生产领域加工不足所进行的加工

有许多产品在生产领域的加工只能到一定程度,这是由于存在许多因素限制了生产领域不能完成最终的加工。例如,木材如果在产地加工成木制品,就会造成运输的极大困难,所以原生产领域只能加工到原木、板方材这个程度,进一步的下料、切裁、处理等加工则由流通加工进行。

（二）为满足需求多样化进行的服务性加工

从经济学的角度看，需求存在着多样化和差别化两个特点，满足这种需求的最佳方法就是设置加工环节，通过这种服务性的加工满足各种需求。例如，生产消费型用户的再生产往往从原材料的加工开始。

（三）为保护产品所进行的加工

在物流过程中，直到用户投入使用前，都存在对产品的保护问题，以防止产品在运输、仓储、装卸、搬运、包装过程中遭到损坏，保障其使用价值能顺利实现。例如，新鲜的食品在运输过程中容易变质，通过将其冷冻或经过真空处理就可以解决这个问题。

（四）为提高物流效率，方便物流而进行的加工

物流的主要目的之一就是提高物资流通的效率。在物流过程中，有一些产品由于自身的特点，其流通的效率较低，如气体的运输。为了解决这个问题，就需要对产品进行流通加工，例如将其液化，这既减小了体积又可以提高安全性。

三、物流企业在物流加工中的法律地位

物流加工是物流过程中的一个特殊的环节，与其他环节不同的是，物流加工具有生产的性质。它可能改变商品的形态，对物流的影响巨大。但是并不是每个物流过程都必须进行物流加工，所以也不是每个物流合同中都含有关于物流加工的规定。当双方当事人在物流合同中约定物流企业承担流通加工义务时，根据物流企业履行流通加工义务所采用的方式的不同，物流企业会具有不同的法律地位。

（一）物流服务合同中物流提供者的地位

在物流加工过程中，委托加工的通常是货主，此种委托既可以是单项的，也可以包括在整个物流项目管理协议中。物流企业如果以自身的技术和设备亲自从事加工，则它即是物流服务合同中的物流提供者，其权利义务根据物流服务合同和相关的法律法规予以确定。

（二）加工承揽合同中定作方的地位

由于物流加工在一些情况下需要一些特殊的技能或工具，因此在实践中很多物流企业并不亲自履行加工的义务，而是通过签订承揽合同的方式将其在物流服务合同中的义务转交给有能力的专业加工人进行。在这种情况下，物流企业对物流服务合同而

言,为物流服务提供方;另一方面,针对加工承揽人而言,其为定作人。在物流加工中物流企业要受到物流服务合同和加工承揽合同的双重约束,并根据相关的法规享有权利,承担义务。

四、加工承揽合同的主要内容

物流中的加工属于加工承揽的性质,而我国目前又没有关于流通加工的专门的法律,因此流通加工中产生的法律问题应适用于我国《民法典》关于加工承揽合同的相关法律规定。

《民法典》规定,承揽合同是承揽人按照定作人的要求完成工作,交付工作成果,定作人支付报酬的合同。承揽包括加工、定作、修理、复制、测试、检验等工作。承揽合同的内容一般包括承揽的标的、数量、质量、报酬、承揽方式、材料的提供、履行期限、验收标准和方法等条款。

由于承揽包括加工、定作、修理、复制、测试、检验等工作,因此,承揽合同相应地也可分为加工合同、定作合同、修理合同、复制合同、测试合同、检验合同等。在这些合同中,加工合同和定作合同与物流的关系最为密切。

— 小提示

在物流过程中,物流企业经常会作为承揽人,接受一些企业的定作任务。有时物流企业也会作为定作人要求别的企业或个人来完成工作。修理合同与物流的联系也较紧密。物流过程中产品和包装的破损是不可避免的,修理合同在物流过程中是常见的。修理合同履行的好坏将影响物流的效益。

下面主要对与物流关系较密切的三种加工承揽合同进行介绍。

(一) 加工合同

加工合同是指承揽人按照定作方的具体要求,使用自己的设备、技术和劳力,完成主要工作,把定作人提供的材料或半成品加工成成品,然后由承揽方按约定收取加工费的合同。加工合同的主要特点是定作方提供原料,承揽方只收取加工费。有的情况下,承揽方可能会提供一些辅助材料。

(二) 定作合同

定作合同是承揽方按照定作方的需求,利用自己的设备、技术和劳动力并用自己的材料为定作方制造成品,由定作方支付报酬的合同。定作合同与加工合同的不同之处就在于定作方不需提供产品的原材料,所用材料完全由承揽方负责,定作方只对最后的成品进行检验。承揽人提供材料的,应当按照约定选用材料,并接受定作人检验。

(三)修理合同

在这种合同中,承揽方为定作方修复损坏或者发生故障的设备、器件或者物品,通过修复和保养,使修理物达到正常使用的状态,承揽方按照定作方的要求完成修理任务。定作方应向承揽方给付酬金。

承揽人在工作期间,应当接受定作人必要的监督检验。定作人不得因监督检验妨碍承揽人的正常工作。承揽人完成工作的,应当向定作人交付工作成果,并提交必要的技术资料和有关质量证明。定作人应当验收该工作成果。

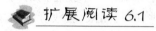

天津自贸试验区:创新良种结硕果

第二节 配送法律规定

一、物流配送概述

(一)物流配送的概念

配送是"二战"后发展起来的一种物流活动,是现代物流的重要组成部分。大吨位、高效率运输力量的出现,使干线运输无论在铁路、海运抑或公路方面都达到了较高水平,长距离、大批量的运输实现了低成本化。但对支线运输和小搬运来说,却出现了运力利用不合理、成本过高等问题。物流配送则可以将支线运输和小搬运统一起来,使支线运输过程得以优化和完善。

配送是物流的一种特殊、综合的活动形式,它是整个物流活动的一个缩影或在某一范围内物流活动的体现。根据《物流术语》(GB/T 18354—2021)的解释,配送是指根据用户要求,对物品进行分类、拣选、集货、包装、组配等作业,并按时送达指定地点的物流活动。

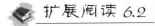

商务部办公厅印发《关于智慧物流配送体系建设的实施意见》

《商品代理配送制行业管理若干规定》中也指出:"物流配送是在流通服务过程中,配送企业为生产企业、用户、零售经营网点和项目建设单位(统称为用户)提供专业化的配套物流服务,包括加工、包装、配货和送货等,按照用户提出的品种、数量、质量和批次,在指定的时间和地点将货物送达用户。"

小提示

配送是物流的一个缩影或在特定范围内物流全部活动的体现。它集装卸、包装、保管、运输于一身,通过一系列活动完成将物品送达客户的目的。特殊的配送要以加工活动为支撑。

总之,配送是商物合一的产物,是物流中一种专业化、综合性的活动形式,是商流与物流的紧密结合,是包含了物流中若干功能要素的一种物流活动。它能有效利用分拣、配货等理货功能使送货达到一定的规模,以利用规模优势取得较低的送货成本。

(二) 配送中心的含义

配送可以是传统意义上简单的送货行为,但现代物流配送更多的表现形式是配送中心进行的配送。根据《物流术语》的解释,配送中心是指具有完善的配送基础设施和信息网络,可便捷地连接对外交通运输网络,并向末端客户提供短距离、小批量、多批次配送服务的专业化配送场所。配送中心应符合下列要求:主要为特定的用户服务;配送功能健全;具有完善的信息网络;辐射范围小;多品种、小批量;以配送为主,储存为辅。具体来说,配送中心包含了如下两层含义:

(1) 配送中心是物流企业按用户要求进行货物集货、拣选、加工、包装、分割、组配的现代流通场所,它是物流节点的重要形式;

(2) 配送中心是指从事货物集货、拣选、加工、包装、分割、组配并组织对用户送货的现代物流企业。

配送中心和仓库都是物流节点的重要形式，两者具有很多共同点。但是配送中心是以配送为主，储存为辅；而仓库则是以储存为主，配送为辅。配送中心是商流、物流、信息流、资金流的综合汇集地。

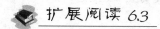

沃尔玛的第一间配送中心

（三）物流配送的特征

物流配送的特征可归纳为以下几个方面：

1. 配送是各种业务的有机结合

配送是一系列物流作业的统称，是各种业务的有机结合。它不是简单的送货，除了送货、仓储外，它还要充分利用拣选、加工、包装、分割、组配等理货工作，使送货达到一定规模并取得竞争中的成本优势。

2. 物流配送以用户需求为出发点

物流配送是根据用户的实际需要对用户实施的保障性服务。配送企业的地位是服务地位而不是主导地位，所以要从用户的利益出发，在满足用户利益的基础上取得本企业的利益。

3. 物流配送是末端运输

物流配送对象的数目以及距离范围应在一个合理的限度之内，它是面对用户的一种短距离的物流服务，能够实现定时刻、按地点、频繁性、小批量。

二、物流配送所涉及的法律关系

（一）买卖法律关系

在生产企业配送中，用户实质上是商品购买者，生产企业则是商品的出卖人，生产企业所提供的配送服务仅仅是作为商品出售的附带服务，不存在独立的配送合同。双方的权利义务主要根据买卖合同而确定，配送服务也常常作为买卖合同中销售企业的一项重要义务而进行约定。因此，销售企业在出售商品的同时提供配送服务，是其履行买卖合同义务的表现,二者之间存在的是买卖法律关系。

在销售供应一体化配送中,销售企业与用户双方可能分别签订销售合同和配送服务合同,此时配送主体与用户之间也形成买卖合同关系,但是此时的买卖合同中将不再涉及配送,关于配送方面的相关权利和义务是体现在配送服务合同中的。

（二）配送服务法律关系

在配送中心的配送中,配送主体与用户总是以合同的方式来确定双方的权利和义务,从而形成合同关系。由于配送集装卸、包装、保管、运输等于一身,所以配送服务法律关系涉及仓储、包装、装卸、加工、运输等多方面的法律制度。

但在这些法律关系中,除个别仅涉及买卖关系外,其他情况下,物流服务主体是以配送提供者的身份出现在配送关系中的,所以我们将其统归为配送服务法律关系。配送主体与用户总是通过配送合同来确定双方的权利和义务。

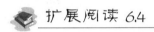扩展阅读 6.4

外卖新规明日施行：5分钟内接单 送餐不能进门

三、配送合同

（一）配送合同的概念

配送合同是指配送人与用户之间达成的关于配送人根据用户的需要为用户配送商品,并由用户支付配送费用的协议。在配送活动中,配送人是配送服务活动的提供者,用户是配送活动的需要者和接受者。配送费是配送人为用户提供商品配送服务而取得的对价,它通常包括配送服务费和货物货款两个部分。

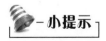小提示

在配送合同中,配送人既可能是销售合同的卖方,也可能是独立于买卖双方的第三方物流企业；用户既可以是销售合同中的买方,也可能是与卖方或买方签订了综合物流服务合同的物流企业。

由于物流配送合同所涉及的内容并不相同,除了送货、仓储外,还包括拣选、分货、包装、分割、组配、配货等理货工作,是各种业务的有机结合,所以物流配送合同是一种综合性的协议,其所涉及的法律问题也比较复杂。

统一标准　温州市近30辆城市配送车辆已上路

(二) 配送合同的种类

根据物流配送活动中配送活动的提供者即配送人的性质不同,可将物流配送合同分为以下两类。

1. 配送服务合同

配送服务合同,是指配送人接收用户的货物,予以保管,并按用户的要求对货物进行拣选、加工、包装、分割、分货、组配等作业后,在指定时间内送至用户指定地点,由用户向配送人支付配送费用的协议。

配送服务合同中,配送人不进行商品的销售,仅提供单纯的代订、代存、代供等物流配送服务,双方当事人仅就货物的交接、配货、运送等事项进行约定。配送人提供的只是配送服务,因此,配送人所取得的配送费仅为其服务费的数额,并不包括商品销售的收入。在进行配送服务的过程中,由于不涉及货物的销售,所以配送合同中的货物只发生物理位置的转移和物理形态的变化,其法律上的物的所有权并不发生转移,始终归用户所有。

2. 销售配送合同

销售配送合同是指配送人在将物品所有权转移给用户的同时为用户提供配送服务,由用户支付配送费(包括标的物价款和配送服务费)的合同。具体而言,销售配送合同又可分为以下两类:

(1) 销售企业与购买人签订的销售配送合同

此种配送合同实质上属于买卖合同的范畴,只是销售企业在向用户出售货物的同时,还向买方提供配送服务。销售企业既是卖方,也是配送人;而用户既是货物的买方,也是配送服务的接受者。这类合同主要出现在销售与供应一体化的业务中。这种配送实际上就是销售加送货上门。

(2) 物流企业与用户签订的销售配送合同

这主要是由专业的可提供配送服务的企业与用户签订的合同。配送人除提供配货、送货等服务外,还负责为用户提供订货、购货等服务。通常由用户将自己需要的产品型号、种类、各部件的要求、规格、颜色、数量等信息提供给物流企业,由物流企业负责按此要求进行订货、购货、配货及送货。

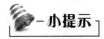

配送合同实质是买卖合同与配送服务合同相结合,货物的所有权在订货、购货阶段一直属于物流企业,除物流企业与用户另有约定外,当货物交付给用户时,货物的所有权才随之转移。用户在向物流企业支付的配送费中,除包括因提供配送服务而应获得的配送服务费外,还包括因出售商品而应收取的商品价款。

(三) 配送合同的法律适用

我国并没有专门规范物流配送的法律,所以物流配送合同只能适用我国《民法典》的相关规定。根据合同自由的原则,配送合同的双方当事人在不违反法律法规强制性规定的情况下,可以对双方的权利义务进行自由的约定。只有在没有约定或约定不清时,才由法律来调整。

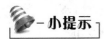

由于配送活动是集装卸、包装、分拣、保管、加工、配货、运输等一系列活动于一身的活动,因此物流配送合同所涉及的法律法规也较综合。同时,我国《民法典》中的有名合同并不包括配送合同,所以配送合同中涉及的仓储、运输、买卖、加工、保管等内容,应当遵守《民法典》中关于仓储合同、运输合同、买卖合同、承揽合同、保管合同等具体的规定。销售配送合同中涉及的货物所有权转移及风险承担问题可以参照买卖合同的规定。

(四) 配送合同的主要内容

1. 配送服务合同的主要内容

(1) 当事人的名称或者姓名和住所

这是确定当事人身份的条款,它不仅是履行配送服务合同的前提,也是确定发生纠纷时法院管辖权的重要依据。

(2) 服务目标条款

该条款表明双方当事人在配送服务活动中的共同目标和宗旨,特别是用户特定的经营管理和财务目标等。

(3) 服务区域条款

它是约定配送人向用户提供配送服务的地理范围的条款。由于配送服务是支线运输式的服务,受到运输能力和成本控制等因素的限制,双方当事人应在合同中约定配送服务的区域范围。

(4) 配送服务项目条款等

该条款主要是就配送人的服务项目进行明确具体的约定。由于配送服务涉及的内容较多,是一项综合性的业务组合,不仅涉及运输、保管,有时还涉及分拣、配货、加工、包装等,因此在该条款中应对配送人的服务项目进行明确具体的约定,包括用户需要配送人提供配送的商品品种、规格、数量等,还包括配送服务的具体作业及服务标准等。如是否需要加工、包装以及配送人对加工、包装的货物的质量保证等。配送服务项目条款是配送服务合同中最复杂的内容,直接关系到配送服务合同的履行质量。

(5) 服务资格管理条款

服务资格管理条款约定配送人为实现配送服务目标应具备的条件,包括配送人开展相应业务应具备的设施设备、场地等,以及配送人从事配送服务应具备的相关法律资格。

(6) 交货条款

交货条款主要是双方当事人对交货的方式、时间、地点等进行的约定。

(7) 检验条款

检验条款是对所交付货物进行验收的时间、标准及验收时发现货物残损的处理方法的约定,包括用户将货物交付给配送人环节的验收,也包括配送人向用户或用户指定人交付货物时的验收。

(8) 配送费用结算条款

该条款主要规定配送人服务报酬的计算依据、计算标准以及配送费支付的时间和支付方式。

(9) 合同变更与终止条款。当事人可以约定合同变更和终止的条件。

(10) 违约责任条款。

(11) 争议解决条款。

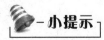

《商品代理配送制行业管理若干规定》第15条规定,在配送合同条款中,应当明确:(一)供货企业与用户企业的名称和通信地址;(二)货物名称、商标、型号、规格,以及质量标准;(三)加工标准、包装要求、有关配货的数量和批次、送货时间和地点等的配送计划;(四)结算方式;(五)售后技术服务;(六)权益、职责和义务;(七)违约责任;(八)合同变

更和终止的条件;(九)调解、仲裁程序。

2. 销售配送合同的主要内容

销售配送合同是销售合同与配送合同的统一体,合同中关于配送服务部分的条款与配送服务合同相同,关于销售合同部分的条款与买卖合同相似。销售配送合同的基本条款有:

(1)当事人的姓名或者名称以及住所条款。

(2)货物的名称、品质、数量或者重量条款。

(3)加工条款。即双方关于配送人对商品进行拣选、组配、包装等的约定。

(4)送货条款。约定配送人送货的数量和批次、送货时间和地点等内容。

(5)检验条款。

(6)价格与报酬条款。约定配送人向用户出售商品的价格和配送服务报酬的计算。双方当事人可以将配送费计入商品价格统一进行计算,也可以分别约定。

(7)结算条款。

(8)合同变更与终止条款。

(9)违约责任条款。

(10)争议解决条款。

(五)物流企业在配送合同中的权利和义务

1. 物流企业在配送服务合同中的权利和义务

(1)物流企业在配送服务合同中的权利

① 要求用户支付配送费的权利

配送费就是配送服务费。配送服务合同是有偿合同,物流企业提供配送服务,有权要求用户支付配送费。支付配送费的权利是物流企业在配送合同中的最主要权利,也是物流企业订立配送合同的目的所在。

② 要求用户按约定提供配送货物的权利

由于配送服务合同是商物分离的合同,要求物流企业配送的原始货物(如零部件等)都是由用户提供的,因此,物流企业有权要求用户按约定提供原始货物,否则物流企业不能完成配送任务的,无须承担责任。

③ 要求用户及时接收货物的权利

物流企业将货物送到用户指定地点时,有权要求用户指定相应人员及时接收货物,并与物流企业办理货物交接。用户迟延接收货物造成物流企业损失的,应当赔偿其损失。

④ 要求用户协助的权利

物流企业按约定履行其义务,在很大程度上依赖于用户的协助。用户应向物流企业提供有关配送业务的单据文件,主要包括品名、型号、数量等有关货物的资料。如果涉及危险品,用户还应将有关危险品的正式名称和性质以及应当采取的预防措施书面通知物流企业。用户违反此项义务造成物流企业损失的,应承担赔偿责任。同时用户还应将送货时间、送货地址、联系电话、联系人等与货物交接有关的资料提供给物流企业。

(2) 物流企业在配送服务合同中的义务

① 及时有效提供配送的义务

配送的主要目的就是提高用户的供应保证能力,为用户提供准确、及时、有效的配送服务,以最小的成本降低供应不及时的风险,从而减少由此造成的生产损失或对下家承担的违约责任。按照约定的时间、地点并准确地提供配送服务,是配送人供应保障能力的体现,也是提高配送人经济效益的基本途径。因此及时性和有效性成为物流企业在配送服务合同中的一项基本义务。

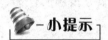

为了履行此项义务,配送人要做好以下工作:一是取得相应的配送经营资格;二是有良好的货物分拣、管理系统,保证在用户指令下达后在最短的时间内准备好相关货物;三是有合理的运送系统,包括运输车辆、作业机械、运输线路;四是有保障配送顺利进行的组织和从业人员。在多用户配送中,物流企业应对每一用户负责,即物流企业不得以其向其他用户配送为由,来免除其对某一用户的违约责任。

② 按约定配货的义务

配货是配送业务的一个特殊环节,物流企业必须严格按照用户的要求对货物进行加工,使货物最终以用户希望的形态被送至指定地点。按约定提供加工和包装的义务,是配送人在配送合同中的一项特殊义务。

在消费品领域,个性化的商品具有更高的商业价值,能更好地实现销售者的销售目标。物流企业的配货活动对商品的增值功能在此得到体现。因此,经过物流企业组配的物品应具有用户所要求的色彩、大小、形状、包装组合等外部要求,否则,因此给用户造成的损失,物流企业应承担责任。

根据合同的约定,配送人应当履行加工、包装等义务。无相关约定的,配送人则没有加工、包装的责任。在履行对货物的加工和包装义务时,配送人应取得相关的资格,配备相关的设施和工作人员。因为此时配送人不仅是送货人,更是货物的生产者,因此其应履行《产品质量法》对生产者所要求的法律义务。

③ 妥善保管的义务

物流配送以仓储为辅,以配送为主。配送离不开仓储保管,并以其作为履行义务的基础。在配送服务合同中,货物所有权属于用户,用户将货物交付给配送人时要求配送人提供保管和配送两项服务。因此,无论根据合同的规定还是行业惯例,物流企业从接收货物时起,至交付货物时止的全过程,应当尽到一个货物所有人应尽到的合理的谨慎和注意,妥善地照看、保护、管理货物。除合同另有约定外,物流企业应对其占有货物期间所发生的货损、货差承担责任。

④ 告知义务

物流企业在履行配送合同的过程中,应将履行的情况、可能影响用户利益的事件等及时、如实地告知用户,以便用户采取合理的措施防止或减少损失的发生,否则物流企业应承担相应的责任。例如,在接收用户货物时发现货物破损、数量短少、变质等,物流企业应及时告知用户;在货物仓储过程中,对于即将到期的货物,物流企业应及时通知用户提取或处理货物;在配送货物时,物流企业应及时通知用户接收货物的时间、地点等。物流企业在合理时间内未通知用户的,视为物流企业接收的货物完好,与合同约定一致。

对于告知的义务,可以在合同中予以明确规定,无约定的,物流企业应根据配送合同的履行要求和诚信原则履行通知义务。

2. 物流企业在销售配送合同中的权利和义务

(1) 物流企业在销售配送合同中的权利

① 要求用户支付配送费的权利。和配送服务合同一样,要求用户支付配送费的权利也是物流企业在销售配送合同中最主要的权利。不过,物流企业在销售配送合同法律关系中有权向用户收取的配送费包括货物的价款和配送服务费两部分。

② 要求用户及时受领货物的权利。

③ 要求用户协助的权利。

(2) 物流企业在销售配送合同中的义务

① 及时提供符合各方约定货物的义务

物流企业不仅要按用户要求配送货物,同时还要保证货物的质量符合用户要求。由于在销售配送合同中货物由物流企业负责采购,并在配送前由其仓储保管,因此物流企业不仅要使货物的物理形态满足用户需要,更应当保证商品内在质量符合约定。

—小提示

与一般销售合同不同的是,销售配送合同对交付货物的时间性要求较高,因此,物流企业除了在配送环节应安排好相关事务外,在组织货源环节也应充分考虑其时间性。物流企业违反此项义务,应向用户承担更换货物、退货、减价、赔偿损失等买卖合同中的责任。

物流企业在销售配送活动中的职责所涉及的范围比较广泛。物流企业不仅要做好货物的采购工作,还要保证货物的质量符合合同约定;同时,物流企业还要根据用户的要求提供加工、包装服务,并在约定的时间内将货物及时交付给用户。

② 转移货物所有权的义务

转移货物所有权是销售配送合同不同于配送服务合同的主要之处。物流企业除了向用户提供配送服务,还要将货物的所有权由己方转移给用户,实现货物所有权的转移。

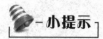

为实现所有权的转移,按照商务活动的惯例,物流企业除按约定向用户移交货物本身外,还应向用户提供代表货物所有权的相关凭证,如发票、检验证书等。货物的有关单据直接涉及用户的切身利益,例如:货物销售时需要向用户或者消费者提供相关单据;进行接受执法机关检查时需要提供相关单据;进行货物保险索赔时需要提供相关单据等。因此,在销售配送合同的履行中,用户也可以将配送人移交单据作为支付货款的条件。

正是因为销售配送合同中包含了买卖关系,所以才涉及货物所有权及风险的转移问题,而类似法律问题可以完全适用买卖合同中的相关规定。对此可以参见前一章的买卖合同中的相关内容,在此不再重复。

案例 6-1

张某在某大型商场的网站上订购了一台电冰箱,并通过网上银行支付了电冰箱价款和配送费,根据约定该商场将于3日内将该电冰箱送至张某的家中,该商场于第3日将电冰箱送至张某家的途中因遇强雷雨致使冰箱毁损。此时电冰箱的所有权归谁?张某是否要承担电冰箱毁损的风险?

(资料来源:作者自编)

【案例解析】

本案中张某与超市之间达成了一个销售配送合同。根据买卖合同的相关法律规定,除买卖双方另有约定外,标的物毁损的风险在交付时起才由卖方转移至买方。就本案中买卖双方间的销售合同而言,电冰箱在交付给张某前就因遇强雷雨而毁损,而此时标的物电冰箱的毁损风险因没有交付,所以仍应由商场负担。因此,虽然3日后冰箱送至张某家,但由于冰箱毁损是发生在运输途中的,所以此损失仍应由商场承担。

③ 告知义务

物流企业在履行销售配送合同的过程中,应将履行合同的情况、可能影响用户利益的事件等及时、如实地告知用户,以便采取合理的措施防止或减少损失的发生,否则,物流企业应承担相应的责任。

案例 6-2

某客户从春风空调器专卖店购买了立式空调机 10 台,价值人民币 12 万元。电器配送中心接到订单后将此空调机送交专卖店,并由专卖店负责送交客户。在专业人员为客户安装时,发现其中 4 台因运输途中倒置而造成空调压缩机故障,经原生产厂家检修才得以恢复正常,专卖店为此支付了修理费和材料费近 1.4 万元。

专卖店送货人声称:空调机的包装箱没有不能倒置的警示标志,也无文字说明,所以没有特别注意,造成了装货时的倒置。后又查明,配送中心为了保护货物,专门为货物提供了新的包装,由于工作失误,漏印了不能倒置的警示标志。对费用偿付问题,专卖店与配送中心发生了争议。

问题:对费用的偿付问题应当如何处理?为什么?

(资料来源:作者自编)

【案例解析】

配送中心应对该费用负责。尽管物流企业将空调机安全送到专卖店,但是其在履行销售配送合同过程中应将可能影响用户利益的情况及时、如实地告知用户。而不能倒置的警示标志或相关的文字说明对防止立式空调机在运输途中的受损非常重要,正是由于配送中心的失误,导致专卖店未能采取合理的措施防止或减少损失的发生,所以,配送中心应当承担相应的责任。

④ 对货物品质和权利的瑕疵担保义务

由于在销售配送合同中配送人同时也是出卖方,所以根据买卖合同中卖方的瑕疵担保义务的规定,配送人要保证货物的品质不存在瑕疵,即符合合同的约定。此外,配送人还要根据法律的规定,保障货物的权利不存在瑕疵,即应保证不会出现第三人对买卖标的物主张权利的情况。这也是销售配送合同不同于配送服务合同的重要之处。

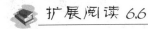

扩展阅读 6.6

国务院关于促进加工贸易创新发展的若干意见

思考与练习

1. 简述物流企业在流通加工中的法律地位。
2. 简述物流配送所涉及的法律关系。
3. 简述物流企业在配送服务合同及销售配送合同中的权利和义务。

第七章 货物包装法律制度

【学习目标】
1. 理解包装法律规范的特点及普通货物包装应遵循的基本原则；
2. 掌握销售包装、货物运输包装及集装箱包装中涉及的法律问题；
3. 掌握对危险货物包装的基本要求。

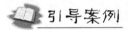引导案例

加码纸箱回收 荒漠变森林

为了更好地调动全社会的参与热情，菜鸟在全国50所高校开展了绿色回收线下宣传活动。消费者通过扫描易拉宝上的二维码即可参与回箱计划，每捐赠一个纸箱，便可获得一张天猫超市大力度优惠券，累计满10个，菜鸟将联合公益组织以其个人名义种一棵树。

此外，消费者也可以在淘系平台上选择带有"绿色包裹"标识的商品支持环保。

2017年9月起，绿色包裹成了"蚂蚁森林"绿色能量的新来源，支持种树。菜鸟正在通过更有趣的方式号召年轻人一起环保。

（资料来源：https://www.rmzxb.com.cn/c/2017-11-10/1864892.shtml）

第一节 货物包装法律制度概述

一、包装的概念及分类

（一）包装的概念

包装是为了在流通过程中保护商品，方便储运，促进销售，按一定技术方法而采用的容器、材料及辅助物的总体名称；也指为了达到上述目的而采

用容器、材料和辅助物的过程中，施加一定技术方法等的操作活动。从上述概念可以看出，包装有三个目的：保护商品、方便储运、促进销售。

（二）包装的分类

商品包装可从多种角度进行划分。商品包装根据其在流通中的作用可分为销售包装和运输包装。销售包装属于流通领域的包装，又称为商业包装，是指为了方便零售和美化商品而进行的包装。人们在日常生活中购买商品，其外面的包装就是销售包装。

根据我国的国家标准，运输包装的定义是："以运输储存为主要目的的包装。它具有保障产品的安全，方便贮运装卸，加速交接、点验等作用。"运输包装是从物流需要出发的包装，亦称工业包装。一个完整的物流过程包括包装、装卸搬运、运输、流通加工、仓储保管、配送、采购与销售七大环节，包装在物流活动中起着非常关键的作用，合理的包装可以提高物流运营的整体效率，节省物流成本。

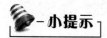

产品包装上的条形码和标志非常重要。在产品入库的时候，包装上的条形码为计算机正确录入产品的品名、批次等信息提供了便利。而包装上的标志则标明了仓库保管条件、堆码高度等信息，为正确保管产品提供了依据。

二、物流包装法律规范

包装包括包装材料、包装方式、包装规格、包装的文字说明和包装费用的负担等内容。在实际操作中，任何一点都不能忽视，否则就会引起纷争、索赔，甚至取消合同。因此，只有严格按照合同及相关法规进行包装，才可以避免不必要的麻烦。

目前，我国没有制定专门的包装法，有关包装的法律规范散见在各类相关的法律中。从现有的包装法规看，包装法律规范具有如下特点：

1. 强制性

包装法律规范属于强制性法律规范，不得随意变更。如《食品安全法》《一般货物运输包装通用技术条件》《危险货物运输包装通用技术条件》等，这些法规标准都是强制性的，是必须遵守的技术规范。

2. 标准性

标准化是现代化生产和流通的必然要求，也是现代化科学管理的重要组成部分，我国的包装立法也体现了这一特点。

3. 技术性

包装具有保护物品不受损害的功能，特别是高精尖产品和医药产品，采取何种技术和方法进行包装将对商品有重要的影响。因此,国家颁布的包装法律规范中含有大量以自然科学为基础而建立的技术性规范。

4. 分散性

包装法律规范以分散的形态分布于各个相关法律规范中。

三、包装法律规范的基本原则

(一)安全原则

安全原则是指物品的包装应该保证物品本身以及相关人员的安全。包括两个方面的安全:

1. 商品的安全

商品在通过物流环节送达消费者过程中经常会遇到各种威胁。包装则成为对抗这些危险,保护物品不受外界伤害,保证物品在物流的过程中保持原有的形态的一道屏障。

2. 相关人员的人身安全

一些危险的商品具有易燃、易爆、有毒、腐蚀、放射性等特征,如果包装不当或不符合要求,很可能引发事故。对于这些商品,包装除起到保护商品不受损害的作用外,还可保护与这些商品发生接触人员的人身安全,如搬运工人、售货人员等的安全。

(二)环保原则

许多国家和地区颁布法律在包装中全面贯彻绿色意识,对物品或货物的包装提出了符合环境保护的要求。我国的包装立法处于起步阶段,更应该顺应国际包装的发展趋势,将绿色包装作为包装法的基本原则之一。

(三)经济原则

经济原则是指包装应该以最小的投入得到最大的收益。包装成本是物流成本的一个重要组成部分,昂贵的包装费用不仅会降低企业的收益率,还会造成社会资源的极大浪费。但包装过于低价或者粗糙也会降低商品的吸引力,形成商品销售的障碍。经济原则即是在两者之间达到平衡,使包装既不会造成资源浪费,又不会影响商品的销售。

案例 7-1

包 装 案 例

2015年4月22日,天津空港检验检疫局对一批出口到刚果(金)的三氯异氰尿酸检验时发现,其内包装袋均发生不同程度的破损,且未按照法规要求加贴危险公示标签,共涉及67.5吨、1350罐出口货物。

(资料来源：www.hcls.org.cn/article/68505.html)

【案例解析】

三氯异氰尿酸具有强氧化性，与易燃物、有机物接触易着火燃烧，遇水或受热会生成有毒气体，属于危险化学品。国内曾多次发生因三氯异氰尿酸未按照规定运输、存放、使用而引发的火灾事故。根据我国及联合国相关规定，运输三氯异氰尿酸的容器必须防筛漏或配备衬里，内包装塑料袋扎口和外袋缝口要规范、严密，确保内容物无撒漏。对此，该局判定该批出口三氯异氰尿酸包装不合格并责令企业立即整改，未整改合格前不准出口。

第二节 普通货物包装的法律规定

一、普通货物的含义

普通货物是指除危险货物、鲜活易腐的货物以外的一切货物。由于普通货物的危险性小于危险货物，所以，对包装的要求相对较低。物流企业在对普通货物进行包装时，有法律规定、有国家强制性包装标准时，应当执行该法律规定、标准；在没有强制性规定时，应从适于仓储、运输和搬运，并适于商品的适销性的角度考虑，按照对普通货物包装的原则，妥善地进行包装。

二、普通货物包装中所适用的法律规范

包装法律法规包含在与货物销售、运输、仓储有关的法律、行政法规、部门规章、国际公约中。我国对一般货物运输包装要求符合《一般货物运输包装通用技术条件》（GB/T 9174—2008）等规定，运输包装标志应符合《包装储运图标标志》（GB/T 191—2008）、《运输包装收发货标志》（GB 6388—1986）、《对辐射能敏感的感光材料图标标志》（GB 5892—86）标准。我国对运输包装尺寸要求符合《运输包装件尺寸与质量界限》（GB/T 16471—2008）。

三、包装条款

（一）包装条款的内容

在物流服务中，当事人之间要制定物流服务合同，其中包装条款制定要符合《民法典》中买卖合同、运输合同和仓储合同有关包装的规定。在物流服务合同中，包装条款一般包括以下三个方面的内容：

1. 包装的提供方

在物流服务合同中,包装条款应该载明包装由哪一方来提供。这不仅有助于明确物流企业在包装中所处的法律地位,而且有助于在由于包装的问题引起货物损坏或灭失时划分责任。

《海商法》第66条规定,托运人托运货物,应当妥善包装,并向承运人保证,货物装船时所提供的货物的品名、标志、包数或者件数、重量或者体积的正确性;由于包装不良或者上述资料不正确,对承运人造成损失的,托运人应当负赔偿责任。

2. 包装材料和包装方式

包装材料和包装方式是包装的两个重要方面,它们分别反映了静态的包装物和动态的包装过程。包装材料条款主要载明采用什么包装材料,如木箱装、纸箱装、铁桶装、麻袋装等;包装方式条款则主要载明怎样进行包装。

当事人可以根据需要加注尺寸、每件重量或数量、加固条件等。不同的商品,不同的运输条件要求不同的包装。在选择包装材料时,除了要使其能满足货物的通常要求外,还应该考虑到进口国对包装材料的特殊要求。例如,美国规定,为防止植物病虫害的传播,禁止使用稻草作包装材料,如被海关发现必须当场销毁,并由当事人支付由此产生的一切费用。因此,当事人在订立条款时就应该充分考虑到这些方面,应该使用合同中规定的材料包装货物。

3. 文字说明

运输包装和销售包装都会有文字说明。文字说明包括运输标志及其他文字的内容和使用的语种。在外包装上会使用运输标志,只要使用约定的标志即可。对销售包装的文字说明的要求较高。不仅文字说明的内容符合规定,语种也不能用错。例如,日本政府规定,凡销往日本的药品必须说明成分、服用方法以及功能,否则日本海关就有权扣留,不能进口。在语种的要求上,很多国家也有特别的规定。例如,加拿大政府规定,进口商品说明必须英法文对照;运往法国的产品的装箱单及商业发票必须用法文。文字说明会影响货物的装卸搬运,所以要求在合同条款中明确载明。

(二)订立包装条款时应注意的问题

1. 明确包装术语

应避免使用容易引起理解争议的包装术语,如"适合海运包装""习惯包装"等,除非合同双方事先取得一致认识。尤其对特别精密的设备包装条件,除规定包装必须符合运输要求外,还应对防震措施等条款在合同中作出具体明确的规定。

2. 明确包装费用

包装费用一般都包括在货价内,合同条款不必列入,但一方要求特殊包装,则可增加包装费用，如何计费及何时收费也应在条款中列明。如果包装材料由合同的一方当事人供应，则条款中应明确包装材料到达时间，以及逾期到达时该方当事人应负的责任。运输标志如由一方当事人决定，也应规定标志到达时间及逾期到达时该方当事人应负的责任等。

3. 防止包装条款的欺诈

包装是否符合"标准出口包装"的要求，国际上尚没统一的标准来界定，因此，一些客户在包装条款中仅写明"标准出口包装"这一笼统的概念。借此偷工减料，以减少包装成本，同时逃避法律责任。为此，当事人订立包装条款不要过于笼统。

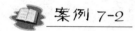
案例 7-2

我国某公司与国外客户签下订单，客户要求所有包装上不能显示货号"828"，因为进口国海关对于"828"等几种产品要征收很高的反倾销关税。而该公司却在彩卡包装生产上都印有"828"字样。客户在收到该公司寄来的货样照片时，发现彩卡上仍有"828"字样，随即提出去掉"828"，但该公司的货物已全部完成，若换彩卡会造成 5 万元的经济损失，同时交货期将推迟 20 天。

经过协商，客户同意接受此批货物，但是客户疏通海关需要 16 000 元的费用，要求该公司负担，该公司只能承担这批额外的费用。

（资料来源：作者自编）

四、销售包装的基本要求

销售包装是指直接接触商品并随商品进入零售网点与消费者直接见面的包装。该包装的特点是外形美观，有必要的装潢，包装单位适合顾客的购买量以及商店陈设的要求。

通常情况下，销售包装由商品的生产者提供，但是，如果物流合同规定由物流企业为商品提供销售包装，则物流企业需要承担商品的销售包装义务，因此，物流企业在进行销售包装时需要按照销售包装的基本要求进行操作。

在销售包装上一般会附有装潢图画和文字说明，选择合适的装潢和说明将会促进商品的销售。销售包装主要涉及以下几个方面：图案设计、文字说明、条形码。图案是包装设计的三大要素之一，它包括商标图案、产品形象、使用场面、产地景色、象征性标志等内容。

在销售包装上应附一定的文字说明，表明商品的品牌、名称、产地、数量、成分、用途、使用说明等。商品包装上的条形码是指按一定编码规则排列的条空符号，由一定意义的字母、数字及符号组成,通过光电扫描阅读设备,它可作为计算机输入数据的特殊代码语言。

（一）销售包装符合《专利法》的要求

销售包装的设计属于专利法规定的外观设计保护范畴,作为《保护工业产权巴黎公约》(以下简称《巴黎公约》)的一项最低要求,规定各成员国都必须对工业品外观设计加以保护。我国专利法对外观设计予以保护,但这种权利的取得是有条件的,世界贸易组织的《与贸易有关的知识产权协议》(简称 TRIPS)在保护这种权利的同时亦对之进行了条件限制,物流企业在进行包装设计时必须遵守相关法律规定。

生产者为了保护自己的商品,在商品的包装上还要标明专利号。作为物流企业,在对商品进行包装时不能侵犯他人的商品专利权。再有,制作精良的包装也可以申请专利,而物流企业在包装过程中也不能侵犯他人的包装专利。

《中华人民共和国专利法实施细则》第84条规定,在未被授予专利权的产品或者其包装上标注专利标识,专利权被宣告无效后或者终止后继续在产品或者其包装上标注专利标识,或者未经许可在产品或者产品包装上标注他人的专利号的行为均属于假冒专利的行为。

（二）销售包装符合《商标法》的要求

商标是包装的一部分。包装的商标设计中涉及的法律问题很多,如国际条约及域外法律、风俗习惯、商品装潢、地理标志、驰名商标禁用条款等。商标法根据 TRIPS 协议做了较大幅度的修改,如增加立体商标、颜色组合商标等。在物流过程中,对物品进行包装时应注意这些问题。

物流企业要遵守《商标法》规定,既要防止主动侵犯他人商标权,又要防止在仓储、运输等物流过程中受人之托被动侵犯他人商标权。

（三）销售包装符合《反不正当竞争法》的要求

利用包装参与市场竞争是商家的一种常用手段。但包装设计中使用虚假的文字说明,伪造或冒用优质产品的认证标志、生产许可证标志等,都将违反《反不正当竞争法》的规定。

物流企业在包装环节不得违反《反不正当竞争法》的规定,经营者不得采用下列不正当手段从事市场交易,损害竞争对手：假冒他人的注册商标；擅自使用与他人有一定影响的商品名称、包装、装潢等相同或者近似的标识；擅自使用他人有一定影响的企业名称（包括简称、字号等）、社会组织名称（包括简称等）、姓名（包括笔名、艺名、译名等）；擅自使用他人有一定影响的域名主体部分、网站名称、网页等；其他足以引人误认为是他人商品或者与他人存在特定联系的混淆行为。经营者不得对其商品的性能、功能、质量、销售状况、用户评价、曾获荣誉等作虚假或者引人误解的商业宣传，欺骗、误导消费者。经营者不得通过组织虚假交易等方式，帮助其他经营者进行虚假或者引人误解的商业宣传。

（四）销售包装符合《产品质量法》的要求

《产品质量法》不仅对产品质量提出了统一的标准，而且规范了产品的包装。《产品质量法》规定，企业根据自愿原则可以向国务院产品质量监督部门认可的或者其授权的部门认可的认证机构申请产品质量认证。经认证合格的，由认证机构颁发产品质量认证证书，准许企业在产品或者其包装上使用产品质量认证标志。

《产品质量法》第 27 条规定，产品或者其包装上的标志必须真实，并符合下列要求：有产品质量检验合格证明；有中文标明的产品名称、生产厂厂名和厂址；根据产品的特点和使用要求，需要标明产品规格、等级、所含主要成分的名称和含量的，用中文相应予以标明；需要事先让消费者知晓的，应当在外包装上标明，或者预先向消费者提供有关资料；限期使用的产品，应当在显著位置清晰地标明生产日期和安全使用期或者失效日期；使用不当，容易造成产品本身损坏或者可能危及人身、财产安全的产品，应当有警示标志或者中文警示说明。

裸装的食品和其他根据产品的特点难以附加标志的裸装产品，可以不附加产品标志。物流企业在对产品进行包装的时候应当参照上述规定进行。

（五）销售包装应与国际标准保持一致

我国商品包装行业的管理体系与 ISO 9001 的要求尚有一定差距，阻滞了商品进入国际市场的渠道。特别是在执行 ISO 9001 质量管理体系标准、ISO 14001 环境管理体系标准和 OHSAS 18001 职业健康安全管理体系标准等方面的差距更为明显。但我国已正式成为国际标准化组织包装技术委员会（ISO/TC 122）的成员国，为我国执行国际包装标准创造了条件。

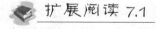

扩展阅读 7.1

绿色包装

五、运输包装的要求

运输包装是指以强化运输、保护产品为主要目的的包装。

货物运输当事人要在符合国家法律、法规的前提下具体约定运输包装条款。其中《一般货物运输包装通用技术条件》(GB/T 9174—2008)是国家标准,是技术性、操作性极强的法律规范,它对铁路、公路、水运、航空承运的一般货物运输包装规定了总要求。运输包装不符合相关法规规定的各项技术要求,运输过程中造成货损或对其他关系方的人身、财产造成损害的,包装责任人要承担赔偿责任。

(一)普通货物运输包装的基本要求

《一般货物运输包装通用技术条件》对普通货物运输包装材料及强度、包装尺寸等作了具体规定。

1. 总要求

(1)货物运输包装是以运输储存为主要目的的包装,必须具有保障货物安全、便于装卸储运、加速交接点验等功能。

(2)货物运输包装应符合科学、牢固、经济、美观的要求。

(3)货物运输包装应确保货物在正常的流通过程中,能抵御环境条件的影响而不发生破损、损坏等现象,保证安全、完整、迅速地将货物运至目的地。

(4)货物运输包装材料、辅助材料和容器均应符合国内有关国家标准的规定。无标准的材料和容器须经试验验证,其性能可以满足流通环境条件的要求。

(5)货物运输包装应完整、成型。内装货物应均布装载、压缩体积、排摆整齐、衬垫适宜、内货固定,重心位置尽量居中靠下。

(6)根据货物的特性及搬运、装卸、运输、仓储等流通环境条件,选用带有防护装置的包装。如防震、防盗、防雨、防潮、防锈、防霉、防尘等防护包装。

(7)货物运输包装的封口必须严密牢固,对体轻、件小、易丢失的货物应选用胶带封合、钉合或全黏合加胶带封口加固。根据货物的品名、体积、特性、重量、长度和运输方式的要求,选用钢带、塑料捆扎带或麻绳等,进行二道、三道、十字、双十字、井字、双井字等形式的捆扎加固。捆扎带应搭接牢固、松紧适度、平整不扭,不得少于两道。

(8)各类直方体货物运输包装的底面积尺寸,应符合《硬质直方体运输包装尺寸系列》(GB/T 4892—2008)的规定。

(9)货物运输包装必须具有标志。标志应符合内装货物性质和对运输条件的要求。

运输包装标志应按照《包装储运图标标志》(GB/T 191—2008)《运输包装收发货标志》(GB 6388—1986)和《对辐射能敏感的感光材料图示标志》(GB 5892—86)的规定执行。

2. 性能试验

性能试验的目的在于模拟或重现运输包装件在流通过程中可能遇到的各种危害及其抗御这些危害的能力。一般应作堆码试验和垂直冲击跌落试验两项试验。根据货物的特性、包装类型、不同运输方式及货物、流通环境条件和货主及运输部门的要求,可按《运输包装件基本试验总则》(GB 4857.1—84)的规定选作其他相应的试验,如水平冲击试验、震动试验、喷淋试验、低气压试验、水压试验等。

货物运输包装件按规定的项目试验后,运输包装不产生严重破损,内装货物不撒漏,不损坏,捆扎完好,可以确认为合格,予以承运。

3. 技术要求

《一般货物运输包装通用技术条件》将运输包装分为 8 类:箱类、桶类、袋类、裹包类、夹板轴盘类、筐篓类、坛类、局部包装及捆绑类。对每一类货物又进行了细分,如箱类进一步细分为花格木箱、胶合板(纤维板、刨花板、竹胶板)箱、瓦楞纸箱、钙塑瓦楞箱,并且详细规定了限重和技术要求。

(二)普通货物运输包装标识的规定

在运输包装中,物流包装标识最早实现了标准化。运输包装物流标识是用图形或文字在运输货物包装上制作的记号、代号及其他指示和说明事项等的总称。在货物的运输包装上将标识分为三类:收发标识、储运图示标识、危险货物标识。

包装标识应符合《运输包装收发货标志》《包装储运图标标志》和《对辐射能敏感的感光材料图示标志》的规定制作。其中,《包装储运图标标志》尽可能做到与国际标准一致,以尽快适应国际贸易的需要。它主要包括标志图形、颜色、尺寸以及标志的使用方法。相对于 GB 191—1990,该标准依据新的国际标准,将标志由原来的 12 个增加到 17 个,考虑到标准使用的方便性,将个别标志的使用方法在标准中加以说明。

1. 标志名称及图形

《包装储运图标标志》规定,包装储运图标标志由图形符号、名称及外框线组成,共 17 种(如表 7-1 所示)。

表 7-1 包装储运图标标志名称及图形

序号	标志名称	图形符号	标　　志	含　　义	说明及示例
1	易碎物品	(酒杯图形)	易碎物品	表明运输包装件内装易碎物品,搬运时应小心轻放	(包装箱示意图)

续表

序号	标志名称	图形符号	标志	含义	说明及示例
2	禁用手钩		禁用手钩	表明搬运运输包装件时禁用手钩	
3	向上		向上	表明该运输包装件在运输时应竖直向上	(a) (b) (c)
4	怕晒		怕晒	表明该运输包装件不能直接照晒	
5	怕辐射		怕辐射	表明该物品一旦受辐射会变质或损坏	
6	怕雨		怕雨	表明该运输包装件怕雨淋	
7	重心		重心	表明该包装件的重心位置,便于起吊	该标志应标在实际位置上

续表

序号	标志名称	图形符号	标志	含义	说明及示例
8	禁止翻滚		禁止翻滚	表明搬运时不能翻滚该运输包装件	
9	此面禁用手推车		此面禁用手推车	表明搬运货物时此面禁止放在手推车上	
10	禁用叉车		禁用叉车	表明包装件不能用升降叉车搬运	
11	由此夹起		由此夹起	表明搬运货物时可用于夹持的面	
12	此处不能卡夹		此处不能卡夹	表明搬运货物时不能用于夹持的面	
13	堆码重量极限		堆码重量极限	表明该运输包装件所能承受的最大重量极限	

续表

序号	标志名称	图形符号	标志	含义	说明及示例
14	堆码层数极限		堆码层数极限	表明可堆码相同运输包装件的最大层数	n 表示从底层到顶层的总层数
15	禁止堆码		禁止堆码	表明该包装件只能单层放置	
16	由此吊起		由此吊起	表明起吊货物时挂绳索的位置	应标在实际起吊位置上
17	温度极限		温度极限	表明该运输包装件应该保持的温度范围	(a) $-℃_{max}$ $-℃_{min}$ (b) $-℃_{max}$ $-℃_{min}$

2. 标志尺寸

GB/T 191—2008《包装储运图标标志》规定,包装储运图标标志外框为长方形,其中图形符号外框为正方形,尺寸一般分为4种(如表7-2所示)。如果包装尺寸过大或过小,可等比例放大或缩小。

表7-2 图形符号及标志外框尺寸

序 号	图形符号外框尺寸/mm×mm	标志外框尺寸/mm×mm
1	50×50	50×70
2	100×100	100×140
3	150×150	150×210
4	200×200	200×280

3. 标志颜色

标志颜色一般为黑色。如果包装的颜色使得标志显得不清晰,则应在印刷面上用适当的对比色,黑色标志最好以白色作为标志的底色。必要时,标志也可使用其他颜色,除非另有规定,一般应避免采用红色、橙色或黄色,以避免和危险品标志相混淆。

4. 标志的应用方法

(1) 标志的使用

标志可采用直接印刷、粘贴、拴挂、钉附及喷涂等方法制作。印制标志时,外框线及标志名称都要印上,出口货物可省略中文标志名称和外框线;喷涂时,外框线及标志名称可以省略。

(2) 标志的数目和位置

一个包装件上使用相同标志的数目应根据包装件的尺寸和形状确定。标志应标注在显著位置上,标志的使用应按如下规定:

① "易碎物品"应标在包装件所有的端面和侧面的左上角处(见表7-1中标志1的说明及示例)。

② "向上"标志应标在与标志1相同的位置[见表7-1中标志3示例(a)]。当"易碎物品"标志和"向上"标志同时使用时,"向上"标志应更接近包装箱角[见表7-1中标志3示例(b)]。

③ "重心"标志应尽可能标在包装件所有六个面的重心位置上,否则至少也应标在包装件两个侧面和两个端面上(见表7-1中标志7的说明及示例)。

④ "由此夹起"标志只能用于可夹持的包装件上,标注位置应为可夹持位置的两个相对面上,以确保作业时标志在作业人员的视线范围内。

⑤ "由此吊起"标志至少应标注在包装件的两个相对面上(见表7-1中标志16的说明及示例)。

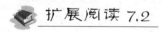
扩展阅读 7.2

快递包装回收体系 2020 年建成

第三节 危险货物运输包装的法律规定

一、危险货物的含义

危险货物是指具有爆炸、易燃、毒害、腐蚀等特性，在运输、装卸和储存过程中，容易造成人身伤亡、财产毁损和环境污染而需要特别防护的货物。危险货物以列入国家标准《危险货物品名表》(GB 12268—2012)的为准，未列入《危险货物品名表》的，以有关法律、行政法规的规定或者国务院有关部门公布的结果为准。

小提示

危险货物的分类、分项、品名和品名编号应当按照国家标准《危险货物分类和品名编号》(GB 6944—2012)、《危险货物品名表》(2015)执行。危险货物的危险程度依据国家标准《危险货物运输包装通用技术条件》(GB 12463—2009)，分为Ⅰ、Ⅱ、Ⅲ等级。

由于危险货物自身的危险性质，我国对危险货物的包装采用了特殊要求。物流企业在进行危险货物的包装时，应当严格执行我国的法律规定和标准，要求危险货物运输包装符合国家强制性标准《危险货物运输包装通用技术条件》(GB 12463—2009)，运输包装标志符合《危险货物包装标志》。危险货物包装性能试验采用《运输包装件基本试验》以避免危险货物在储存、运输、装卸搬运中出现重大事故。

小提示

《民法典》第 828 条对运输合同中关于危险货物包装的规定：托运人托运易燃、易爆、有毒、有腐蚀性、有放射性等危险物品的，应当按照国家有关危险物品运输的规定对危险物品妥善包装，做出危险物品标志和标签，并将有关危险物品的名称、性质和防范措施的书面材料提交承运人。托运人违反前款规定的，承运人可以拒绝运输，也可以采取相应措施以避免损失的发生，因此产生的费用由托运人负担。

扩展阅读 7.3

南京一船舶载运危险货物集装箱 涉嫌瞒报被查处

二、危险货物运输包装的要求

《危险货物运输包装通用技术条件》是国家强制性标准,它规定了危险货物运输包装的分级、基本要求、性能试验和检验方法等,也规定了包装容器的类型和标记代号。该标准适用于盛装危险货物的运输包装,是运输、生产和检验部门对危险货物运输包装进行性能试验和质量检验的重要依据。

(一) 对危险货物运输包装的强度、材质等的要求

根据《危险货物运输包装通用技术条件》的规定,危险货物运输包装的强度及采用的材质应满足以下基本要求:

(1) 危险货物运输包装应结构合理,具有一定强度,防护性能好。

(2) 包装的材质、形式、规格、方法和单件质量(重量),应与所装危险货物的性质和用途相适应,并便于装卸、运输和储存。

(3) 包装应该质量良好,其构造和封闭形式应能够承受正常运输条件下的各种作业风险。不因温度、湿度、压力的变化而发生任何泄漏,包装表面应该清洁,不允许黏附有害的危险物质。

(4) 包装与内包装直接接触部分必要时应该有内涂层或进行防护处理。

(5) 包装材质不得与内包装物发生化学反应而形成危险产物或导致包装强度削弱;内容器应该固定,如果属于易碎的,应使用与内装物性质相适应的衬垫材料或吸附材料衬垫妥实;盛装液体的容器,应能经受在正常运输条件下产生的内部压力。灌装时必须留有足够的膨胀余地,除另有规定外,应该保证在温度55℃时,内装物不会完全充满容器。

(6) 包装封口应该根据内包装物性质采用严密封口、液密封口或气密封口。

(7) 盛装需浸湿或夹有稳定剂的物质时,其容器应能有效地保证内装液体、水溶剂或稳定剂的百分比在储运期间保持在规定范围内。

(8) 有降压装置的包装,排气孔设计和安装应能防止内装物泄漏和外界杂质的混入。排出的气体量不得造成危险和污染环境。复合包装内容器和外包装应紧密贴合,外包装不得有擦伤内容器的凸出物。

(9) 无论是新型包装、重复使用的包装,还是修理过的包装,均应符合危险货物运输包装性能测试的要求。

(二) 包装容器

《危险货物运输包装通用技术条件》详细介绍了钢(铁)桶、铝桶、钢罐、胶合板桶、木琵琶桶、硬质纤维板桶、硬纸板桶、塑料桶、塑料罐、天然木箱、胶合板箱、再生木板箱、硬纸板箱、瓦楞纸箱、钙塑板箱、钢箱、纺织品编织袋、塑料编织袋、塑料袋、纸袋、瓶、坛、筐、篓等

包装容器的制作标准和最大容积、最大净重的要求。

（三）防护材料

防护材料包括用于支撑、加固、衬垫、缓冲和吸附等材料。危险货物包装所采用的防护材料及防护方式应与内装物性能相容，符合运输包装件总体性能的需要，能经受运输途中的冲击与震动，保护内装物与外包装，当内容器破坏、内装物流出时也能保证外包装安全无损。

（四）危险货物包装标志

《危险货物包装标志》（GB 190—2009）规定了危险货物包装图示标志的分类图形、尺寸、颜色及使用方法等。标志分为标记（如表 7-3 所示）和标签（如表 7-4 所示），标记图形 4 个；标签图形 26 个，分别表示了 9 类危险货物的主要特征。

表 7-3　危险货物标志——标记

序　号	标记名称	标记图形
1	危害环境物质和物品标记	 （符号：黑色；底色：白色）
2	方向标记	 （符号：黑色或正红色；底色：白色）  （符号：黑色或正红色；底色：白色）

续表

序号	标记名称	标记图形
3	高温运输标记	(符号：正红色；底色：白色)

表7-4 危险货物标志——标签

序号	标签名称	标签图形	对应的危险货物类项号
1	爆炸性物质或物品	(符号：黑色；底色：橙红色)	1.1 1.2 1.3
		(符号：黑色；底色：橙红色)	1.4
		(符号：黑色；底色：橙红色)	1.5
		(符号：黑色；底色：橙红色) **项号的位置——如果爆炸性是次要危险性，留空白。 *配装组字母的位置——如果爆炸性是次要危险性，留空白。	1.6

续表

序号	标签名称	标签图形	对应的危险货物类项号
2	易燃气体	(符号：黑色；底色：正红色) (符号：白色；底色：正红色)	2.1
	非易燃无毒气体	(符号：黑色；底色：绿色) (符号：白色；底色：绿色)	2.2
	毒性气体	(符号：黑色；底色：白色)	2.3

续表

序号	标签名称	标签图形	对应的危险货物类项号
3	易燃气体	（符号：黑色；底色：正红色） （符号：白色；底色：正红色）	3
4	易燃固体	（符号：黑色；底色：白色红条）	4.1
	易于自燃的物质	（符号：黑色；底色：上白下红）	4.2
	遇水放出易燃气体的物质	（符号：黑色；底色：蓝色） （符号：白色；底色：蓝色）	4.3

续表

序号	标签名称	标签图形	对应的危险货物类项号
5	氧化性物质	（符号：黑色；底色：柠檬黄色）	5.1
	有机过氧化物	（符号：黑色；底色：红色和柠檬黄色） （符号：白色；底色：红色和柠檬黄色）	5.2
6	毒性物质	（符号：黑色；底色：白色）	6.1
	感染性物质	（符号：黑色；底色：白色）	6.2

续表

序号	标签名称	标签图形	对应的危险货物类项号
7	一级放射性物质	（符号：黑色；底色：白色，附一条红竖条） 黑色文字，在标签下半部分写上： "放射性" "内装物_____" "放射性强度_____" 在"放射性"字样之后应有一条红竖条	7A
	二级放射性物质	（符号：黑色；底色：上黄下白，附两条红竖条） 黑色文字，在标签下半部分写上： "放射性" "内装物_____" "放射性强度_____" 在一个黑边框格内写上："运输指数" 在"放射性"字样之后应有两条红竖条	7B

续表

序号	标签名称	标签图形	对应的危险货物类项号
7	三级放射性物质	(符号：黑色；底色：上黄下白，附三条红竖条) 黑色文字，在标签下半部分写上："放射性" "内装物_____" "放射性强度_____" 在一个黑边框格内写上："运输指数" 在"放射性"字样之后应有三条红竖条	7C
	裂变性物质	(符号：黑色；底色：白色) 黑色文字 在标签上半部分写上："易裂变" 在标签下半部分的一个黑边框格内写上："临界安全指数"	7E
8	腐蚀性物质	(符号：黑色；底色：上白下黑)	8
9	杂项危险物质和物品	(符号：黑色；底色：白色)	9

此外，《危险货物运输包装通用技术条件》还规定了危险货物运输包装的性能试验和检验方法等。

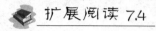扩展阅读 7.4

泰州海事局再推四大举措扎实
推进船载危化品管理"江苏模式"建设

第四节　国际物流中的包装法律规范

一、国际物流中包装的特点

国际物流是国内物流的延伸和发展，同样包括运输、包装、流通加工等若干子系统。国际货物包装（主要指外包装）的目的是保护货物本身质量和数量上的完整无损，便于装卸、搬运、堆放、运输和理货，对危险货物包装还有防止其危害性的作用。

国际物流中的包装具有以下特点：

1. 对包装强度的要求较高

国际物流的过程与国内物流相比时间长、工序多，因此在国际物流中，一种运输方式往往难以完成物流的全过程，经常采取多种运输方式联运，这就增加了装卸搬运的次数及存储的时间。在这种情况下，只有增加包装的强度，才能达到保护商品的作用。

2. 标准化要求较高

要使国际间物流畅通，统一标准非常重要。目前，美国、欧洲基本实现了物流工具、设施的统一标准，大大降低了物流费用，降低了转运的难度。为了提高国际物流的效率，国际物流过程中对包装的标准化程度越来越高，以便于商品顺利地流通。

3. 物流环境存在差异

不同国家物流适用不同法律使国际物流的复杂性远高于国内物流，甚至会阻断国际物流；不同国家的不同经济和科技发展水平会造成国际物流的不均衡，致使国际物流全系统水平的下降；不同国家的风俗人文也使国际物流受到很大局限。

4. 包装产品信息化

目前数字化、网络化、信息化成为物流发展的一大主题,物流与电子商务结合更快地促进了包装信息化的进程。物流信息存储的数字化、电子订货系统(EOS)、电子数据交换(EDI)等技术的广泛应用,均需要产品包装走向信息化,如将自动识别系统、条形码技术适当地应用于包装上。物流的自动化需要在包装上有明确的标识及可以识读的信息码才能实现。

5. 包装走向环保型

绿色环保型物流是当今经济可持续发展的一个重要组成部分,注重生态环境、减少物流对环境造成的危害,成为物流发展的另一大主题。采用绿色环保包装材料,提高包装材料利用率,建立包装的回收利用制度将成为物流包装的发展方向。

二、国际物流中包装所适用的法律

(一)国际物流中包装的法律

国际物流是一项跨行业、跨部门、跨越国界的系统工程,涉及的环节非常广泛。其中包装应该遵守包装环节所涉及的相关国家的法律规定。在世界范围内已存在不少与包装有关的法律、法规、标准、国际公约和国际惯例。同时也有不少有关包装的试验、材料、尺寸和搬运设备的标准。

(二)包装环保法律

产品包装是物流活动的重要环节,包装材料对环境的污染不容忽视,随着人们环保、安全、健康意识的日益增强,许多国家通过制定一系列政策法规限制或鼓励包装使用和处理,来减少产品包装对环境的影响。具体包括:

(1)以立法的形式禁止使用某些包装材料。如某些国家规定禁止使用含有铅、汞、锡等成分的包装材料和没有达到规定再循环比例的包装材料。

(2)建立存储返还制度。许多国家规定饮料一律使用可重复利用的包装材料,消费者在购买时向商店交付一定保证金,返还容器时再由商店退还保证金。有些国家还将这种制度扩大到洗涤剂和油漆的生产和销售上。

(3)制定再循环或再利用法律。如日本的《再利用法》《新废弃物处理法》,欧洲各国的《包装废弃物令》等。

(4)税收优惠或处罚。对生产和使用包装材料的厂商根据其产品包装的原材料或使用的包装中是否全部或部分使用可再循环的包装材料,给予免税、低税优惠或征收较高的税赋,以鼓励使用可再回收的资源。

我国对绿色包装的法律调控体现在《中华人民共和国环境保护法》《固体废弃物防治

法》《水污染防治法》《大气污染防治法》等4部专项法和8部资源法的规定中,其中30多项环保法规明文规定了包装废弃物的管理条款。

（三）国际物流中包装标准

随着物流标准化的加强,为降低运输费用,提高物流效率,集装箱、托盘的规格尺寸逐步走向标准化。目前,国际标准化组织(ISO)侧重物流基础模数系统的标准化工作,包括包装、单元货物、装卸设备、托盘、仓储装置、运输装备等,以考虑各方面尺寸分配的协调。其制定的物流基础标准主要有:《硬直方体运输包装尺寸》(ISO 3394)、《包装——单元货物尺寸》(ISO 3676)、《系列Ⅰ通用集装箱——最小内部尺寸》(ISO 1894)、《一般运输货运集装箱》(ISO 1496)、《货物联运双面平托盘》(ISO/R 198)等30多项标准。

我国在2001年4月也正式发布了《物流术语》国家标准(GB/T 18354—2001)。有关包装标准有《货物类型、包装类型和包装材料类型代码》等。

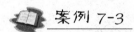
案例 7-3

一批易碎的玩具由出口商妥善地包装且在包装的外表印上德语"易碎—谨慎操作"字样出口,但易碎货物的国际通用标记没有出现在包装的外表。该批货物到达目的地后,由货运代理雇用的操作人员操作,由于操作人员不懂德语而没注意到货物是易碎的,导致玩具严重受损。

(资料来源:作者自编)

【案例解析】

出口商应在包装外表印上易碎货物的国际通用标志。其次,为保证操作指示,出口商有责任使用目的地国家的语言书写,因此出口商应对货损负责。

三、《国际海运危险货物规则》对于危险货物包装的基本要求

随着工业及贸易全球化的发展,通过海上运输的危险货物品种和数量也大幅度增长。为了有效防止事故发生,保护海上环境,各国政府普遍开始重视对海上运输危险货物的安全管理,通过法律要求经营、运输危险货物的各方承担不同的义务。

由于对包装和积载的规定因国而异,给所有直接从事危险货物运输的人员在各方面造成困难。为了加强对海上运输危险货物的国际管理,国际海事组织制定了一个统一的《国际海运危险货物规则》(以下简称《国际危规》)。很多国家通过本国立法将该规则的要求付诸实施。目前世界上已有50多个国家在海上运输危险货物方面执行《国际危规》,并已成为强制性的规范。我国从1982年10月2日开始实施《国际危规》。

国际海事组织第84届海上安全委员会会议通过了《国际危规》第34-08版修正案,于

2010年1月1日强制生效。新版《国际危规》修正内容主要包括：对培训进行了调整，并将部分内容调整为强制性规定；新增第1.5章第7类物质的一般规定，全面改写了放射性物质，并对其他章节中涉及放射性物质的规定进行了修正；增加了环境有害物质的相关规定和判定标准，以取代原"海洋污染物"和"严重海洋污染物"的判定标准；新增可免除量包装危险货物，引入"可免除量"的概念和相关规定，并对危险货物一览表作出了相应的修改；增加了17个新的危险货物条目。

《国际危规》对危险物品包装做了以下规定：

1. 包装的材质、种类应与所装危险货物的性质相适应

包装应该具备一定的强度，以保证在正常的海运条件下，包装内的物质不会散漏和受到污染。对包装的要求应与危险度成正比，包装的强度与危险的货物单件包装重量成正比，包装的强度还应与运输的长度成正比。包装的设计应考虑到在运输过程中温度、湿度的变化。应该保证在环境发生变化的情况下，包装不发生损坏。

2. 包装的封口应该符合所装危险货物的性质

封口应该由所装的危险货物的性质来决定。封口可以分为气密封口、液密封口。在通常情况下，危险物质的包装封口应该严密，特别是易挥发、腐蚀性强的气体。但是，如果有些货物的气体散发易使容器内的压力逐渐加大，导致危险，封口不能密封。

3. 内外包装之间应该有合适的衬垫

内包装与外包装之间应该采用适当的减振衬垫材料。衬垫不能削弱外包装的强度，而且衬垫的材料还必须与所装的危险货物的性能相适应，以避免危险的发生。

4. 包装应该能经受一定范围内温度和湿度的变化

在物流过程中，包装除应具有一定的防潮衬垫外，本身还要具有一定的防水、抗水性能。

5. 包装的重量、规格和形式应便于装卸、运输和储存

根据《国际危规》的规定，包装最大容量为450升，最大净重为400千克。包装的外形尺寸与船舱的容积、载重量、装卸机具应该相适应，以方便装卸、积载、搬运和储存。

思考与练习

1. 简述包装法规的特点。
2. 简述普通货物包装应遵循的基本原则。
3. 简述对危险货物包装的基本要求。
4. 简述国际物流中包装所适用的法律。
5. 简述《国际海运危险货物运输规则》中对于危险货物包装的基本要求。

第八章

仓储法律制度

【学习目标】
1. 熟悉保管合同和租赁合同的概念和法律特征；
2. 掌握仓储合同中保管人与存货人的权利和义务；
3. 掌握仓储合同与保管合同的区别。

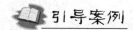引导案例

北京机场周边仓储物流全面关停？
顺义区辟谣：存重大消防隐患才关停

针对进行"消防隐患大排查,将全面关停机场周边仓储物流设施"的传言,北京市顺义区政府予以辟谣称不会"一刀切"。对于存在重大消防隐患的物流设施,在关停的同时,将协调正规库源供物流企业周转。此外,对于手续齐全但存在一定消防隐患的物流设施将限期整改。"11·10""11·18"火灾事故后,顺义区立即行动并消除了一批重大消防隐患。特别是为了确保首都机场周边安全稳定,顺义区全面清理整治仓储物流企业消防安全隐患。

与此同时,整治行动也引发业界诸多猜测,顺义区将全面关停机场周边仓储物流设施的传言不胫而走,引起了一批重点物流企业的担忧。为此,顺义区召开座谈会,邀请北京邮政速递物流、中外运敦豪、顺丰速运等7家驻区物流企业代表以及区内相关部门负责人参加。北京顺义区政府表示,对于存在重大消防安全隐患的仓储物流设施坚决关停,顺义区将继续协调安全正规的库源供企业周转;对于手续齐全但存在一定消防安全隐患的仓储物流设施,结合实际情况限期整改,确保物流企业正常安全运营。

对于依法合规的仓储物流设施,积极支持物流企业改造成为现代化、智能化、集约化仓储设施,促进行业安全、高端、健康发展。北京市邮政速递物流公司副总经理刘玮表示,将加大设备设施和资金投入,对各个分拨中心和配送点加强整改提升,将消防安全隐患排查工作常态化。对于近期到达北

京的快件,公司将及时组织人员、安排场地进行分拣,保证快递安全到达消费者手中。数据显示,依托首都国际机场和天竺综合保税区,顺义区实际经营的物流企业577家,仓储设施总面积达200万平方米,物流业在促进商品流通、服务保障消费、增加百姓就业等方面发挥了重要作用。

(资料来源:https://baijiahao.baidu.com/s?id=1585201246389935573&wfr=spider&for=pc)

第一节 保管合同和租赁合同

一、保管合同

(一)保管合同的概念

保管合同是保管人保管寄存人交付的保管物,按照约定期限或者寄存人的请求返还保管物的合同。保管合同中,保管物品的一方为保管人,交付物品的一方为寄存人,被保管的物品为保管物或者寄存物。《民法典》第888条规定,"保管合同是保管人保管寄存人交付的保管物,并返还该物的合同。寄存人到保管人处从事购物、就餐、住宿等活动,将物品存放在指定场所的,视为保管,但是当事人另有约定或者另有交易习惯的除外。"

保管合同的法律特征是保管合同为实践性合同,为非要式合同。保管合同既包括有偿合同又包括无偿合同。保管合同为有偿合同时,应当明确约定保管费用。当事人对保管费用没有约定或者约定不明确的,可以协议补充,不能达成补充协议的,推定为无偿保管。

(二)保管合同中保管人和寄存人的义务

1. 保管人的义务

(1)保管的义务

① 保管人对保管物应当尽到妥善保管的义务,这是保管人最主要的义务。

② 保管人不得将保管物交由他人代为保管。除另有约定或者保管人因特定事由不能亲自履行保管行为外,保管人应当亲自履行保管义务。保管人违反此项义务,对保管物造成损失的,应当承担赔偿责任。

③ 除另有约定外,保管人不得将保管物转交第三人保管或者许可他人使用保管物。

④ 保管人应当按照约定场所或者方法保管保管物。除紧急情况为维护寄存人利益外,不得擅自改变保管场所和方法。如果双方没有约定保管场所和方法,应当依照标的物性质、合同目的确定保管场所和方法。

⑤ 对有瑕疵的保管物或者需要特殊保管的保管物,寄存人已尽告知义务或者保管人

应当知道的,应当采取特殊措施保管,否则保管人承担相应的赔偿责任。

(2) 返还保管物的义务

寄存人可以在保管期限届满时领取保管物,也可以提前领取保管物。寄存人领取保管物时,保管人应当将保管物返还寄存人,如果保管期间保管物产生孳息,保管人应当将孳息一并返还寄存人。

(3) 通知的义务

由于自然原因致使保管物毁损或者灭失的,保管人应当迅速通知寄存人,并及时采取措施防止损失扩大。第三人对保管人提起诉讼或者对保管物申请扣押的,保管人应当及时通知寄存人。保管人未尽到通知义务造成保管物不能归还的,应当承担赔偿责任。

(4) 交付保管凭证的义务

保管合同成立后,寄存人向保管人交付保管物的,保管人应当给付保管凭证,但另有交易习惯的除外。

(5) 损害赔偿的义务

保管期间,保管不善造成保管物损毁、灭失的,对于有偿保管,保管人应当承担赔偿责任。无偿保管中,保管人能够证明自己没有故意和重大过失的,不承担赔偿责任。如果损害不是因为保管人的过错而是由于第三人的过错引起的,应当由有过错的第三人承担责任。如果损害是由于不可抗力引起的,应当由寄存人自己承担损失。

2. 寄存人的义务

(1) 告知的义务

保管物有瑕疵或者按照保管物的性质需要采取特殊保管措施的,寄存人应当将有关情况告知保管人。寄存人未告知,致使保管物受损失的,保管人不承担赔偿责任。保管人因此遭受损失的,除保管人知道或者应当知道并且未采取补救措施的以外,寄存人应当承担赔偿责任。

寄存人寄存货币、有价证券或者其他贵重物品的,应当向保管人声明,由保管人验收或者封存。寄存人未声明的,该物品毁损、灭失后,保管人可以按照一般物品予以赔偿。

(2) 支付保管费用的义务

有偿保管合同中,寄存人应当按照约定向保管人支付保管费用。当事人对保管费用没有约定或者约定不明确的,可以协议补充,不能达成补充协议的,推定为无偿保管。保管过程中为维持保管物原状、防止保管物损毁而由保管人支出的必要费用,寄存人应当偿付给保管人,如破损包装的重新包装、恶劣天气防雨防潮支出的费用,寄存人过期不领取保管物保管人额外增加的支出等。

寄存人未按照约定支付保管费或者其他费用的,保管人对保管物享有留置权,但是当事人另有约定的除外。经保管人催告后,寄存人在合理期限内仍不支付保管费用的,保管人作为留置权人,可以将留置的财物依法以合理价格变卖,并以变卖财物的价款优先受偿。

(三)保管合同的索赔时效

保管合同容易产生纠纷,如保管人保管不善造成寄存物丢失、损毁,没有凭证或者凭证丢失保管人拒不返还寄存物,报酬约定不明确寄存人拒付或者少付报酬,寄存违禁物品未声明造成保管人损失,包装不合要求造成保管人额外支出保管费用而寄存人拒不给付等。基于上述原因,当事人向法院要求保护民事权利的诉讼时效期间,应依据特殊法优于一般法的法律适用原则确定。法律对诉讼时效有特殊规定的,适用特殊规定;没有特殊规定的,适用一般规定。保管合同的诉讼时效从当事人知道或者应当知道权利被侵害时起计算。超过诉讼时效期间,当事人自愿履行的,不受诉讼时效限制。

《民法典》规定普通诉讼时效为3年,因此,保管合同引发的争议和纠纷,一般情况应适用普通诉讼时效的规定。

二、租赁合同

(一)租赁合同的概念和法律特征

1. 租赁合同的概念

租赁合同是出租人将租赁物交付承租人使用,承租人支付租金的合同。交付租赁物的一方为出租人,接受租赁物的一方为承租人,交付使用的财产为租赁物,承租人向出租人交纳的使用租赁物的代价是租金。

传统物流业一般由经营物流的企业自行建造或购买设施设备,进而进行物流经营。随着现代物流行业的发展,仓储设施设备趋向大型化、专业化和标准化,大型城市或者港口更多地要求具备现代化物流园区,以实现物流管理的高效运行。现在,物流业已经发展为由大型投资公司或者政府兴建物流园区,物流企业租用园区的设施设备进行经营,物流企业不再是物流设施特别是仓库的所有人,而是租赁仓库等设施设备从事物流经营的人,即仓库经营人。租赁合同在物流行业中大行其道日益成为大趋势。

2. 租赁合同的法律特征

(1)租赁合同转移的是租赁物的使用权和收益权

租赁合同中,承租人的目的是取得租赁物的使用权和收益权,出租人只转让租赁物的使用权和收益权,不转让所有权。租赁合同终止,承租人须返还租赁物。

(2)租赁合同是双务有偿合同

租赁合同中,交付租金和转移租赁物的使用权和收益权之间存在对价关系,交付租金是获取租赁物使用权和收益权的对价,获取租金是出租人出租财产的目的。

(3) 租赁合同是诺成合同

租赁合同的成立不以租赁物的交付为条件,当事人只要依法达成一致意思表示,合同即告成立。

(4) 不定期租赁合同为不要式合同

租期6个月以下的,可由当事人选择合同形式,无论采用书面形式还是口头形式,都不影响合同效力。租赁期限6个月以上的,应当采用书面形式。未采用书面形式的,双方当事人对租赁期限存在争议的,视为不定期租赁合同。

(5) 租赁合同的标的物只能是法律允许流通的财产

租赁合同的标的物只能是流通物,而且是不能被消费的特定物。

(6) 对租赁物不能约定永久租赁

租赁合同有临时性特征,对租赁物不能永久租赁。租赁合同双方可以不约定具体租赁期限,但不能超过法定最高年限。

(7) 租赁合同在当事人之间形成法定特殊权利

租赁合同在当事人之间既引起债权法律关系,又引起法定特殊权利。租赁合同引起的法定特殊权利主要有两种:一是出租人转让租赁房屋时,承租人有优先购买权;二是承租人可以凭租赁权对抗新的所有权人,租赁物在租赁期间发生所有权变动的,不影响租赁合同的效力。

(二) 租赁合同的种类

1. 动产租赁和不动产租赁

根据租赁物不同,租赁合同分为动产租赁和不动产租赁。动产租赁的范围很广,不动产租赁包括房屋租赁和土地使用权租赁等。

2. 一般租赁和特殊租赁

根据法律对租赁是否有特殊规定,租赁合同分为一般租赁和特殊租赁。特殊租赁是法律有特别要求的租赁,《房地产管理法》对房地产租赁、《海商法》对船舶租赁、《航空法》对航空器租赁有特殊规定。

3. 定期租赁和不定期租赁

根据租赁合同是否确定期限,租赁合同分为定期租赁和不定期租赁。当事人在租赁合同中可以约定租赁期限;没有约定的,为不定期租赁。对于不定期租赁,任何一方当事人都有权依自己的意愿随时解除合同,但在解除合同前应当预先通知对方。无论是否约定租赁期限,租赁期限都受20年法定最高期限的限制。

（三）租赁合同的内容和形式

1. 租赁合同的内容

租赁合同的内容一般包括：租赁物的名称、数量、用途、租赁期限、租金及其支付期限和方式、租赁物维修等条款。

2. 租赁合同的形式

租赁期限 6 个月以上的，应当采用书面形式。当事人未采用书面形式，无法确定租赁期限的，视为不定期租赁。不定期租赁合同为不要式合同，无须采取书面形式。

（四）租赁合同中出租人和承租人的义务

1. 出租人的义务

（1）交付租赁物

出租人应依照合同约定的时间和方式交付租赁物。物的使用以交付占有为必要的，出租人应按照约定交付承租人实际占有使用；物的使用不以交付占有为必要的，出租人应使租赁物处于承租人能够使用的状态。

（2）租赁期间保持租赁物符合约定用途

租赁合同是继续性合同，租赁存续期间，出租人有继续保持租赁物的法定或者约定品质的义务，使租赁物合于约定的使用收益状态。如发生品质降低而危及承租人使用收益或者其他权利时，应当维护修缮，恢复原状。因修理租赁物而影响承租人使用的，出租人应当相应减少租金或者延长租期，但按照约定或者习惯应当由承租人修理，或者租赁物损坏是承租人过错所致的除外。

（3）租赁物的瑕疵担保

出租人应当担保所交付的租赁物能够为承租人依约正常使用收益，即交付的标的物必须符合约定的用途。

（4）权利的瑕疵担保义务

出租人应当担保不因第三人对承租人主张租赁物上的权利而使承租人无法依照约定对租赁物进行使用收益。

2. 承租人的义务

（1）支付租金

承租人应当按照约定期限支付租金。承租人无正当理由未支付租金或者延期支付租金的，出租人可以要求承租人在合理期限内支付。承租人逾期不支付的，出租人可以解除合同。

案例 8-1

章某与某公司签订了《房屋租赁合同》,将自己的房屋出租给某公司从事经营活动。合同规定了交付租金的具体时间,并约定了某公司无正当理由逾期支付租金时的违约金。在租赁合同履行过程中,某公司未按约定交纳租金。章某多次催促后,某公司仍未交纳。经过多次协商,双方未能解决纠纷。章某将某公司诉至人民法院,要求该公司按合同约定支付拖欠的租金 19 万元及延期支付租金的违约金 17 万元。某公司认为章某对于违约金的计算过高。双方协商未果,章某遂诉至法院。

(资料来源:作者自编)

【案例解析】

本案关于房屋租赁合同的纠纷,法律关系明确,事实清楚。我国《民法典》第 585 条规定:当事人可以约定一方违约时应当根据违约情况向对方支付一定数额的违约金,也可以约定因违约产生的损失赔偿额的计算方法。关于违约金的数额,《民法典》第 585 条还规定,"约定的违约金低于造成的损失的,人民法院或者仲裁机构可以根据当事人的请求予以增加;约定的违约金过分高于造成的损失的,人民法院或者仲裁机构可以根据当事人的请求予以适当减少。"

经法院审理后,判决某公司向章某支付拖欠的租金 19 万元。关于违约金部分,法院采信某公司的观点,认为违约金过高,酌情判决某公司支付违约金 2 万元。

(2) 按照约定方法使用租赁物

承租人应当按照约定方法使用租赁物。无约定或者约定不明确的,可以由当事人事后达成补充协议确定,不能达成协议的,按合同有关条款或者交易习惯确定,仍不能确定的,应当根据租赁物的性质使用。承租人按照约定方法或者按照租赁物性质使用致使租赁物受到损耗的,属于正常损耗,不承担损害赔偿责任。承租人不按照约定方法或者不按照租赁物性质使用致使租赁物受到损耗的,为承租人违约,出租人可以解除合同并要求赔偿损失。

(3) 妥善保管租赁物

承租人应当以善良管理人的注意妥善保管租赁物,未尽妥善保管义务,造成租赁物毁损灭失的,应当承担损害赔偿责任。

(4) 不得擅自改善和增设他物

承租人经出租人同意,可以对租赁物进行改善和增设他物。承租人未经出租人同意对租赁物进行改善和增设他物的,出租人可以请求承租人恢复原状或者赔偿损失。

(5) 通知义务

租赁关系存续期间,出现以下情形之一的,承租人应当及时通知出租人:①租赁物有修理、防止危害的必要；②其他依照诚实信用原则应当通知的事由。承租人怠于通知，致使出租人不能及时补救而受到损害的，承租人应当负赔偿责任。

（6）返还租赁物

租赁合同终止时，承租人应当将租赁物返还出租人。逾期不返还的，即构成违约，须给付违约金或者逾期租金。经出租人同意对租赁物进行改善和增设他物的，承租人可以请求出租人偿还租赁物增值部分的费用。

3. 转租与租赁物转让

（1）转租

经出租人同意承租人可以转租租赁物。转租期间，承租人与出租人的租赁合同继续有效，第三人不履行对租赁物妥善保管义务造成损失的，由承租人向出租人负赔偿责任。承租人未经同意而转租的，出租人可以终止合同。

（2）租赁物转让

租赁期间转让租赁物的，承租人享有两项特殊权利：

一是租赁物在租赁期间发生所有权变动的，不影响租赁合同的效力。租赁合同有效期间，租赁物因买卖、继承等使租赁物所有权发生变更的，租赁合同对新所有权人仍然有效，新所有权人不履行租赁义务时，承租人能够以租赁权对抗新所有权人，即"买卖不破租赁"。

二是出租人出卖租赁物的，应当在出卖之前的合理期限内通知承租人，承租人享有同等条件下优先购买的权利。

第二节 仓储合同

一、仓储合同的概念和法律特征

（一）仓储合同的概念

仓储合同是保管人储存存货人交付的仓储物，存货人支付仓储费的合同。仓储合同是存货方和保管方就储存保管货物，明确相互权利义务关系而达成的协议。仓储合同关系中，存入货物的一方是存货人，保管货物的一方是保管人，交付保管的货物为仓储物。

仓储业务是专为他人储藏保管货物的商业活动，起源于中世纪的海上贸易。随着国际贸易的不断发展，仓储业的作用越来越重要，已成为现代社会化大生产和国际、国内商品流转中不可或缺的环节。在我国，仓储业已成为专门提供储存保管服务的行业。

> 扩展阅读 8.1

重庆首个冷链物流保税仓获批 进口海鲜 12 天直抵你的餐桌

（二）仓储合同的法律特征

1. 仓储合同的保管人是依法从事仓储保管业务的法人、非法人组织或者个人

保管人必须是仓库营业人。仓库营业人可以是法人、个体工商户、非法人组织，且必须具备仓储设备，并经国家有关管理部门的核准登记，具有专门从事仓储保管业务的资格。

2. 保管人以仓库为保管仓储物的主要设施

仓储设施是可以用于储存和保管仓储的必要设施，是保管人从事仓储经营业务必不可少的基本物质条件。仓储保管人应具备的仓储设备必须能充分保证实现对存货人存放货品进行保管的基本目的，即应当满足储藏和保管物品的需要。

> 小提示

物流仓储设备分为物流设备和仓储设备两大类。

物流设备包括：①水平运输设备，包括各种车辆、传送带、皮带机等。②包装设备，包括包装、打包机械，打码设备等。③垂直输送设备，包括提升机、叉车、码垛机等。④装卸设备，如大型的集装箱门吊、各种专业的卸船(车)设备。⑤安全监控设备。⑥自动化管理设备。

仓储设备包括：①各种专业化仓库。②仓内设施。③各种附属设备，如防爆、消防、计量、测温、通风等设备。

3. 标的物须为特定物，而且必须是动产

仓储合同中，存货人应当将仓储物交付保管人，由保管人按照合同约定进行储存和保管。因此，根据合同性质，存货人交付的仓储对象必须为特定物而且是动产，也就是说，不动产不能成为仓储合同的标的物。

4. 仓储合同是双务有偿合同

仓储合同的双方当事人互负给付义务，一方提供仓储服务，另一方给付报酬和其他费用。

5. 仓储合同为诺成合同

《民法典》第905条规定,"仓储合同自保管人和存货人意思表示一致时成立。"确认了仓储合同为诺成性合同。

6. 仓单是提取仓储物的凭证

存货人交付仓储物的,保管人应当出具仓单、入库单等凭证。仓单是提取仓储物的凭证。存货人或者仓单持有人在仓单上背书并经保管人签名或者盖章的,可以转让提取仓储物的权利。

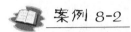

案例 8-2

甲公司与乙储运公司签订了一份仓储合同。合同约定:由乙储运公司为甲公司储存保管小麦60万千克,保管期限自当年7月10日至11月10日,储存费用为5万元,如任何一方违约,均按储存费用的20%支付违约金。合同签订后,乙储运公司即开始清理其仓库,并拒绝其他有关部门在这三个仓库存货的要求。同年7月8日,甲公司书面通知乙储运公司:因收购的小麦不足而终止履行双方签订的仓储合同。乙储运公司表示同意,但是要求甲公司按合同约定支付违约金1万元。甲公司拒绝支付违约金,双方因此产生纠纷。乙储运公司诉至法院,请求判令甲公司支付违约金1万元。

【案例解析】

本案当事人签订的是仓储合同。

《民法典》第905条规定:"仓储合同自保管人和存货人意思表示一致时成立。"即仓储合同是诺成性合同。双方当事人就合同主要条款达成一致,合同即成立,并不以交付标的物为要件。仓储合同签订后,因存货人原因货物不能按约定入库,依然要交付仓储费。双方当事人签订的仓储合同是有效的,双方当事人均应严格按合同的约定履行,若未按合同约定履行即构成违约,应承担违约责任。本案中,甲公司构成违约,应当依照合同的约定向乙储运公司支付违约金1万元。

二、仓储合同的内容

(一) 保管人和存货人的姓名或者名称和住所

仓储合同当事人是履行合同的主体,需要承担合同责任,需要使用完整的企业注册名称和登记地址或者主办单位地址。仓储合同主体为个人的,必须明示个人的姓名和户籍地或者常住地。有必要时可在仓储合同中增加通知人,但通知人不是仓储合同的当事人,仅履行通知当事人的义务。

（二）仓储物的品种、数量、质量、包装及其件数和标记

仓储物的品种、数量、质量、包装及其件数和标记等内容的约定明确，有助于仓储合同的顺利履行，特别是对减少纠纷及仓储物顺利出入库十分重要。具体实践中应注意：应当使用标准计量单位，对计量单位要防止有不同理解，防止产生歧义。计量单位应该准确到最小的计量单位，如以包、捆、扎、把、箱等计算的，就必须明确每包、捆、扎、把、箱有多重或者多少根、块。

仓储物的质量应当使用国家或者有关部门规定的质量标准，也可以使用经过批准的企业标准，还可以使用行业标准，上述质量标准均可以由存货人与保管人在仓储合同中约定。没有质量标准时，双方当事人可自行约定质量标准。如果双方在仓储合同中没有约定质量标准，则依照《民法典》的规定，可以协议补充，不能达成补充协议的，按照合同有关条款或者交易习惯确定。

仓储物的包装一般由存货人负责，有国家或者专业标准的，按照国家或者专业标准规定执行；没有国家或者专业包装标准的，应当根据仓储物便于保管的原则由存货人与保管人商定。双方为了在出入库和装卸过程中便于区分识别，还要对包装外部的标记进行约定。实践中，还要注意仓储物的性质、包装要符合保管人仓库的现实条件。

（三）仓储物验收的项目、标准、方法、期限和需要存货人提供的与验收有关的资料

物流实践中，保管人验收仓储物的项目有：仓储物的品种、规格、数量、外包装状况，以及无须开箱、拆捆而直观可见的质量情况。包装内的货物品名、规格、数量以外包装或者货物上的标记为准，外包装或者货物上无标记的，以供货方提供的验收资料为准。散装货物按照国家有关规定或者合同规定验收。

货物验收期限应当自货物和验收资料全部送达保管人之日起，至验收报告送出之日止；货物验收期限的日期均以运输或者邮政部门的戳记或者送达的签收日期为准。依照惯例，货物的验收期限，国内货物不超过10日，国外到货不超过30天，法律另有规定或者当事人另有约定的除外。合同中对验收需要的资料的种类、份数等也应当加以明确约定。

🔔 小提示

超过验收期限造成的实际损失由保管人负责。如果保管人未能按照合同约定或者法律法规规定的项目、方法和期限验收仓储物或者验收仓储物不准确，应当对由此造成的损失负责。存货人未能提供验收资料或者提供资料不齐全、不及时，造成的验收差错及贻误索赔期由存货人负责。

（四）仓储物的储存条件和对保管的具体要求

双方当事人应当依据货物的性质，在仓储合同中明确规定保管条件。如因仓库条件所限不能达到存货人要求，保管人可以拒绝接收仓储物。对某些特殊货物，如易燃、易爆、易渗漏、有毒等危险物品，保管人保管时，应当有专门的仓库、设备，并配备有专业技术知识的人负责管理。

必要时，存货人应当向保管人提供货物储存、保管、运输等方面的技术资料，防止发生货物毁损、仓库毁损和人身伤亡事故。存货人交存特殊货物时，应当明确告知保管人货物的有关保管条件、保管要求，否则，保管人可以拒绝接收存货人交付的危险货物。

（五）货物进出库手续、储存时间、地点、运输方式

为防止发生纠纷，仓储合同的当事人应当重视货物入库环节。仓储合同中要明确入库应当办理的手续、理货方法、入库的时间和地点以及货物运输、装卸搬运的方式等内容。储存时间应当由仓储合同的当事人双方在合同中约定。储存期限的长短与货物本身的性质有关。如果需要保管人运送入库出库的，对所需车辆、运输方式、运输注意事项等也应当在合同中予以明确约定。另外，出库时仓单持有人提货应当办理的手续、验收的内容、标准、方式、地点等也要明确。

小提示

某些货物由于本身的特性，不能长时间存放，如药品、胶卷、化学试剂等，一般都注明了有效使用期限。根据有效使用期限确定的储存保管期限称为有效储存期。对于仓库保管人员来说，保管这种产品不仅要注意仓库温度、湿度的变化，还应注意其储存期限。特别是对一些接近失效期的产品，应及时通知存货人按时出库，出库前还要注意留出产品调运、供应和使用的时间，以使其在失效之前能够进入市场，投入使用。

根据有关规定，储存的货物在临近失效期时，保管人未通知存货人及时处理，因超过有效储存期限造成的货物损失，保管人负有赔偿责任。保管人通知后，如果存货人不及时处理，以致超过有效储存期限而造成货物损坏、变质的，保管人不负赔偿责任。

《民法典》第914条规定，当事人对储存期限没有约定或者约定不明确的，存货人或者仓单持有人可以随时提取仓储物，保管人也可以随时请求存货人或者仓单持有人提取仓储物，但是应当给予必要的准备时间。

（六）仓储物的损耗标准和损耗处理

仓储物的损耗标准，是货物在储存过程中，由于自然原因（如干燥、风化、散失、挥发、

黏结等)和货物本身的性质等原因,不可避免地发生一定数量的减少、破损,由合同当事人双方事先商定一定的货物自然减量标准和破损率。

在确定仓储物损耗标准时,易腐货物的损耗标准应高于一般货物的损耗标准,损耗标准的确定还应当考虑储存时间的长短。损耗的处理,是指仓储物实际发生的损耗超过标准或者没有超过标准规定的,应当如何处理的问题。如仓储物出库时与入库时实际验收数量不一致,在损耗标准范围之内的视为货物完全交付。如果损耗数量超过约定的损耗标准,应当核实后作出验收记录,由保管人负责处理。

(七)计费项目、标准和结算方式

计费项目一般包括保管费、转仓费,以及出入库装卸搬运、包装整理、商品养护等费用。该项条款应明确各种费用的计算标准、支付方式、支付时间、地点、开户银行和账号等。

(八)违约责任条款和争议解决方式

仓储合同应当规定违反合同时承担的违约责任。承担违约责任的方式主要有支付违约金、损害赔偿以及采取其他补救措施等。

(九)合同的有效期限

合同的有效期限不等于货物的保管期限。合同有效期限是存货人可以将需要保管的货物交由保管人存储的时间。只要在合同期限内,存货人都可以将符合合同约定条件的货物交由保管人存储。保管期限也叫储存期限,是具体货物从入库验收到出库的时间。具体实践中要根据货物的性质和保质期限确定存储有效期。

(十)合同的变更和解除

仓储合同的当事人如果需要变更或者解除合同,必须事先通知另一方,双方达成一致即可变更或者解除合同。变更或者解除合同的建议和答复必须在法律规定或者合同约定的期限内提出。如果发生了法律或者合同规定的可以单方变更或者解除合同的情形,拥有权利的一方可以变更或者解除合同。

小提示

上述事项是仓储实践中应该注意的一般事项,是仓储合同通常应当具备的主要条款。基于双方的利益考虑,当事人之间还可以就更多的、更广泛的事项达成一致,完善仓储合同的具体内容,如争议的解决方式、合同的履行地点、是否允许转改第三人保管储存以及与仓储保管有关的货物商检、验收、包装、保险和运输等事项,只要是一方认为必须规定的条款,而又与另一方达成一致意思表示,都应当是仓储合同的重要条款,应在合同中明确规定或者另行订立合同。目前,国家工商行政管理部门已发布了标准的仓储保管合同示范文本,即 GF—09—0601 仓储保管合同,该示范文本适用于各类仓库储存、保管各种商品、物资的仓储保管业务。

三、仓单的概念和内容

(一) 仓单的概念

仓单是由保管人收到仓储物时向存货人填发的,表明仓储关系存在以及保管人愿意向仓单持有人履行交付仓储物义务的证券。根据《民法典》的规定,存货人交付仓储物的,保管人应当出具仓单、入库单等凭证。

依据民法和商法理论,仓单是存货人已经交付仓储物的证据,是存货人和仓单持有人享有提取仓储物的权利的依据。从其形成过程看,仓单是保管人收到仓储物后,应存货人的要求而出具的代表一定财产权利的法律文书。仓单不是仓储合同,是仓储合同关系存在的证据。

(二) 仓单的法律性质

1. 仓单是有价证券

《民法典》第 910 条规定:"仓单是提取仓储物的凭证。存货人或者仓单持有人在仓单上背书并经保管人签名或者盖章的,可以转让提取仓储物的权利。"可见,仓单表明了存货人或者仓单持有人对仓储物享有的交付请求权,是一种财产权利,而且在符合法定要求的情况下可以背书转让这种权利,因此,仓单是有价证券。

2. 仓单是要式证券

《民法典》第 909 条规定:"保管人应当在仓单上签名或者盖章。"仓单须经保管人签名或者盖章,仓单上必须写明法定记载事项,没有法定形式或者缺少法定事项的仓单是无效的。因此仓单是要式证券。

3. 仓单是物权证券

仓单代表存货人对仓储物的实际占有权利。仓单所载权利的行使与转移,以仓单的占有或者转移为必要条件。也就是说,对仓单的占有意味着对仓单上记载的物品的占有支配权利。仓单的转移会产生仓单所记载的仓储物占有权转移的效力,所以,仓单是物权证券。

4. 仓单是文义证券

文义证券指证券上权利义务的范围以证券的文字记载为准。仓单的记载事项决定当事人的权利义务。也就是说,存货人只能依照仓单上的记载主张权利,对保管人来说,即使仓单上的文字记载与实际情况不符,其也有义务按照仓单上记载的内容履行义务。因此,仓单是文义证券。

5. 仓单是自付证券

仓单由保管人自己填发,又由自己负担给付义务,因此,仓单是自付证券。

6. 仓单是换取式证券

仓储物出库时,保管人交付了仓储物,仓单持有人必须将仓单交还保管人。如果存货人或者仓单持有人提取仓储物时拒绝出示和交还仓单,则保管人有权拒绝交付仓储物。

(三) 仓单的内容

《民法典》第909条规定,仓单包括下列事项:
(1) 存货人的姓名或者名称和住所。
(2) 仓储物的品种、数量、质量、包装及其件数和标记。
(3) 仓储物的损耗标准。
(4) 储存场所。
(5) 储存期限。
(6) 仓储费。
(7) 仓储物已经办理保险的,其保险金额、期间以及保险人的名称。
(8) 填发人、填发地和填发日期。

四、仓储合同中保管人和存货人的权利和义务

(一) 保管人的权利

1. 仓储费用请求权

仓储费用是保管人因保管仓储物而产生的费用,包括仓储费、运费、修缮费、保险费和转仓费等。仓储费用的支付方法及支付标准可以由当事人双方约定,也可依照保管人预定的价目表支付。《民法典》规定了仓储费用的增减原则,存货人或者仓单持有人逾期提取的,应当加收仓储费;提前提取的,不减收仓储费。

2. 损害赔偿请求权

保管人因仓储物的原因(包括性质、瑕疵)等受到的损害,可以要求存货人负赔偿责任,但保管人已经知道有问题的,不在此限。

3. 留置权

保管人对保管的货物,因保管费及保管支出的必要费用以及仓储物的瑕疵而遭受的

损失,在存货人拒绝赔偿时,享有留置权。

4. 提存权

《民法典》第 916 条规定:"储存期限届满,存货人或者仓单持有人不提取仓储物的,保管人可以催告其在合理期限内提取;逾期不提取的,保管人可以提存仓储物。"

(二)保管人的义务

1. 签发并给付仓单的义务

存货人交付仓储物的,保管人应当给付仓单。保管人应当在仓单上签字或者盖章。仓单是仓储合同存在的证明,也是仓储合同的组成部分。

2. 接受和验收存货人的货物入库的义务

根据《民法典》第 907 条规定:"保管人应当按照约定对入库仓储物进行验收。保管人验收时发现入库仓储物与约定不符的,应当及时通知存货人。保管人验收后,发生仓储物的品种、数量、质量不符合约定的,保管人应当承担赔偿责任。"

3. 储存和保管仓储物的义务

保管人在接受仓储物后,要为仓储物提供一定的空间予以存放。保管是指保管人必须提供一定的安全防范措施,防止仓储物的毁损、灭失。

4. 危险通知义务

遇到以下情况的,保管人有义务通知存货人:

(1) 货物发生变化。如发现仓储物出现异状,发生数量减少或者价值减少。

(2) 货物临近失效期。对于外包装或者货物标记上标明或者合同中申明有效期的货物,保管人应当向存货人提前通知失效期。一般应在仓储物临近失效期前 60 天通知存货人。

(3) 第三人对仓储物主张权利或者扣押时,保管人应当立即通知存货人或者仓单持有人。如果因为情况紧急,保管人来不及通知存货人,应当先采取必要措施保护仓储物的安全,事后仍有义务将该情况及时通知存货人或者仓单持有人。

5. 返还仓储物的义务

合同期限届满或者因其他事由合同终止时或者没有约定保管期限的,存货人有权要求保管人返还仓储物。保管人应当将仓储物返还存货人或者存货人指定的第三人,不得无故扣押仓储物。如合同期限届满前,存货人或者仓单持有人请求返还仓储物,原则上也应当予以返还,但因此遭受的损失可以向存货人请求赔偿,而且仓储费不能减少。

6. 允许存货人检查和采取样品的义务

《民法典》第 911 条规定:"保管人根据存货人或者仓单持有人的要求,应当同意其检查仓储物或者提取样品。"这就是保管人容忍义务的规定。存货人或者仓单持有人可以进行检查的程度,应当根据仓库的状况及习惯决定。存货人或者仓单持有人请求样品的提取时,保管人可以请求其交付证明书或者提供担保。

(三)保管人承担违约责任的条件

依据《民法典》第 917 条的规定,保管人承担违约责任有三个缺一不可的条件:

(1) 仓储物必须是在储存期间毁损、灭失,如果仓储物在仓储合同成立之前或者储存期限届满后毁损、灭失的,保管人不承担赔偿责任。

(2) 仓储物的毁损、灭失必须是由保管人违反合同,保管不善造成的,不是由于其他原因造成的,也就是说,保管人没有适当地履行保管义务造成货物损毁、灭失的,应该承担违约赔偿责任。

(3) 不存在法定免责的情形。一般来讲,免责事由主要有三种:仓储物的变质、损坏是由于仓储物自身的物理和化学性质造成的;仓储物的毁损、灭失是由于存货人对仓储物的包装不符合约定或者有关国家或者行业标准造成的;仓储物的毁损、灭失是由于超过有效储存期造成的。

> **小提示**
>
> 根据传统的交易习惯,货物几乎都是由货主即存货人自行包装,因此货物在交付之前就已经包装完毕,保管人没有包装义务。因包装造成的损失,由货主自行承担,保管人不承担责任。现代物流业的兴起,使传统的生产、流通、储运观念发生了很多变化。仓储经营者根据客户的需要提供适当的包装服务已经很常见。
>
> 如果保管人提供包装服务,双方就应该在仓储合同或者综合物流服务合同中明确约定相关的包装责任、包装标准等。如果约定入库前货物的包装由保管人负责,则货物在仓库中的损毁、灭失责任应当由保管人承担。

(四)存货人的权利

1. 要求保管人给付仓单

仓单是仓储合同存在的证明,也是仓储合同的组成部分。因此,存货人有要求保管人给付仓单的权利。

2. 对入库货物进行查验,提取样品

仓储保管期间,存货人有对仓储物进行取样查验的权利,可以提取合理数量的样品进行查验。查验和取样可能会影响保管人的工作,甚至造成仓储物数量的减少,但存货人合理进行的查验和取样,保管人不得拒绝。

3. 凭仓单提取货物

当事人对保管期限没有约定或者约定不明确的,存货人有权随时提取货物,但应当给保管人必要的准备时间。存储期限届满,存货人有权凭仓单提取货物。存储期限届满前,存货人也有权凭仓单提取货物,但仓储费用不能减少。

4. 获取仓储物孳息

保管期限届满或者寄存人提前领取保管物的,保管人应当将原物及孳息归还寄存人。可见,如果仓储物在保管期间产生孳息,存货人有权获取该孳息。

5. 对保管人的违约赔偿请求权

对保管人的违约赔偿请求权是存货人的法定权利。

(五)存货人的义务

1. 告知的义务

存货人的告知义务包括两方面,即仓储物完整明确的告知和瑕疵告知。

完整告知,是指订立合同时存货人要完整细致地告知保管人仓储物的准确名称、数量、包装方式、性质和作业保管要求等涉及验收、作业、仓储保管和交付的资料。特别是对于危险货物,存货人还要提供详细的说明材料。存货人寄存货币、有价证券或者其他贵重物品的,应当向保管人声明,由保管人验收或者封存;存货人未声明的,该物品毁损、灭失后,保管人可以按照一般物品予以赔偿。

瑕疵告知,是订立合同时将仓储物在性质或包装方面的不良状态、隐蔽缺陷、可能存在的危险等告知保管人。保管人了解仓储物的瑕疵可以采取针对性的操作和管理,以避免发生损害和危害。存货人未告知仓储物的性质、状态和瑕疵,由此造成的保管人验收错误、作业损害、保管损坏等由存货人承担责任。

2. 妥善处理和交存货物

存货人应当对仓储物进行妥善处理,根据性质进行分类、分储,根据合同约定妥善包装,使仓储物适合仓储作业和保管。存货人应当在合同约定的时间向保管人交存仓储物,并提供验收单证。交存仓储物不是仓储合同生效的条件,而是存货人履行合同的义务。存货人未按照约定交存仓储物,构成违约。

3. 支付仓储费和偿付必要费用

存货人应当根据合同约定按时支付仓储费,否则构成违约。仓储费是保管人因提供仓储服务而取得的报酬。存货人支付仓储费的时间、方式、地点和金额应当依据仓储合同的约定确定。实践中,仓储费通常约定由存货人在合同订立后的特定时间向保管人支付,或者在交付货物前或者交付货物时提前支付,而不是在存货人提取货物时交付。

拒绝支付仓储费的,保管人有对仓储物行使留置权的权利,即有权拒绝将仓储物交还存货人或者应付款人,并且可以通过拍卖留置的仓储物的方式获得款项。其他必要费用是保管人为了保护存货人的利益或者为避免其损失而发生的费用,如货物发生自然特性的损害时的紧急处置费用。仓储物在仓储期间发生的应当由存货人承担责任的费用支出或者垫支费,如保险费,有关货损处理、运输搬运费、转仓费等,存货人也应当及时支付。

4. 及时提货

存货人应当按照合同约定,按时将仓储物提离。保管人根据合同约定安排仓库的使用计划,如果存货人未将仓储物提离,会使保管人已签订的下一个仓储合同无法履行。储存期限届满,仓单持有人不提取仓储物的,保管人可以催告其在合理期限内提取;逾期仍不提取的,保管人可以将仓储物提存处理。

第三节 危化品储存安全管理制度

凡具有爆炸、易燃、毒害、腐蚀等危险的物质在运输、装卸、储存、保管过程中,在一定条件下可能引起燃烧、爆炸,导致人身伤亡和财产损失等事故的化学物品统称为危险化学品,通常分为易燃类、剧毒类、强腐蚀类、易爆类、强氧化剂类。

一、危化品储存应当遵循的安全管理规定

(1)危险化学品分类隔离存放,做到专场专库、定点定位定置分区,专人管理,专车专运。

(2)包装物、容器由政府管理部门审查合格的专业生产企业定点生产,并经国务院质检部门认可的专业检测、检验机构检测、检验合格,且包装外形无明显外伤,附件齐全,封闭紧密,无跑、冒、漏、滴、蒸发现象,使用期在试压规定期内。

二、易爆品的储存管理规定

易爆品仓库为单层建筑并装设避雷针。库房阴凉通风,远离火种、热源,防止阳光直射。库温控制在15~30℃为宜,相对湿度一般控制在65%~75%,库房内部照明采用防爆型灯具,开关设于库外。

堆放牢固、稳妥、整齐,防止倒垛,便于搬运,利于通风、防潮、降温。

易爆品包装底铺垫20cm左右方木或垫板,不用受撞击、摩擦容易产生火花的石块、水泥块或钢材等铺垫。堆垛高度、密度、长度、间距、墙距、柱距、顶距等均需慎重考虑,不得超量储存。

三、易燃液体的储存管理

易燃液体储存于阴凉通风库房，远离火种、热源、氧化剂及氧化性酸类。

闪点低于23℃的易燃液体，其仓库温度一般不得超过30℃，低沸点品种须采取降温式冷藏措施，露天储罐如气温在30℃以上时采取降温措施。

储罐存放如苯、醇等商品时，其机械设备必须防爆，并有导静电的接地装置。

四、剧毒化学品的储存管理

做到"五双制"，即双把锁、双人取、双人用、双本账、双人管，并按期核对账目。

将剧毒化学品销售量、流向、储存量如实记录，防止剧毒化学品被盗、丢失或者误售、误用，如发现上述情况立即报告当地公安部门。

建立易制毒化学品销售台账，如实记录销售品种、数量、日期、购买方等情况，其台账和证明材料保存2年。

五、危化品的其他管理规定

罐、桶装危险化学品不超储，瓶内气体不得用尽，一般保留0.2MPa的余压。

对每种物品应当注明物品名称、数量、特性及扑救方法。

符合有关安全、防火规定，并根据物品的种类、性质，设置相应的通风、防爆、泄压、防火、防雷、报警、灭火、防晒、调温、消除静电、防护围堤等安全设施，并做到：消防器材防火警示、指示标志漆色醒目、完好。防火间距满足要求，耐火等级符合国家规定，相邻库房以防火墙隔离。消防设施布局合理，消防通道畅通。

通风、隔热措施可靠，通风以自然通风为主，机械通风为辅，以确保通风良好，阳光直射库区采取隔热、降温等措施。

电气设施根据储存危险物品种类分级分区，库内照明采用防爆照明灯，库房周围不堆放可燃材料。

从事销售、储存、运输危险化学品活动人员，进行有关法律、法规、规章和安全知识、专业技术、职业卫生防护和应急救援知识培训，并考核合格后上岗作业。

思考与练习

1. 简述保管合同的概念和法律特征。
2. 简述租赁合同的概念和法律特征。
3. 租赁合同中出租人和承租人的义务是什么？
4. 何谓仓单？仓单应具备哪些内容？
5. 仓储合同中保管人与存货人有哪些权利和义务？

第九章

货物装卸搬运法律制度

【学习目标】
1. 了解港口装卸搬运作业的主体；
2. 掌握装卸搬运的法律法规及港口装卸搬运作业的主要规则；
3. 掌握铁路装卸搬运作业中的法律规定及装卸搬运作业的主要规则；
4. 掌握集装箱码头装卸搬运作业的特殊规定。

引导案例

某货运代理受货主的委托，在外运铁路专用线发运纺织品共 50 件、重 5500 千克（外运经办人错填为 5000 千克）到某目的站，火车途经某站发生被盗事件，而该列车段在普记表中填写的是"按不施封交接"，未核实数量。货到目的站卸货，发现纺织品短缺 24 件。

10 个月后，公安机关侦破了此案，将追缴回的纺织品退还给货主 2137 千克。追回部分加上未被盗的纺织品重量 2860 千克，与货运代理错填在运单上的 5000 千克基本吻合，故铁路部门坚持认定这批货只有 5000 千克，并按此数额赔付。而货主仍有一部分损失无着落，向货运代理追偿。为什么该货运代理会出现这样的错误？

（资料来源：作者自编）

【案例解析】

在接受该批货物运输时，由于商检局已经检验，并标定确认每件重 110 千克，50 件总重 5500 千克，故托运人在委托书上只注明了件数，未写重量。货运代理经办人接到委托后，也未仔细确认每件实际重量，便以估计总重量为 5000 千克填写了运单交给铁路部门。铁路部门也未对重量给予检斤过秤，从而造成单、货不符。

尽管几方面都存在问题，货运代理也有足够的理由证实该批货物是 5500 千克，但错填 5000 千克是抹不掉的事实。货运代理要么赔付损失，要么花更大的精力去挽回这一损失。

第一节 装卸搬运概述

一、装卸搬运的概念

装卸是指物品在指定地点以人力或机械装入运输设备或从运输设备卸下。搬运是在同一场所内,对物品进行水平移动为主的物流作业。

在实际操作中,装卸与搬运通常密不可分,两者总是相互伴随发生的。因此,物流领域通常将装卸搬运看作一个整体活动,称作"货物装卸"。装卸搬运是连接物流各环节的桥梁,是物流各功能形成有机联系和紧密衔接的关键,但装卸和搬运不是独立存在的,它与运输、仓储等环节联系在一起。由于装卸搬运是一项技术水平要求较高的活动,因此也需要相应的法律法规调整。

二、装卸搬运的法律法规

物流装卸搬运的法律法规体现在以下几方面。

(一)装卸搬运法律

法律层面包括:《民法典》《海商法》《铁路法》《公路法》等与装卸搬运有关的规定。

(二)装卸搬运部门规章

部门规章层面有:《国内水路运输管理条例》和《铁路装卸作业安全技术管理规则》等。

(三)装卸搬运国际公约和国际惯例

国际公约和国际惯例层面有:《联合国国际贸易运输港站经营人赔偿责任公约》《国际海协劳工组织装箱准则》《联合国国际货物多式联运公约》等。

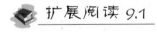
扩展阅读 9.1

交通运输部再推港口收费改革

三、港口装卸搬运作业的主体

港口装卸搬运作业的主体可以是物流企业,也可以是港口经营人。

(一)物流企业

1. 物流企业亲自完成装卸搬运活动

根据物流服务合同的要求,物流企业需要亲自完成装卸搬运活动时,在装卸搬运过程中即处于装卸搬运经营人的地位。它所享有的权利和应承担的义务由物流服务合同确定,当物流服务合同没有约定装卸搬运条款时,适用《民法典》等相关法律法规以及装卸搬运作业规则的约束。

2. 物流企业非亲自完成装卸搬运活动

装卸搬运是一项技术水平较高的活动,不仅需要专业的装卸搬运人员,还要求有相应的设备。为完成物流服务合同规定的装卸搬运义务,物流企业将委托一些专业装卸搬运企业进行装卸搬运。此时,物流企业处于装卸搬运作业委托人的地位,根据《物流服务合同》《装卸搬运作业合同》等相关合同享有权利、承担义务。合同中没有规定的,适用《民法典》等相关法律法规以及装卸搬运作业规则的约束。

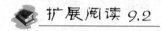

扩展阅读 9.2

物流公司粗暴装卸 毁坏托运电脑被判赔

(二)港口经营人

根据 1991 年《联合国国际贸易运输港站经营人赔偿责任公约》的规定,运输港站经营人是指在其业务过程中,在其控制下的区域内或在其有权出入或使用的某一区域内,负责接管国际运输货物,以便对这些货物从事或安排从事与运输有关服务的人。

传统的港口经营人的业务活动以提供装卸活动为主。随着物流业的迅速发展,港口经营人的服务项目越来越多,活动内容越来越丰富,服务对象、服务性质越来越复杂。

由于港口经营人大多从事连接各种运输方式和运输站点的货物装卸搬运活动,很多物流企业将货物装卸搬运任务委托给他们,港口经营人成为装卸搬运作业活动的主体,与物流企业形成委托关系。港口经营人进行装卸搬运活动适用《民法典》《港口法》等法律法规及行业规则的约束。

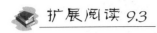
扩展阅读 9.3

交通运输部清理、规范港口经营人、引航机构经营服务性收费

第二节 港口装卸搬运作业的法律规定

一、港口装卸搬运作业概述

装卸搬运是港口货物作业的最主要内容,目前我国对港口装卸搬运作业进行规范的法规是交通部制定的《港口货物作业规则》。《港口货物作业规则》主要规定了适用范围、港口作业合同和港口经营人的义务等内容。它除了调整国内运输货物的港口作业外,还调整国际贸易运输货物的港口作业的法律关系。

当物流企业不亲自实施货物的装卸搬运作业时,即需要与专业的装卸搬运公司就某一港口的货物装卸搬运签订作业合同,该合同即属于港口货物作业合同。一般来讲,港口的专业装卸搬运公司就是港口经营人。港口经营人是指接受货主、承运人或其他当事方的委托,在港口对水路运输货物提供或安排堆存、包储、搬运、装卸、积载、平舱、隔垫、绑扎等有关服务的人。

扩展阅读 9.4

海南海事专项检查船载危险品

二、港口货物作业合同

(一) 港口货物作业合同的内容

港口货物作业合同是指装卸搬运经营人在港口对水路运输的货物进行装卸、驳运、储存、装拆集装箱等作业,作业委托人支付作业费用的合同。

港口货物作业合同的主要内容包括:
(1) 作业委托人、港口经营人和货物接收人名称。
(2) 作业项目。
(3) 货物名称、件数、重量、体积(长、宽、高)。
(4) 作业费用及其结算方式。
(5) 货物交接的地点和时间。
(6) 包装方式。
(7) 识别标志。
(8) 船名、航次。
(9) 起运港(站、点)(以下简称起运港)和到达港(站、点)(以下简称到达港)。
(10) 违约责任。
(11) 解决争议的方法。
除合同成立所必需的条款外,缺少其他的条款并不会影响合同的效力。

(二) 港口作业合同的形式

港口作业合同的形式既可以是书面形式,也可以是口头形式或其他形式。虽然可以采用口头的方式订立合同,但是,口头合同在操作上会产生诸多不便,为防止产生不必要的纠纷,实践中应该尽量避免采用口头方式。

三、港口装卸搬运作业的主要规则

(一) 港口经营人在港口装卸搬运作业中的义务

1. 作业条件

港口经营人应当按照作业合同的约定,根据作业货物的性质和状态,配备适合的机械、设备、工具、库场,并使之处于良好的状态。

2. 接收货物

港口经营人应当按照作业合同的约定接收货物,除另有约定外,散装货物按重量交接;其他货物按件数交接。接收货物后应当签发用以确认接收货物的收据。单元滚装货物作业以及货物在运输方式之间立即转移的,不适用以上规定。

3. 保管货物

港口经营人应当妥善地保管和照料作业货物。经对货物的表面状况检查,发现有变质、滋生病虫害或者其他损坏,应当及时通知作业委托人或者货物接收人。

4. 提供适合单元滚装运输作业的设备及条件

港口经营人应当提供适合滚装运输单元候船待运的停泊场所、上下船舶和进出港的专用通道;保证作业场所的有关标识齐全、清晰,照明良好;配备符合规范的运输单元司乘人员及旅客的候船场所。旅客与运输单元上下船和进出港的通道应当分开。

5. 交付货物

港口经营人应当按照作业合同的约定交付货物。

(二)港口经营人在港口装卸搬运危险货物作业中的义务

从事港口作业的企业应当按照安全管理制度和操作规程组织危险货物港口作业。

从事危险货物港口作业的人员应当按照企业安全管理制度和操作规程进行危险货物的操作。

从事危险货物港口作业的企业应当对危险货物包装进行检查,发现包装不符合国家有关规定的,不得予以作业,并应当及时通知作业委托人处理。

企业进行爆炸品、压缩气体和液化气体、易燃液体、易燃固体、自燃物品和遇湿易燃物品的港口作业时应当划定作业区域,明确责任人并实行封闭式管理;作业区域应当设置明显标志,禁止无关人员进入和无关船舶停靠。作业期间严禁烟火,杜绝一切火源。

(三)物流企业在港口装卸搬运作业中的义务

物流企业亲自进行装卸搬运业务时,其地位相当于装卸搬运经营人,其承担的义务适用港口经营人的规定。不具有港口装卸搬运能力的物流企业在进行装卸搬运时,可能作为委托人与港口经营人签订港口货物作业合同,则根据作业合同规定,物流企业承担下列义务:

1. 办理手续

应当及时办理港口、海关、检验、检疫、公安和其他货物运输和作业所需的各种手续,并将已办理各项手续的单证送交港口经营人。

2. 对有特殊装卸搬运要求的货物

对有特殊装卸搬运要求的货物,应当与港口经营人约定货物装卸搬运的特殊方式和条件。

3. 交付的货物与合同相符

向港口经营人交付货物的名称、件数、重量、体积、包装方式、识别标志,应当与作业合同的约定相符。笨重、长大货物作业,应当声明货物的总件数、重量和体积(长、宽、高)以及每件货物的重量、长度和体积。

4. 申报内容属实

以件为单位进行装卸搬运的货物,港口经营人验收货物时,发现货物的实际重量或者体积与物流企业申报的重量或者体积不符时,物流企业应当按照实际重量或者体积支付费用并向港口经营人支付衡量费用。

5. 对危险物品的要求

对危险货物的装卸搬运作业,物流企业应当按照有关危险货物运输的规定妥善包装,制作危险品标志和标签,并将其正式名称和危害性质以及必要时应当采取的预防措施书面通知港口经营人。

6. 保证交付接收货物

作业合同约定港口经营人从第三方接收货物进行装卸搬运作业的,物流企业应当保证第三方按照作业合同的约定交付货物;港口经营人将货物交付第三方的,物流企业应当保证第三方按照作业合同的约定接收货物。

(四)物流企业在港口装卸搬运作业中的责任

(1)因办理各项手续和有关单证不及时、不完备或者不正确,造成港口经营人损失的,应当承担赔偿责任。

(2)未按照规定向港口经营人交付货物、进行声明造成港口经营人损失的,应当承担赔偿责任。

(3)港口经营人将货物交付货物接收人之前,可以要求港口经营人将货物交给其他货物接收人,但应当赔偿港口经营人因此受到的损失。

(4)不履行合同义务或者履行合同义务不符合约定的,应当承担继续履行、采取补救措施或者赔偿损失等违约责任。因不可抗力不能履行合同的,根据不可抗力的影响,部分或者全部免除责任。但迟延履行后发生不可抗力的,不能免除责任。

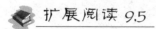

扩展阅读 9.5

上海海关开启"中巴经济走廊"绿色通道

第三节 集装箱码头装卸搬运作业的法律规定

一、集装箱码头装卸搬运作业的概念

集装箱码头装卸搬运作业是指集装箱船舶装卸时以及集装箱船舶装卸作业前所进行的一系列作业,主要包括集装箱装卸船作业、堆场作业、货运站作业。集装箱装卸船作业是指将集装箱装上卸下船舶的作业;堆场作业是指对集装箱在堆场内进行装卸搬运等的作业;货运站作业是指集中、分散集装箱的业务。

扩展阅读 9.6

天津港、上海港等涉垄断被查

二、物流企业在集装箱码头装卸搬运中的义务

与普通港口装卸搬运作业相比较,物流企业在集装箱码头装卸搬运作业中有一些特殊的义务。

（一）自行进行集装箱码头装卸搬运作业的物流企业所承担的义务

（1）应使装卸机械及工具、集装箱场站设施处于良好的技术状况,确保集装箱装卸、运输和堆放安全。

（2）物流企业在装卸过程中应做到：稳起稳落、定位放箱,不得拖拉、甩关、碰撞;起吊集装箱要使用吊具,使用吊钩起吊时必须四角同时起吊,起吊后每条吊索与箱顶的水平夹角应大于45°;随时关好箱门。

（3）物流企业如发现集装箱货物有碍装卸运输作业安全时,应采取必要的处置措施。在港口装卸过程中因操作不当造成箱体损坏、封志破坏、箱内货物损坏、短缺,应负赔偿责任。

（二）委托他人进行集装箱码头装卸搬运作业的物流企业所承担的义务

物流企业委托他人进行港口集装箱装卸搬运作业应填制港口集装箱作业委托单。

物流企业委托他人进行港口集装箱装卸搬运作业过程中应保证货物的品名、性质、数

量、重量、体积、包装、规格与委托作业单记载相符。委托作业的集装箱货物必须符合集装箱装卸运输的要求，其标志应当明显清楚。由于申报不实给港口经营人造成损失的，物流企业应当负责赔偿。

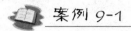

案例 9-1

某厂从美国进口一台设备，分装 5 个集装箱。舱单和提单上注有货主箱。某货运代理在代理报关时，由于制单人疏忽，报关单和工作单均未注明货主箱，并按拆箱运输方式下达工作指令，拆箱后货物用汽车运走，而遗留的 5 个集装箱被集装箱公司和外代按船公司箱处理，运回美国，几经追查无结果。而箱内还有过滤网等零件，为该机的配件，工厂因缺少这些零件无法调试，要求货运代理赔偿一切损失。

(资料来源：作者自编)

【案例解析】

根据《集装箱运输规则》的规定，委托人委托他人进行港口集装箱装卸搬运作业过程中没有做到货物的品名、性质、数量、重量、体积、包装、规格与委托作业单记载相符，其标志不清楚。因此给货主造成损失的，委托人应当负责赔偿。

三、装、拆箱人的责任

在集装箱码头的搬运作业过程中，大部分业务会涉及对货物的拼箱和装箱，所以集装箱货物的装卸作业是集装箱码头装卸搬运作业的重要组成部分。根据《集装箱运输规则》的规定，装、拆箱需要签订装、拆箱合同以明确相关人员的责任。

装、拆箱合同是指装、拆箱人受托运人、承运人、收货人的委托，负责将集装箱货物装入箱内或从箱内搬出堆码并收取费用的合同。

装、拆箱合同除双方当事人可以即时清结者外，应当采用书面合同形式，并由委托方注明装、拆箱作业注意事项。委托装、拆箱作业的货物品名、性质、数量、重量、体积、包装、标志、规格必须与"集装箱货物运单"记载的内容相符。

1. 装箱前的责任

装箱人装箱前应按规定认真检查箱体，不得使用不适合装运货物的集装箱。因对箱体检查不严，导致货物损失的由装箱人负责。

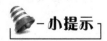

当有两个以上收货人或两种以上货物需要拼装一箱时，装箱人应填写"集装箱货物装箱单"。

2. 装箱时的责任

装箱人在装箱时要做到：

（1）货物堆码必须整齐、牢固，防止货物移动及开门时倒塌。

（2）性质互抵、互感的货物不得混装于同一箱内。

（3）要合理积载，大件不压小件，木箱不压纸箱，重货不压轻货，箭头朝上，力求箱底板及四壁受力均衡。

（4）集装箱受载不得超过其额定的重量。由于装箱不当造成经济损失的，装箱人应负赔偿责任。装、拆箱时不得损坏集装箱及其部件，如有损坏则由装、拆箱人负责赔偿。

3. 装箱后的责任

装箱人装箱后负责施封，凡封志完整无误、箱体状况完好的重箱，拆封开箱后如发现货物损坏或短缺，由装箱人承担责任。

整箱交付的集装箱货物需在卸货港拆箱的，必须有收货人参加。集装箱拆空后，由拆箱人负责清扫干净，并关好箱门。

四、物流企业的其他义务

物流企业在进行下列活动时还应承担以下义务，以保证货物安全。

（1）需要物流企业提供集装箱的，集装箱应具备的条件：集装箱应符合国际标准化组织的标准；集装箱四柱、六面、八角完好无损；集装箱各焊接部位牢固；集装箱内部清洁、干燥、无味、无尘；集装箱不漏水、不漏光。

（2）需要物流企业检查集装箱的，应做到：

① 外部检查。对集装箱进行六面查看，检查外部是否有损伤、变形、破口等异常现象，如果发现这些现象，应该及时进行维修。

② 内部检查。对集装箱的内侧进行查看，查看是否漏水、漏光，是否有污点、水迹等；检查箱门是否完好，是否能够270°开启。

③ 查看集装箱是否清洁。

④ 查看集装箱的附属件，检查附属件是否齐备，是否处于正常工作状态中。

（3）需要物流企业对集装箱货物进行积载时，一般应该注意：

① 集装箱内所载的货物不能超过集装箱所能承受的最大重量。

② 根据货物的性质、体积、质量、包装强度的不同安排积载。

③ 集装箱内应当均匀分布重量，并根据货物包装的强度决定堆码的层数。

④ 注意不同货物的物理及化学性能，避免发生污染和串味。

案例 9-2

某货运代理接受某机械公司的委托,承担从某国组织运输机械设备的任务。其中将一台设备装入 40 英尺的集装箱内。为防止颠簸特使用了开口集装箱。某日该设备从某市火车站被运到该货运代理集装箱场。次日,该货运代理又使用 40 英尺集装箱专用拖车继续运往另一城市的厂家,当车行驶到某公路 99 公里处时,集装箱右倾,发生设备倾倒事故。

经查,发现卖方有违约行为,根据买卖合同的约定,集装箱内的设备应有包装,并需加固。集装箱打开时发现箱内设备无任何包装,加固和定位措施极差。再经过铁路、公路长途运输,货物发生位移,致使箱体重心偏向右前方,造成集装箱倾倒,这是事故产生的近因,卖方负有不可推卸的责任。货运代理人因拖车上的两处固定点脱落,也负有一定责任。

(资料来源:作者自编)

第四节 铁路装卸搬运作业中的法律规定

一、与铁路装卸搬运作业有关的法律

铁路装卸搬运的法律规范主要包括:《民法典》《铁路法》中有关铁路装卸搬运的规定。原铁道部颁布的《铁路装卸作业安全技术管理规则》规定了铁路装卸搬运作业的技术标准。

二、铁路货物装卸搬运作业规则

根据铁路装卸搬运作业有关的法律,关于货场作业和装卸主要有以下规定:

(一)一般规定

装运货物要合理使用货车,车种要适合货种,除规定必须使用棚车装运的货物外,对于怕湿或易于被盗、丢失的货物,也应使用棚车装运。发生车种代用时,应按要求报批,批准代用的命令号码要记载在货物运单和货票"记事"栏内;装车时,应采取保证货物安全的相应措施。毒品专用车不得用于装运普通货物,冷藏车严禁用于装运可能污染和损坏车辆的非易腐货物。

(二)装车的规定

1. 装车前的规定

认真检查货车的车体(包括透光检查)、车门、车窗、盖、阀是否完整良好,车内是否干

净、有无恶臭异味。要认真核对待装货物品名、件数，检查标志、标签和货物状态。对集装箱还应检查箱内装载情况，检查箱体、箱号和封印。

2. 装车时的规定

必须核对运单、货票、实际货物，保证运单、货票、货物"三统一"。要认真监装。对易磨损货件应采取防磨措施，怕湿和易燃货物应采取防湿或防火措施。装车过程中，要严格按照《铁路装卸作业安全技术管理规则》有关规定办理，对货物装载数量和质量要进行检查。

对以敞、平车装载的需要加固的货物，有定型方案的，严格按方案装车；无定型方案的，车站应制订装载加固方案，并按审批权限报批，按批准方案装车。装载散堆装货物，顶面应予平整。对自轮运转的货物、无包装的机械货物，车站应要求托运人将货物的活动部位予以固定，以防止脱落或侵入限界。

3. 装车后的规定

认真检查车门、车窗、盖、阀关闭及拧固和装载加固情况。需要填制货车装载清单及标画示意图的，应按规定填制。需要施封的货车，按规定施封。需要插放货车标识牌的货车应按规定插放。对装载货物的敞车，要检查车门插销、底开门搭扣和篷布苫盖、捆绑情况。装载超限、超长、集重货物，应按装载加固定型方案或批准的装载加固方案检查装载加固情况。要严格执行装车质量签认制度，建立档案管理制度。

4. 安全装卸

货物装车或卸车，应在保证货物安全的条件下积极组织快装、快卸，昼夜不间断地作业，以缩短货车停留时间，加速货物运输。等待装车或者从机车上卸下的货物存放在装卸场所内时，应距离货物线钢轨外侧1.5米以上，并应堆放整齐、稳固。

（三）卸车的一般规定

卸车前，认真检查车辆、篷布苫盖、货物装载状态有无异状，施封是否完好。

卸车时，必须核对运单、货票、实际货物，保证运单、货票、货物"三统一"。要认真监卸。对集装箱货物应检查箱体，核对箱号和封印。严格按照《铁路装卸作业安全技术管理规则》及有关规定作业，合理使用货位，按规定堆码货物。发现货物有异状，要及时按章处理。

卸车后，应将车辆清扫干净，关好车门、车窗、阀、盖，检查卸后货物安全距离，清理线路，将篷布按规定折叠整齐，送到指定地点存放。对托运人自备的货车装备物品和加固材料，应妥善保管。

卸下的货物登记"卸货簿""集装箱到发登记簿"或具有相同内容的卸货卡片、集装箱号卡片。在货票丁联左下角记明卸车日期。

案例 9-3

某年 11 月,原告将其收购的葵花籽 34 650 千克(共 770 件)委托某火车站客货服务公司发运零担。火车站承运后,于当日将此批货物装入车皮。11 月 9 日,该车抵达卸货站。当日,在该站当班货运员监督下,收货人到站提货。卸车时,车厢内异味严重,装卸工均感头昏。收货人见此情况,拒收货物,并向当地卫生防疫站报检。

卫生防疫站人员现场勘查后,进行检验,并得到结论:在装载货物车厢内的残存物中检出某种剧毒农药,含量为 3591.66mg/kg;在包装葵花籽的麻袋中检出此农药,含量为 100mg/kg。经铁路到站顺查,发现该车皮于 10 月曾装运过此农药。卸车后,该车皮经洗刷消毒后又投入使用。在此次装运葵花籽前,该车皮已多次排空和装运水泥两次。为此,原告起诉至铁路运输法院,请求承运方承担赔偿责任。

(资料来源:作者自编)

【案例解析】

此事故中,火车站对装运过剧毒农药的车皮洗刷消毒不彻底,使用明显有异味的车皮装运葵花籽,是造成货物包装被污染的直接原因。铁路货物运输合同中的承运方违反了《铁路货物运输规则》关于装车前应认真检查货车内是否干净、有无恶臭异味的规定,应对运输过程中货物的污染,按货物的实际损失(包括包装费、运杂费)进行赔偿。

第五节 公路装卸搬运作业中的法律规定

一、与公路装卸搬运有关的法律规范

公路运输的货物在场站进行装卸搬运作业应遵守的法律规范包括《民法典》《公路法》等。

公路装卸搬运与铁路装卸搬运的规定有很多相似之处。公路装卸搬运作业有关的法律适用与港口装卸搬运的法律适用的原则相同。

二、公路装卸搬运作业规则

货物装卸搬运由承运人或托运人承担,可在货物运输合同中约定。承运人或托运人承担货物装卸搬运后,委托站场经营人、装卸搬运经营者进行货物装卸搬运作业的,应签订货物装卸搬运合同。

(一) 装卸搬运人在装卸搬运业务中的义务

装卸搬运人进行装卸搬运作业时应做到:

(1) 应对车厢进行清扫,保证车辆、容器、设备适合装卸货的要求。

(2) 装卸搬运作业应当轻装轻卸,堆码整齐;清点数量;防止混杂、撒漏、破损;严禁有毒、易污染物品与食品混装,严禁危险货物与普通货物混装。

(3) 对性质不相抵触的货物可以拼装、分卸。

(4) 装卸搬运过程中发现货物包装破损,装卸搬运人员应及时通知托运人或承运人,并做好记录。

(5) 装卸搬运危险货物,按交通部《汽车危险货物运输规则》和《公路、水路危险货物包装基本要求和性能试验》进行作业。

(6) 装卸搬运作业完成后,货物需绑扎苫盖篷布的,装卸搬运人员必须将篷布苫盖严密并绑扎牢固,编制有关清单,做好交接记录;并按有关规定施加封志和外贴有关标志。

(7) 应当认真核对装车的货物名称、重量、件数是否与运单上记载相符,包装是否完好。包装轻度破损,托运人坚持要装车起运的,应征得承运人的同意,承托双方做好记录并签章后方可运输。

> **小提示**
>
> 装卸搬运作业中,因装卸搬运人员违反作业规则,造成货物毁损或灭失的,站场经营人或装卸搬运经营者应负赔偿责任。

(二) 托运人在装卸搬运业务中的责任

托运人在装卸搬运业务中承担下列责任:

(1) 未按合同规定的时间和要求备好货物和提供装卸条件,以及货物运达后无人收货或拒绝收货,而造成承运人车辆放空、延滞及其他损失,托运人应负赔偿责任。

(2) 因托运人下列过错,造成承运人、站场经营人、装卸搬运经营人的车辆、机具、设备等损坏、污染或人身伤亡以及因此而引起的第三方的损失,由托运人负责赔偿:

① 托运人有故意夹带危险货物和其他易腐蚀、易污染货物以及禁、限运货物等行为。

② 错报、匿报货物的重量、规格、性质。

③ 货物包装不符合标准,包装、容器不良,而从外部无法发现。

④ 错用包装、储运图示标志。

(3) 因不如实填写运单,错报、误填货物名称或装卸地点,造成承运人错送、装货落空以及由此引起的其他损失的,托运人应负赔偿责任。

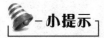

公路运输合同在货交承运人时只能靠承运人去核对、辨别货物在交付时的状况。如果承运人忽略了这个环节，则可能面临一个极大的违约赔偿风险。因此，接货时须认真核对接收货物的名称、数量、现状是否与合同一致。

三、公路集装箱装拆箱作业人的责任

集装箱装箱和拆箱作业应由托运人、收货人或承运人、场站作业人委托装拆箱作业人负责。

（一）装箱前检查

装拆箱作业人在装箱前应按规定认真检查箱体，发现集装箱不适合装运货物时，应拒绝装箱，并立即通知集装箱所有人或承运人。集装箱的目测检查包括：

(1) 外部检查，集装箱外表有无损伤、变形、破口等异样。

(2) 内部检查，集装箱内侧六面是否有漏水、漏光、水迹、油迹、残留物、锈蚀。

(3) 箱门检查，箱门、搭扣件、密封条有无变形、缺损，箱门能否开启180°。

（二）按要求装载

装拆箱作业人应根据货物的性质，严格按装箱积载的要求装载货物，并采用合适的方法对箱内货物进行固定、捆绑、衬垫，防止货物在箱内移动或翻倾，其所需材料费用由委托装拆箱作业的人承担；集装箱装卸作业应做到轻装轻卸，确保集装箱货物和集装箱的安全。

（三）装箱后的工作

货物装箱后，装拆箱作业人应编制货物装箱单，按有关规定施加封志，并按要求在箱体外贴上运输及有关标志。装箱过程中发现货物包装破损，装拆箱作业人应做好记录，并及时通知有关方后再决定是否装箱。

案例 9-4

某托运人将一批旧电脑用装新电脑的纸箱包装后，按新电脑的价格报价并交了保价费、运费，承运人接货时只核对了数量，途中被盗，收货人索赔。后来承运人得知这是一批旧电脑，应按实际价格赔偿，但苦于没有证据证明。最后承运人不得不按托运人的报价进行了赔偿，遭受了不应受到的损失。

（资料来源：作者自编）

【案例解析】

如果当初承运人在接货时按照公路装卸搬运作业规则规定认真核对装车的货物名称、重量、件数是否与运单上记载相符，包装是否完好，即使是抽样核对一下货物是否与合同描述的一致，也不至于导致这种局面。

思考与练习

1. 简述物流企业在港口装卸搬运作业中的义务。
2. 简述铁路货物装卸搬运作业规则。
3. 简述公路货物装卸搬运作业规则。
4. 简述集装箱码头装卸搬运的要求。

第十章

运输法律制度

【学习目标】

1. 了解货物运输合同的基本知识;
2. 掌握危险品运输、水路货物运输、陆路货物运输、空路货物运输和多式联运的法律规定;
3. 掌握货运代理人的法律规定。

引导案例

治污新举措:超标排放货车将"一地违法,全国受罚"

针对京津冀地区柴油大货车污染排放这一备受关注的热点问题,环保部宣传教育司巡视员刘友宾23日表示,环保部将推动、联合有关部门和地方,把交通运输结构调整作为大气污染治理的重要举措,提升铁路货运能力,完善铁路运输服务,推进集装箱海铁联运,加快提高铁路运输比例。

近年来,京津冀地区空气质量总体改善,但二氧化氮平均浓度并没有随着PM2.5、PM10和二氧化硫平均浓度的下降而下降,区域内除个别城市外,二氧化氮浓度均超标。据统计,京津冀地区2016年货运总量中,公路运输占84.4%;区域内公路货运以重型柴油车为主,保有量约83万辆,占区域内汽车保有量的4%左右,氮氧化物排放占区域氮氧化物排放总量的20%。

重型载货车在京津冀地区保有量过大、增速过快、排放氮氧化物过高是导致区域内城市二氧化氮浓度超标的主要原因之一。

研究表明,铁路货运的单位货物周转量能耗、单位运量排放主要污染物仅分别为公路货运的七分之一和十三分之一。调整京津冀地区交通运输结构,引导货运由公路走向铁路,减少重型柴油货车使用强度,是改善京津冀地区空气质量的关键举措之一。

为推进以公路运输为主的货运交通结构调整,环保部在交通、公安部门的大力支持下,近年来已经加强了在用车的环保监管。今年4月,公安部下发通知,在交通违章处罚系统中增设超标排放处罚全国统一代码,"环保取证、公安处罚"联合执法机制已经建立并有效实施。目前,天津港、黄骅港、唐山港、秦皇岛港、潍坊港、烟台港等已经停止接受集疏港汽运煤炭。

刘友宾透露,环保部下一步将鼓励发展清洁货运车队,实行错峰运输,在重污染天气预警期间禁止柴油货车运输生产物资。同时加快建设互联互通、共管共享的遥感监测网络,对柴油货车等高排放车辆采取全天候、全方位综合管控措施,实现超标排放、超载超限等违法车辆"一地违法,全国受罚"。

(资料来源:https://www.gov.cn/xinwen/2017-11/24/content_5241875.htm)

第一节 货物运输合同

一、货物运输概述

根据《国家标准物流术语》的解释,物流中的运输是指利用载运工具、设施设备及人力等运力资源,使货物在较大空间上产生位置移动的活动。其中包括集货、分配、搬运、中转、装入、卸下、分散等一系列操作。

具体来说,运输就是通过火车、汽车、轮船、飞机等交通工具将货物从一处运送到另一处的活动。运输是整个物流系统中一个极为重要的环节,在物流活动中处于中心地位,是物流的一个支柱。

二、常见的货物运输方式

物流中常见的几种运输方式包括公路运输、铁路运输、水路运输、航空运输、多式联运等五种。各种运输方式分别具有不同的特点和各自的优缺点。

(一)公路货物运输

公路货物运输是指使用汽车和其他交通工具在公路上载运货物的一种运输方式。公路货物运输的工具以汽车为主,因此被称为汽车货物运输,是陆路货物运输的方式之一。

公路运输的主要优点是运输速度较快,效率高,运输费用相对较低,机动灵活,可以满足用户的多种需求,适于近距离、中小量货物运输。其缺点则在于运量小,长途运输成本高,对环境造成的污染严重。总之,公路货物运输快捷方便,是物流运输的主要方式。

(二)铁路货物运输

铁路货物运输是指将火车车辆编组成列车在铁路上载运货物的一种运输方式,它是陆路运输的方式之一。其优点是运行速度较快,运输能力大,很少受自然条件的限制,适宜各种货物的运输；运输的安全性和运输时间的准确性较高；远距离铁路运输的成本较低。缺点是受铁轨和站点的限制，受运行时刻、配车、编列、中途编组等因素的影响，不能适应用户的紧急需要；近距离运输的费用较高。但铁路仍然是我国的重要交通设施，物流中常常利用铁路来完成中长距离的大宗货物运输任务。

（三）水路货物运输

水路货物运输是指使用船舶及其他航运工具，在江河湖泊、运河和海洋上载运货物的一种运输方式。其优点是运载能力大，适合运输体积和重量较大的货物；相比较而言，水路货物运输的成本最低。缺点是受自然条件的影响很大，运输速度较慢，运输时间较长，装卸和搬运费用较高等。物流中通常通过水路来运输运量大、运距长、对时间要求不太紧、运费负担能力较低的货物。

（四）航空货物运输

航空货物运输是指在具有航空线路和航空港（飞机场）的条件下，利用飞机进行货物运输的一种运输方式。其优点是运输速度快、安全性和准确性很高、散包事故少、货物包装费用小。缺点是运输成本较高、飞机的运载能力有限、机场所在地以外的城市受到限制。在物流中，航空货物运输最适合运送量小、距离远、时间紧、运费负担能力相对较高的货物。

（五）多式联运

多式联运是指把两种或两种以上的运输方式结合起来，实行多环节、多区段相互衔接的一种接力式运输方式，它是一种综合性的运输方式。多式联运具有托运手续简单方便、货物在途时间短、车船周转快、运输工具利用率高等优点。但是，进行多式联运必须具有一定的条件，在运输沿线上必须具有装卸搬运的车站、码头，有高效率、高质量的中途转乘和换乘管理等。

从理论上讲，多式联运是物流中最理想的运输方式，它能够充分发挥各种运输方式的长处，实现运输最优化，但对物流企业各方面的要求都较高。

三、货物运输合同

作为整个物流系统中一个极为重要的环节，运输在物流活动中处于中心地位。对货物运输合同的研究也就成为物流法律法规的重要内容。

（一）货物运输合同的分类

货物运输合同又称货物运送合同，简称货运合同，是指承运人将货物运输到约定地

点,托运人支付运费的合同。根据不同的标准,可以对货物运输合同作如下分类:

(1) 根据运输合同的对象不同,可以将货物运输合同分为普通货物运输合同、特种货物运输合同和危险货物运输合同。

(2) 根据运输工具的不同,可以将货物运输合同分为铁路货物运输合同、公路货物运输合同、水路货物运输合同、航空货物运输合同和管道货物运输合同。

(3) 根据货物运输的方式不同,可以将货物运输合同分为直达货物运输合同和联合货物运输合同。联合货物运输合同又可以分为单式联合货物运输合同和多式联合货物运输合同。

扩展阅读 10.1

航运货物中查出电子雷管,数家物流货代企业被罚 10 万元

(二) 货物运输合同的主体

货物运输合同的主体涉及托运人、承运人、收货人、出租人、承租人、多式联运经营人等。

(三) 货物运输合同的主要内容

货物运输合同一般包括:当事人条款,包括承运人、托运人以及收货人的名称或姓名以及详细地址或住址;货物名称、规格、性质、数量、重量等描述;包装要求,当事人应对货物的包装标准或要求做出约定;货物起运点、到达点;货物运输期间;运输质量及安全要求;货物装卸责任和方法;收货人领取货物及验收;运输费用及结算方式;双方的权利和义务;违约责任以及合同争议的解决方法;双方约定的其他条款。

(四) 货物运输合同的订立、解除与变更

货物运输合同的订立一般也要经过要约、承诺阶段而成立。一般由托运人提出运送货物的要约,承运人作出承诺,在此期间双方还可能会经过多次的要约与反要约。但《民法典》第 810 条对从事公共运输的承运人做出了较严格的规定:"从事公共运输的承运人不得拒绝旅客、托运人通常、合理的运输要求。"因此,运输合同的托运人提出要约,从事公共运输的承运人必须做出承诺,除非托运人提出的不是通常、合理的要求。

在运输合同成立以后,根据《民法典》第 829 条的规定,在承运人将货物交付收货人之前,托运人可以要求承运人中止运输、返还货物、变更到达地或者将货物交给其他收货人,但是应当赔偿承运人因此受到的损失。

此外,由于不可抗力不能正常运输时,承运人可以变更或解除合同或者改变运输路线,或就近卸存,也可运回起运地,但必须告知托运人或收货人。

(五)货物运输合同中当事人的主要义务

1. 托运人的主要义务

(1) 如实申报托运货物

托运人办理货物运输,应当向承运人准确表明收货人的名称或者姓名或者凭指示的收货人,准确表明货物的名称、性质、重量、数量、收货地点等有关货物运输的必要情况。托运人履行此项义务,以便承运人准确、安全地进行运输。因托运人申报不实或者遗漏重要情况,造成承运人损失的,托运人应当承担损害赔偿责任。

(2) 交付托运货物并办理有关手续

托运人应当按照合同约定的时间及时将托运物品交付给承运人,承运货物运输需要办理审批、检验等手续的,托运人应当将办理完有关手续的文件提交给承运人。托运人应对其提交的文件的真实性负责。

(3) 货物包装

根据《民法典》第 827 条的规定,托运人应当按照约定的方式包装货物。对包装方式没有约定或者约定不明确的,可以协议补充;不能达成补充协议的,按照合同相关条款或者交易习惯确定。依据《民法典》第 510 条的规定仍不能确定的,应当按照通用的方式包装;没有通用方式的,应当采取足以保护标的物且有利于节约资源、保护生态环境的包装方式。托运人违反以上规定的,承运人可以拒绝运输。

(4) 支付运费

运费可以由托运人支付,也可以由收货人支付,但合同约定由托运人支付的,托运人应履行付费义务。托运人或者收货人不支付运费、保管费以及其他运输费用的,除当事人另有约定外,承运人对相应的运输货物享有留置权。但如果货物在运输过程中因不可抗力灭失而先前承运人未收取运费的,承运人不得要求支付运费;承运人已经收取运费的,托运人可以要求返还。

2. 承运人的主要义务

(1) 按照合同的约定配备合适的运输工具,接受托运人依约托运的货物。

(2) 在运输过程中,按照合同约定谨慎保管承运的货物。

(3) 按照合同规定的时间将货物运到指定地点。迟延履行的应承担违约责任,运输过程发生的货物灭失、损坏,除承运人能证明是由于不可抗力、货物本身的自然性质或合理损耗以及托运人、收货人的过错造成的以外,承运人均应承担赔偿责任。

(4) 按照合同的约定将货物交给收货人。货物运到后,承运人应及时通知收货人收货,在货物交付收货人之前,承运人负有妥善保管货物的义务。收货人不明或收货人拒绝受领货物的,承运人应及时通知托运人,并请求其在合理时间内对货物的处理做出指示。无法通知托运人或托运人未做出指示或指示不能实行的,承运人可以提存货物;货物不宜提存的,承运人可以拍卖或变卖,扣除运费、保管费以及其他必要的费用后,提存剩余价款。

扩展阅读 10.2

货运车违法 受罚的不仅仅是司机

3. 托运人违反托运危险物品的规定时承运人采取的措施

托运人违反托运危险物品的规定的,承运人可以采取以下措施:

(1) 托运人没有对危险物品妥善进行包装,或者没有对危险物作出标志和标签,或者没有将有关危险物品的名称、性质和防范措施的书面材料及时提交承运人的,承运人可以拒绝进行运输。

(2) 在运输过程中发现托运的是危险物品的,承运人也可以采取各种措施避免损失的发生,这些措施包括承运人可以在任何地点、任何时间根据情况将货物卸下、销毁或者使之不能为害。

(3) 因承运人采取措施对托运人造成损失的,承运人可以不负赔偿责任。但如果因此而给承运人造成损失的,托运人应当向承运人负赔偿责任,同时承运人因为采取措施而产生的各种费用也应当由托运人承担。

4. 收货人的主要义务

(1) 收货人收到提货通知后应及时提取货物

收货人请求提货时,应将提单或其他提货凭证交还承运人。逾期提货的,应向承运人支付保管费。

(2) 收货人接收货物后应及时检查货物的状况

收货人接收货物后,发现货物有灭失、损毁的,应在接收货物之日起 3 日内通知承运人;不能立刻发现的货物损坏或灭失应在接收货物之日起 15 日内通知承运人,怠于通知的,承运人免除赔偿责任,但由于承运人恶意隐瞒或货物的灭失、损坏是由于承运人故意或重大过失造成的除外。

第二节　危险品运输装卸安全管理规定

我国石油和化工等产业的快速发展,导致出现了越来越多的危险品品种和数量。根据有关部门的统计,我国石油和化工产品品种达 4.2 万多个,其中 80% 以上是危化品。这些巨量的危化品从工厂生产到用户消费的产业链条中都必须靠物流环节完成。我国目前从事危化品物流的企业过万家,危化品物流已经成为一个规模非常巨大的行业。

伴随危险品物流行业的壮大与发展,危险品物流出现了一些问题。一方面普通货运利润日渐微薄,另一方面危险品的生产需求量陡增。企业的小、弱、乱,管理不规范,装备落后,仓储能力差,安全系数低,交易成本高,物流效率低,采、销渠道狭窄,信息不对称,运输风险大等诸多问题显现出来。为此,必须加强危险品运输装卸安全管理法规建设。

一、危险品运输装卸安全管理立法

危险品运输装卸安全管理立法是伴随着物流市场的发展而不断完善的。政府历来非常重视危险货物的立法管理工作,在"安全第一、预防为主、综合治理"方针指导下,国务院及其相关部门自 20 世纪 80 年代中期开始制定了一系列危险品运输装卸安全管理的法律、法规和技术标准等,大致经历了三个阶段。

(一) 第一阶段:初级阶段

从 20 世纪 50 年代初期到 80 年代中期,属于危险品运输装卸安全管理立法初级阶段。这段时期国民经济建设虽然需求部分危险货物,但数量和品种相对较少,且相当部分危险货物由铁路运输完成。交通部虽然负责全国主要道路交通管理和制定发展规划、管理法规等,但对道路危险货物运输还没制定出一部部门规章,也没有制定相关技术标准,对从业人员的培训管理几乎是空白,道路危险货物运输处于一种低层次的管理。

(二) 第二阶段:规范阶段

从 20 世纪 80 年代中期到 2000 年,属于规范阶段。在这一阶段,由于国民经济快速发展以及改革开放政策的实施,危险货物需求量增加较快,各地在危险化学品生产、储存、运输、使用等方面出现一些突出的问题。根据形势发展的需要,1987 年 2 月 17 日国务院发布了《化学危险物品安全管理条例》(国发〔1987〕14 号);交通部制定并发布了《道路危险货物运输管理规定》(〔1993〕1382 号)、《汽车危险货物运输、装卸作业规程》(JT 3145—91)、《道路运输危险货物车辆标志》(GB 13392—92),以及《危险货物品名表》(GB 12268—1990)等法律法规和技术标准;随后水运、公安、铁道、民航、化工等部门陆续发布了危险品管理的法规和技术标准,如《水路危险货物运输规则》(交通部令 1996 年第 10 号)等。

(三)第三阶段:完善管理阶段

从 2000 年至今属于完善管理阶段。该阶段时间虽短,但对道路危险货物运输来说是完善管理重要的阶段。国家由计划经济向市场经济过渡中,经济快速发展,各行业对危险化学品的需求量不断增加,而 20 世纪 80 年代中期颁布的相关法规和技术标准已不能适应现实发展需要,出现了一些新问题。再加上我国已加入 WTO,作为服务贸易领域的道路危险货物运输业,正按照加入 WTO 的承诺逐步对外开放,最终融入全球经济运行之中。为了适应国际形势的变化,2013 年政府修订发布了《危险化学品安全管理条例》和 2014 年修订了《中华人民共和国安全生产法》,对危险化学品实行了"全生命周期"管理。

与此同时,交通部修订发布了《道路危险货物运输管理规定》(交通运输部令 2016 年第 36 号)等一系列法律法规和相关技术标准,如以《汽车运输危险货物规则》(JT 617—2004)代替 JT 3130—88,以《汽车运输、装卸危险货物作业规程》(JT 618—2004)代替 JT 3145—91,以《危险货物品名表》(GB 12268—2005)代替旧的 GB 12268—1990 等,在新品名表中取消了旧标准中的危险货物品名编号方法(CN 编号),统一采用联合国编号(UN 编号)。这些举措不仅为危险货物运输提供了法律和技术支持,规范了市场准入和市场监管,而且推动了国内危险货物管理与国际管理体系的接轨,大大提升了危险货物运输管理层次,对提高运输效益、减少重大事故均具有重要意义。

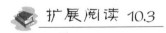

扩展阅读 10.3

"丰盛油 8"轮机舱爆炸事故调查处理结果公布

二、危险品运输装卸安全管理规定

为了加强对危险品的运输及装卸的安全管理,保障人民生命财产安全,保护环境,根据国务院《危险化学品安全管理条例》和相关法律法规要求,危险品物流应当按照下列规定进行。

(一)危险品汽车运输管理规定

危险品汽车运输应按照下列规定进行:

(1) 危险化学品运输必须由取得危化品运输资质的车辆承运,剧毒化学品运输必须先取得剧毒化学品购买证(准购证)和准运证,由具备剧毒化学品运输资质的车辆承运。

(2) 运输剧毒化学品的车辆应在明显位置标有剧毒化学品标志,要有专人押运。押运人员不得少于两人,且必须具有危化品特种作业资格证。

(3) 运输危险化学品的车辆,行车时必须保持安全车速,保持车距,严禁超速和强行超车。

(4) 运输危险化学品的车辆必须按指定的线路和时间运输,不可在繁华街道行驶或停留。

(5) 运输易燃易爆化学品的车辆,其排气管必须安装阻火器,并悬挂"危险品"标志。

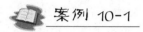
案例 10-1

深圳首例非法运输危化品入刑案件,涉事司机、企业负责人同罪同罚

2018年10月16日,深圳市交通运输局在宝安区一收费站开展例行检查时,发现一辆粤Y号牌重型厢式货车载有危险化学品硼酸,市交通运输局根据《深圳市安全生产领域行政执法与刑事司法衔接工作暂行办法》向深圳市交警局移送了此宗非法运输危险化学品涉嫌危险驾驶案件。深圳交警了解案件相关信息后,立即开展调查工作。

10月16日9时许,陈某驾驶粤Y号牌货车装载10吨硼酸从佛山某化工公司出发前往惠州送货,在途经深圳一收费站时被执法人员查获。

办案民警在调查过程中发现该危化品运输车驾驶员及车辆所属公司不可谓不大胆,运输车辆及驾驶员没有取得危险货物道路运输许可,公司负责人明知故犯,涉嫌共同犯罪。

2019年5月9日,深圳交警根据《中华人民共和国刑法》第133条第(四)项之规定,对嫌疑人驾驶员陆某、公司负责人陈某依法采取强制措施。

2019年11月20日,宝安区人民法院依法对该案做出判决:被告人陈某、陆某犯危险驾驶罪,依法判处拘役4个月,缓刑8个月,并处罚金人民币1.2万元。

【案例解析】

若危化品运输不当或行车途中发生事故,不仅对驾驶员自己,还有极大可能对周围车辆、人员及环境造成严重伤害。有个别企业和个人为了经济利益，不顾公众安全，在未取得危险货物运输许可，自身不具备运输危险货物条件的情况下铤而走险进行危险货物运输，给社会公共安全带来极大安全隐患。因此，深圳交警也将危化品运输车辆视为八大"重点关注对象"之一。

该案为深圳市首宗由行政执法单位根据《深圳市安全生产领域行政执法与刑事司法衔接工作暂行办法》移送公安机关交警部门办理的非法运输危险化学品涉嫌危险驾驶案件，对切实保护人民群众生命和财产安全，规范深圳市危险化学品运输，预防涉危险化学品交通安全事故有重要意义。

(资料来源：http://szjj.sz.gov.cn/JTAQ/DXAL/content/post_6858025.html)

(二)危险品船舶运输管理规定

危险品船舶运输应按照下列规定进行：

(1)运输危险化学品的船舶必须符合国家关于船舶检验的规定，并经海事管理机构认可的船舶检验机构检验合格。

(2)运输危险化学品的船舶上相关人员必须了解所运载危险化学品的性质、危害特性、包装要求和发生意外时的应急措施，并备有必要的应急处理器材和防护用品。

(3)船只到码头后，装卸管理人员督促船主到当地海事部门办理相关手续，接受交通海事部门的监督管理，经批准后才能办理装卸货。

(4)装卸货前，企业相关管理人员必须做好相应的准备工作，检查装卸、防护设备完好，消防和应急措施到位后才能开始卸货。

(5)装卸危险化学品作业时，必须在企业装卸管理人员的现场指挥下进行。装卸工作只能在白天进行，禁止夜晚作业，当天未装卸完必须封仓，并做好相关设备的检查和维护。

(6)运输危险化学品的船舶如果在装卸货物时发生意外，如着火、泄漏等，现场装卸管理人员应及时向企业上级部门报告，并立即组织现场人员灭火同时采取防护措施，以防止事态进一步扩大。

(三)危险品装卸的管理规定

危险品物流涉及的人员做好分工工作。运输部门负责运输工具、人员资质和安全设施的审查；销售部负责装卸的具体实施；安委会负责整个运输、装卸的安全管理。具体工作程序按照下列规定进行：

(1)销售部在装卸前应检查危险化学品运输车辆、司机、押运人员和安全附件是否齐全。

(2)装卸人员必须经过培训合格，了解一定有关装卸物品的物理和化学特性及应急措施，并且掌握事故处理方法和消防器材使用方法。其他人员不得擅自操作。

（3）装卸人员在装卸前必须对装卸现场进行清理，使之远离热源、火源。

（4）装卸时必须在企业安全员监督下，并且装卸现场必须配备必要的消防器材。

（5）装卸人员在搬运前应穿戴好劳动保护用品，并检查所需用的搬运工具是否完整、清洁。

（6）搬运时不要因抄近路而穿过危险区，多人操作时，必须有人统一指挥。

（7）装卸易燃液体时，应先检查容器的完好性和紧密性，防止液体外溢伤人，开取桶盖时必须用铜制或合金的工具，不准用人背的方式装卸易燃液体，以免发生事故。装卸时应按标签方向装卸，不可倒置，不可损坏安全标签。物品放置要平稳、整齐，不要将物品卸在安全通道上，应卸在通道线内，码放高度不超过3米，以防倒塌，码垛间距保持在0.3~0.5米。

（8）装卸完毕后应清点装卸物品的数量，保持与货单上一致，并将所有装卸工具放置在指定区域，将现场清理干净，检查现场确认无火源后方可离开。装卸结束后应及时洗手和淋浴，搞好个人卫生，禁止马上吸烟或进食。

（9）装卸过程对车辆、驾驶员及押运人员的要求。车辆进入危化品装卸作业区前必须安装防火罩，驾驶员和押运人员不得佩戴火种进入装卸作业区。在装卸前车辆必须熄火，并切断电源。装卸前车体必须有效接地，静止2分钟后方可进行装卸。若需要移动车辆，必须关上车厢门或栏板。禁止在装卸作业区维修车辆。装卸完毕后，驾驶员必须对货物进行清点，并对货物的堆码、遮盖及影响车辆安全行驶的因素进行检查。

第三节　水运物流法律规定

无论是国内运输还是国际运输中，水上运输都占有极其重要的位置，特别是海上运输在当今国际贸易中更是具有举足轻重的地位，是目前国际贸易最主要的运输方式。

在沿海、江河、湖泊以及其他通航水域中从事的营业性水路货物运输均为国内水路货物运输。通常，内河拖航也被视为水路货物运输。水路货物运输主要是通过水路货物运输合同的方式实现的。而水路货物运输合同通过《民法典》《国内水路货物运输规则》《水路危险货物运输规则》《国内水路运输管理规定》进行规范。

一、运单法律规定

运单是水路货物运输合同的证明，而不是合同本身，如果运单的记载与运输合同不一致，可以视为对运输合同的变更；运单是承运人已经接收货物的根据，它表示承运人已经按运单记载的状况接收货物，但运单不是承运人据以交付货物的凭证。

运单的内容一般包括下列各项：承运人、托运人和收货人名称；货物名称、件数、重量、体积(长、宽、高);运输费用及其结算方式;船名、航次;起运港、中转港和到达港;货物交接的地点和时间;装船日期;运到期限;包装方式;识别标志;相关事项。

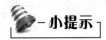

　　运单是由承运人签发的,证明货物运输合同和货物由承运人接管或装船,以及承运人保证将货物交给指定的收货人的一种不可流通的单证。运单具有合同证明和货物收据的作用。但是,运单不具有物权凭证的作用,是一种不可转让的债权凭证。

　　运单在签发后,由承运人、承运人的代理人、托运人、到达港港口经营人、收货人各留存一份,另外一份由收货人到货后作为收据还给承运人。承运人可以视情况需要增加或减少运单份数。

　　一般而言,对于在运输合同履行过程中货物损坏、灭失或者迟延交付等情况,承运人应当承担损害赔偿责任。但如果可以证明货物的损坏、灭失或迟延交付是由于下列原因造成的,则承运人可以免责:

(1) 不可抗力;

(2) 货物的自然属性和潜在缺陷;

(3) 货物的自然减量或合理损耗;

(4) 包装不符合要求;

(5) 包装完好但与运单内容不符;

(6) 识别标志、储运指示标志不符合规则的规定;

(7) 托运人申报的货物重量不准确;

(8) 托运人在押运过程中有过错;

(9) 在普通货物中夹带危险、流质、易腐货物;

(10) 托运人、收货人的其他过错。

　　货物在运输过程中因不可抗力灭失未收取运费的,承运人不得要求支付运费;已收取运费的,托运人可以要求返还运费。货物在运输过程中因不可抗力部分灭失的,承运人按照实际交付的货物比例收取运费。

二、国内水路运输管理规定

　　1987年实施的《国内水路运输管理条例》反映了我国水路运输市场在改革开放之初的发展特点和管理要求,对推动国内水路运输市场的发展发挥了重要作用。但随着经济社会发展,一些问题已经呈现出来:一是条例许多条款带有较浓的计划经济色彩,限制了市场发挥资源配置的调节功能;二是条例设定的行政许可项目多,许可条件不明确,程序相对复杂,行政处罚的种类、幅度设置不尽合理,不符合《行政许可法》和《行政处罚法》规定和执法实践的要求；三是条例缺乏完备的市场监管制度；四是条例的规定基本没有涉及水路运输安全管理、节能减排、运力调控等内容。

在新时期，水运发展面临新形势、新要求。2012年10月13日，国务院公布了《中华人民共和国国内水路运输管理条例》（以下简称《条例》），并于2013年1月1日起施行。2017年，该条例再次修改。《条例》的颁布施行，对于促进水运行业管理转型，推动水运行业科学发展、安全发展，将起到十分重要的积极作用。

《条例》共6章46条，各章分别是总则、水路运输经营者、水路运输经营活动、水路运输辅助业务、法律责任、附则。主要明确了以下十项制度。

（一）确立了水路运输管理机构的法律地位

《条例》规定："国务院交通运输主管部门主管全国水路运输管理工作。""县级以上地方人民政府交通运输主管部门主管本行政区域的水路运输管理工作。县级以上地方人民政府负责水路运输管理的部门或者机构（以下统称负责水路运输管理的部门）承担本条例规定的水路运输管理工作。"这一规定明确了水路运输管理机构的行政执法主体资格，直接授予各级水路运输管理机构在行政许可、行政处罚等方面的执法权限，有力地保证了水路运输市场监管的全面性和有效性。县级以上地方人民政府交通运输主管部门设立水路运输管理机构的，水路运输管理机构可以负责具体实施水路运输管理工作。

（二）精简行政许可制度

根据精简行政许可、规范许可程序的原则，《条例》取消了船舶代理、水路旅客运输代理和水路货物运输代理三个许可项目，仅保留了水路运输经营许可、船舶管理经营许可、外国籍船舶临时经营中国沿海运输许可；许可条件更加科学化，取消了可以由市场主体自主决定的事项，如是否具有稳定客源、货源等，在条件设定上着眼于经营能力、人员条件、安全制度、公共利益保护等；明确规定许可程序，列明许可实施期限，许可证件发放程序。

（三）新设运力宏观调控制度

《条例》在行政法规层面首次对水运宏观调控措施进行了确认，并规范了适用宏观调控措施的原则、主体、依据、范围、手段和形式。规定"为保障水路运输安全，维护水路运输市场的公平竞争秩序，国务院交通运输主管部门可以根据水路运输市场监测情况，决定在特定的旅客班轮运输和散装液体危险货物运输航线、水域暂停新增运力许可"。通过这一运力调控举措，引导水运市场运力的有序投放，达到水运市场供需基本平衡的目的。

(四)新设节能减排、结构调整政策

《条例》明确规定,国家支持和鼓励水路运输经营者实行规模化、集约化经营,促进水路运输行业结构调整;支持和鼓励水路运输经营者采用先进适用的水路运输设备和技术,保障运输安全,节约能源,减少污染物排放。制定并实施新的船型技术标准时,对正在使用的不符合新标准但符合原有标准且未达到规定报废船龄的船舶,可以采取资金补贴等措施,引导、鼓励水路运输经营者进行更新、改造;需要强制提前报废的,应当对船舶所有人给予补偿。这项制度对于优化水路运力结构、节约能源、保护水环境、提高航道和通航设施利用效率、保障水运安全将发挥积极作用。

(五)新设诚信管理制度

《条例》确立了经营水路运输及其辅助业务应当依法经营、诚实守信的原则,并要求国务院交通运输主管部门和负责水路运输管理的部门"建立经营者诚信管理制度,及时向社会公告监督检查情况"。全面建立水路运输市场诚信管理制度,推动水运市场诚信体系建设,对于改进市场监管手段,促进市场经营主体自律,形成有效的市场约束,将起到非常重要的作用。

(六)新设服务质量管理制度

《条例》建立了服务质量管理制度,要求水路运输经营者应当依照法律、行政法规和国务院交通运输主管部门关于水路旅客、货物运输的规定、质量标准以及合同的约定,为旅客、货主提供安全、便捷、优质的服务,保证旅客、货物运输安全;设定了旅客班轮运输和货物班轮运输的信息发布制度,要求旅客班轮运输业务经营者和货物班轮运输业务经营者应当在规定的时间范围内公布所使用的船舶、班期、班次、运价等信息,并且及时提前向社会公布变更班期、班次、运价或者停止经营部分或者全部班轮航线的信息,保障旅客、货主的知情权。这些规定有利于提高水路运输经营者的安全意识和服务意识,维护旅客、货主的合法权益。

(七)新设应急运输保障制度

应急运输保障是水路运输业务经营者一项重要的法定义务。《条例》要求水路运输业务经营者应当依照法律、行政法规和国家有关规定,优先运送处置突发事件所需的物资、设备、工具、应急救援人员和受到突发事件危害的人员,重点保障紧急、重要的军事运输。当出现关系国计民生的紧急运输需求时,按照国务院的部署,水路运输经营者应当优先运输需要紧急运输的物资。

（八）健全市场动态监管和退出机制

随着行政审批制度的精简规范，加强市场监管将成为水运管理的重点。《条例》强化了水路运输市场监管方面的规定，建立了动态监管制度，规定了经营主体公平竞争、船舶适航等义务，并特别针对班轮运输、危险货物运输提出了安全和服务质量的要求。针对部分情节严重的违法、违规行为设立了市场退出机制。

（九）保留国内水路运输市场保护制度

为保障国家安全，保护国内水路运输权，参照国际通行做法，《条例》对外国企业、其他经济组织和个人从事国内水路运输做了禁止性规定，对外国籍船舶做了较为严格的限制性规定，并对外国籍船舶非法从事国内水路运输（包括捎带）规定了严厉的处罚条款。

（十）新设客运船舶强制保险制度

为提高客运市场准入门槛，提高客运经营安全水平，保障旅客受损权益得到有效补偿，《条例》规定，水路旅客运输经营者应当为其客运船舶投保承运人责任险或者取得相应的财务担保。

第四节 陆运物流法律规定

陆路运输也是常用的运输方式。陆路运输包括公路运输和铁路运输两种方式。在实际应用中，它们都要受到《民法典》的规制。除此之外，铁路运输要遵守《铁路法》；采用集装箱运输货物，要遵守交通部《集装箱汽车运输规则》；从事危险货物运输，要遵守交通部《汽车危险货物运输规则》；物流企业在进行国际铁路货物运输时，要遵守《国际铁路货物联运协定》（简称《国际货协》）；国际公路货物运输较系统的规定在《国际公路货物运输合同公约》内。

一、公路货物运输相关法律规定

公路运输主要指汽车运输，此外还有人力运输、畜力运输等。这里只介绍汽车货物运输。

（一）汽车货物运输的种类

按照不同的标准可以将汽车货物运输分为不同的种类：
(1) 以运输的货物数量为标准，汽车货物运输可以分为零担运输和整车运输。
(2) 以运输货物的特点为标准，汽车货物运输可以分为危险货物汽车运输和集装箱汽车运输。

(3) 以投保方式为标准,汽车货物运输可以分为货物保险运输和货物保价运输。

(4) 以运输时间的长短为标准,汽车货物运输可以分为一般货物运输、快件运输和特快件运输。

(5) 以运输、装卸过程中有无特殊要求为标准,汽车货物运输可以分为普通货物运输和特殊货物运输。

(二) 汽车货物运输合同的法律规定

汽车货物运输合同是指汽车承运人与托运人之间签订的明确相互权利义务关系的协议。汽车运输合同可以采用书面形式、口头形式和其他形式。书面形式合同分为定期运输合同、一次性运输合同和道路货物运单(简称运单)。

1. 定期运输合同

定期运输合同是指汽车承运人与托运人签订的在规定的期间内用汽车将货物分批量地由起运地运至目的地的汽车货物运输合同。

定期汽车运输合同一般应包含以下基本内容:

(1) 托运人、收货人和承运人的名称(姓名)、地址(住址)、电话、邮编;

(2) 货物的种类、名称、性质;

(3) 货物的重量、数量或月、季、年度货物批量;

(4) 起运地、到达地;

(5) 运输质量;

(6) 合同期限;

(7) 装卸责任;

(8) 货物价值,是否保价、保险;

(9) 运输费用的结算方式;

(10) 违约责任;

(11) 解决争议的方法。

2. 一次性运输合同

一次性运输合同是指汽车承运人与托运人之间签订的一次性将货物由起运地运至目的地的货物运输合同。

物流企业在安排每一次货物运输时可以签订一次性运输合同。其基本内容包括:

(1) 托运人、收货人和承运人的名称(姓名)、地址(住址)、电话、邮编;

(2) 货物的种类、名称、性质、重量、数量或体积;

(3) 装货地点、卸货地点、运输距离;

(4) 货物的包装方式；
(5) 承运日期和到货日期；
(6) 运输质量；
(7) 装卸责任；
(8) 货物价值，是否保价、保险；
(9) 运输费用的结算方式；
(10) 违约责任；
(11) 解决争议的方法。

3. 运单方式

在很多情况下，物流企业并不与汽车承运人签订上述两种合同，而是直接向汽车承运人托运货物。此时，物流企业作为托运人或托运人的代理人填写运单，并将运单与送送的货物一起交给汽车承运人，要求其接受货物托运，请求托运货物即是物流企业向汽车承运人发出要约的过程。如果承运人表示接受货物托运，并在运单上签字，就表示承运人做出了承诺。货物托运和承运的过程就是合同订立的过程，运单本身就成了汽车货物运输合同。

运单应按以下要求填写：
(1) 准确表明托运人和收货人的名称(姓名)、地址(住址)、电话、邮编；
(2) 准确表明货物的名称、性质、件数、重量、体积以及包装方式；
(3) 准确表明运单中的其他有关事项；
(4) 一张运单托运的货物，必须是同一托运人、收货人；
(5) 危险货物与普通货物以及性质相抵的货物不能用一张运单；
(6) 托运人要求自行装卸的货物，经承运人确认后，在运单内注明；
(7) 应使用钢笔或圆珠笔填写，字迹清楚，内容准确，需要更改时，必须在更改处签字盖章。托运的货物品种不能在一张运单内逐一填写的，还应填写"货物清单"。

(三) 汽车货物运输合同中双方当事人的义务

1. 托运人的义务

(1) 托运货物的名称、性质、件数、质量、体积、包装方式等应与运单记载的内容相符。
(2) 按照国家有关部门规定需办理准运货审批、检验等手续的货物，托运时应将准运证或审批文件提交承运人，并随货同行。如果委托承运人向收货人代递有关文件，应在运单中注明文件名称和份数。
(3) 托运的货物中，不得夹带危险货物、贵重货物、鲜活货物和其他易腐货物、易污染货物、货币、有价证券以及政府禁止或限制运输的货物等。
(4) 托运货物的包装，应当按照双方约定的方式或通用的方式进行。

（5）应根据货物性质和运输要求，按照国家规定，正确使用运输标志和包装储运图示标志。

（6）托运特种货物，托运人应按特殊物品的要求在运单中注明运输条件和特约事项。

（7）运输途中需要饲养、照料的活动物、植物，以及尖端精密产品、稀有珍贵物品、文物、军械弹药、有价证券、重要票证和货币等，托运人必须派人押运。大型特型笨重物件、危险货物、贵重和个人搬家物品，是否派人押运，由承托双方根据实际情况约定。除上述规定的货物外，托运人要求押运时，需经承运人同意。

（8）托运人应该按照合同的约定支付运费。

2. 汽车承运人的义务

（1）根据货物的需要和特性，提供适宜的车辆。

（2）保管相关文件和核对货物。

（3）承运人应当根据运送的货物情况，合理安排运输车辆。

（4）按照约定的运输路线进行运输。

（5）在约定的运输期限内将货物运达。

（6）对货物的运输安全负责，保证货物在运输过程中不受损害。

（7）货物运达目的地后，应在 24 小时内通知收货人接货。

小提示

承运人未按约定的期限将货物运达，应负违约责任；因承运人责任将货物错送或错交，应将货物无偿运到指定的地点，交给指定的收货人。

若货物丢失，保价与实价不一致时，判决应按保价赔付。

扩展阅读 10.4

贵州分批建设高速公路入口治超设施

二、国际公路货物运输法律规定

涉及国际公路货物运输的公约主要是《国际公路货物运输合同公约》，该公约对国际公路货物运输作了比较系统的规定。

(一) 适用范围

凡以营运车辆进行运作的公路货物运输的每一份合同,不管缔约方住地和国籍,合同中规定的接管和交货地点位于两个不同的国家,其中至少一个是缔约国,都适用本公约。在多式联运条件下,当载货车辆上的货物没有从车辆上卸下,而其部分路程由海上、铁路、内河或者航空接运的,依然全程适用该公约。

(二) 单证

公约规定运单应是运输合同成立、合同条件和承运人收货的初步依据。运输合同应以签发运单来确认。没有运单、运单不正规以及运单丢失等情况发生时,运输合同依旧成立,并可依据公约相关条款解释。运单应有三份正本,一份交付发货人,一份随货,一份由承运人留存。

(三) 承运人责任认定

公约对于承运人的责任做出了一般性的规定:"承运人应对自货物接管之日起到交付时止发生的全部或部分灭失和损坏以及货物交付中的任何延迟负责。"对于运输中由于车辆、承运人的雇佣人或者代理人的过失造成的损失也应由承运人承担责任。

承运人的免责事项规定如下:
(1) 运单中明确规定使用无盖敞篷车。
(2) 如货物根据其性质,在无包装或未予妥善包装时易于损耗或损坏的条件下,无包装或包装不良。
(3) 由发货人、收货人或其代表所从事的货物搬运、装载和卸载。
(4) 特别是由于断裂、生锈、腐烂、干燥、渗漏、正常损耗或虫蛀等易造成全部灭失或部分灭失或损坏的某些货物的性质。
(5) 包装上的标志或号码不足或不当。
(6) 承运活动物。

(四) 索赔与诉讼

在公约框架内运输引发的诉讼,可以在双方协议约定的缔约国的任何法庭提起,也可在被告的通常住所、营业场所、订立合同的分支机构或代理机构所在地或承运人接管货物的地点或指定的交货地点提起。

诉讼的时限为 1 年,特殊情况下,时限可以延展至 3 年。时效起算时间依据下列规定:货物系部分灭失、损坏或交货延迟的,自交货之日起算;如系货物全部灭失,以议定的交货期限届满后第 30 天,或如无议定的交货期限,则从承运人接管货物之日起第 60 天起算;其他条件下,以运输合同订立期满 3 个月起算。

三、汽车租用法律规定

物流企业在租用他人汽车进行运输时,通常要与车辆的所有人签订汽车租用合同。

汽车租用合同是指出租人将汽车交给承租人使用、收益,由承租人支付租金的合同。此时,物流企业不仅要对物流需求方尽到上述承运人的义务,还要依照汽车租用合同对汽车出租人尽到承租人的义务。

(一)承租人的义务

(1)在接收汽车时,应对租用的汽车进行检查,确认汽车技术状况良好,并要核对行驶证、道路运输证等证件是否齐全、有效。行车中应随车携带上述有关证件。

(2)按照合同约定使用租用的汽车。

(3)妥善保管租用的汽车。

(4)按照合同约定承担燃料的费用。

(5)按约定支付租金。在合理期限内仍不支付的,出租人可以解除合同。

(6)未经出租人同意,不得将租用的汽车转租给他人。否则出租人可以解除合同。

(7)租用期限届满后,返还所租用的汽车。

(二)出租人应承担的义务

(1)按照约定将汽车交给承租人使用,并保持其适于约定用途的义务。

(2)出租人有维修汽车的义务。

四、铁路货物运输法律规定

(一)铁路货物运输合同的概念和订立

铁路货物运输合同是指铁路承运人根据托运人的要求,按期将托运人的货物运至目的地,交予收货人的合同。

铁路货物运输合同可分为整车货物运输合同和零担货物运输合同。整车货物运输合同是指铁路承运人和托运人约定将货物用一整辆货车来装载运送的铁路货物运输合同。零担货物运输合同是指铁路承运人与托运人就不需要整车运输的少量货物签订的铁路货物运输合同。

对于大宗货物的运输,物流企业可以与铁路承运人签订年度、半年度、季度运输合同,双方经过谈判协商,最后双方意思达成一致合同即成立。而零担货物的运输则以铁路的货物运单代替运输合同。

合同订立具体表现为货物的托运和承运,托运人按照货物运单的有关要求填写,经由铁路承运人确认,并验收核对托运货物无误后,合同即告成立。

(二)铁路货物运输合同双方的义务

1. 铁路托运人的义务

(1)应当按照合同的约定向铁路承运人提供运输的货物。

(2)如实申报货物的品名、重量和性质。

(3)对货物进行包装,以适应运输安全的需要。

(4)托运零担货物,应在每一件货物两端和包装上粘贴或钉固一个用坚韧材料制作的清晰明显的标记(货签)和储运图示标志。

(5)按照规定支付运费。

2. 铁路承运人的义务

(1)及时运送货物。

(2)保证货物运输的安全,对承运的货物妥善处理。

(3)货物运抵到站后,及时通知收货人领取货物,并将货物交付收货人。

(三)国际铁路货物运输

国际铁路货物运输是指使用统一的国际铁路联运单据,由铁路部门经过两个或两个以上国家的铁路进行的运输。铁路运输比海上运输的风险小,时间短,但比航空运输时间长。我国同周边国家的进出口货物多数采用铁路货物运输方式。

关于国际铁路货物运输的公约主要有两个,即1961年《关于铁路货物运输的国际公约》(以下简称《国际货约》)和1951年《国际铁路货物联运协定》(以下简称《国际货协》),中国是《国际货协》的参加国。具体内容在其他章节中介绍。

第五节 空运物流法律规定

空运即航空运输,是一种现代化的运输方式。随着航空工业技术的发展和国际贸易市场对货物供应的要求增加,航空货物运输在货运中所占的比例越来越大。对物流企业来说,航空运输也是一种重要的运输方式。但由于各国对航空业的控制和管理十分严格,物流企业很难使用自己的航空器进行运输,而更多的是与航空公司签订包机合同或航空货物运输合同来完成货物运输。

在我国,航空货物运输要受《民用航空法》和《民法典》的调整。中国民用航空局还颁布了《中国民用航空货物国内运输规则》,同样适用于航空货物运输。

一、航空货物运输法律规定

实践中,物流企业更多的是选择与航空公司签订航空货物运输合同。航空货物运输合同是指航空承运人与托运人签订的,由航空承运人通过空运的方式将货物运至托运人指定的航空港,交付给托运人指定的收货人,由托运人支付运费的合同。

(一)航空货物运输合同的订立

实践中,航空货物运输合同订立的过程,即要约和承诺的过程。主要表现为托运人托运和承运人承运的过程。

1. 托运

托运人托运货物应先填写货物托运书。托运书是指托运人办理货物托运时填写的书面文件,是据以填写航空货运单的凭据。托运人应当对托运书内容的真实性、准确性负责,并在托运书上签字或者盖章。承运人有权要求托运人填写航空货运单;同样,托运人也有权要求承运人接受该航空货运单。

航空货运单是指托运人或者托运人委托承运人填制的,托运人和承运人之间为在承运人的航线上承运货物所订立合同的证据。托运人应当正确填写航空货运单,并对航空货运单上关于货物的说明和声明的正确性负责。因航空货运单填写错误、不完全或不符合规定,而给承运人或承运人对之负责的其他人造成损失的,托运人要负赔偿责任。如果航空货运单是由承运人根据托运人的请求填写的,在没有相反证据的情况下,视为代其填写。航空货运单正本一式三份,连同货物一起交给承运人。

2. 承运

航空承运人对托运人提供的航空货运单和货物要进行认真的核查,确认货物与货运单的内容是否一致,并有权在必要时会同托运人开箱进行安全检查。如有不符合规定的,承运人可以要求托运人加以改善。如托运人不改善或者改善后仍不符合规定,承运人有权拒绝承运。承运人在检查中发现违禁物品或者危险品的,应当按照有关规定处理。货物与航空货运单一致的,承运人应予以确认,并签发航空货运单。航空承运人同意对货物进行承运后,航空货物运输合同即告成立。

(二)航空货物运输合同双方的义务和责任

1. 托运人的义务和责任

(1) 托运人的义务

① 按照航空货物运输合同的约定提供货物。

② 对货物按照国家主管部门规定的包装标准进行包装;必须在托运的货件上标明

发站、到站和托运人、收货人的单位、姓名和地址,按照国家规定标明包装储运指示标志。

③ 及时支付运费。除非托运人与承运人有不同约定,运费应当在承运人开具航空货运单时一次付清。

④ 如实申报货物的品名、重量和数量。

⑤ 遵守国家有关货运安全的规定,妥善托运危险货物,并按国家关于危险货物的规定对其进行包装。不得以普通货物的名义托运危险货物,不得在普通货物中夹带危险品。

⑥ 提供必需的资料和文件,以便在货物交付收货人前完成法律、行政法规规定的有关手续。

(2) 托运人的责任

① 对因在托运货物内夹带、匿报危险物品以及错报笨重货物重量,或违反包装标准和规定,而给承运人或第三者造成的损失,承担赔偿责任。

② 对因没有提供必需的资料、文件,或者提供的资料、文件不充足或者不符合规定造成的损失;除由于承运人或者其受雇人、代理人的过错造成的外,应当对承运人承担责任。

③ 未按时缴纳运输费用的,应承担违约责任。

2. 承运人的义务和责任

(1) 承运人的义务

① 按照航空货运单上填明的地点,在约定的期限内将货物运抵目的地。

② 按照合理或经济的原则选择运输路线,避免货物的迂回运输。

③ 对承运的货物应当精心组织装卸作业,轻拿轻放,严格按照货物包装上的储运指示标志作业,防止货物损坏。

④ 保证货物运输安全。

⑤ 按货运单向收货人交付货物。

(2) 承运人的责任

① 承运人的赔偿责任

因发生在航空运输期间的事件,造成货物毁灭、遗失或者损坏的,承运人应当承担赔偿责任。

② 承运人的免责

承运人证明货物的毁灭、遗失或者损坏完全是由于下列原因之一造成的,不承担责任:货物本身的自然属性、质量或者缺陷;承运人或者其受雇人、代理人以外的人包装货物的,货物包装不良;战争或者武装冲突;政府有关部门实施的与货物入境、出境或者过境有关的行为。

③ 承运人的责任限额

《中国民用航空货物国内运输规则》规定,"货物没有办理声明价值的,承运人按照实际损失的价值进行赔偿,但赔偿最高限额为毛重每千克人民币20元。"托运人在交运货物时,特别声明在目的地点交付时的利益,并在必要时支付附加费的,除承运人证明物流企业声明的金额高于货物在目的地点支付时的实际利益外,承运人应当在声明金额范围内承担责任。

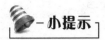

由于航空运输时间要求一般较为严格,承运人在履行合同时应注意不能违反约定,否则就要承担违约责任。

二、包机合同

(一)包机合同的概念

包机合同是指航空公司按照合同约定的条件把整架飞机或飞机的部分舱位租给包机人,把货物由一个或几个航空港运到指定目的地,并由包机人支付约定费用的合同。

包机分为整机包机和部分包机。整机包机是指航空公司整架飞机租给一个包机人的航空运输方式;部分包机是指由几家包机人联合包租一架飞机,或者由航空公司把一架飞机的舱位分别租给几家包机人的航空运输方式。

(二)包机合同双方的义务

1. 包机人的义务

包机人提供包机合同中约定的货物,并对货物进行妥善的包装;按照约定支付费用。

2. 出租人的义务

出租人按照合同约定提供适宜货物运输的飞机或舱位;按照合同约定的期限将货物运到目的地,并保证货物运输的安全。

三、国际航空货物运输法律规定

航空货物运输作为国际贸易运输的一种方式是在第二次世界大战后出现的。由于国际航空运输具有速度快、安全性高、破损率低、不受地面条件限制等特点,近年来在世界范围内有了蓬勃的发展。我国采用航空运输进口的货物主要是贵重物品、电子设备、照相器材、精密仪器、药品等;以航空运输出口的货物主要有鲜活商品、中药材、服装、高价工艺品等。

国际航空运输的方式主要有班机运输、包机运输和集中托运。班机运输指飞机按固定的时间、固定的航线、固定的始发站及目的站进行定期航行的货物运输。包机运输又分为整机包机和部分包机。集中托运指航空货运代理公司将若干单独发运的货物组成一整批货物,用一份总运单将货物整批发运到目的地的航空运输。

目前有关国际航空货物运输的国际公约主要有1929年《关于统一国际航空运输某些规则的公约》(以下简称《华沙公约》),修改《华沙公约》的1955年《海牙议定书》,1961年《统一非缔约承运人所办国际航空运输某些规则以补充华沙公约的公约》(以下简称《瓜达拉哈拉公约》)。我国是前两个公约的参加国。具体内容在其他章节中介绍。

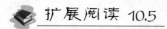

《危险品航空运输违规行为举报管理办法》

第六节　多式联运法律规定

集装箱运输的发展、贸易结构的变化、科学技术的进步及电子商务的推广,为多式联运这一新型运输方式的产生和发展提供了客观条件;货主对运输服务的高要求也对集装箱运输的发展产生巨大推动力。在这样的背景下,多式联运迅速发展起来。

对物流企业来说,选择多式联运的方式来运送货物可以缩短运输时间,保证货运质量,节省运输费用,实现真正的运输合理化。我国的《海商法》和《民法典》对多式联运的相关事项都作了规定。1997年交通部和铁道部还联合颁布了《国际集装箱多式联运管理规则》,专门对集装箱多式联运的有关问题作了规定。

一、多式联运合同

（一）多式联运合同的概念

多式联运合同是指多式联运经营人与托运人签订的,由多式联运经营人以两种或者两种以上不同的运输方式将货物由接管地运至交付地,并收取全程运费的合同。物流企业在选择与多式联运经营人签订多式联运合同时则为托运人。

（二）多式联运单据

多式联运中通常采用的运输单证是多式联运单据,当多式联运的运输方式之一是海运,尤其是第一种运输方式时,多式联运单据多表现为多式联运提单。多式联运经营人收到托运人交付的货物,应当签发多式联运单据。按照托运人的要求,多式联运单据可以是可转让单据,也可以是不可转让单据。

多式联运单据应当载明下列事项:

(1) 货物名称、种类、件数、重量、尺寸、外表状况、包装形式;
(2) 多式联运经营人名称和主营业所;
(3) 托运人名称;
(4) 收货人名称;
(5) 接受货物的日期、地点;
(6) 交付货物的地点和约定的日期;
(7) 多式联运经营人或其授权人的签字及单据的签发日期、地点;
(8) 运费的交付;
(9) 预期运输经由路线、运输方式以及换装地点等。

(三) 多式联运合同双方的义务

1. 托运人的义务

托运人应当按照合同约定的货物品类、数量、时间、地点提供货物,交付多式联运经营人;认真填写多式联运单据的基本内容,并对其正确性负责;按照货物运输的要求妥善地包装货物;按照约定支付各种运输费用。

2. 多式联运经营人的义务

多式联运经营人应当及时提供适合装载货物的运输工具;按照规定的运到期间,及时将货物运至目的地;在货物运输的责任期间内保证货物的运输安全。多式联运经营人在托运人或收货人按约定交付了各项费用后,向收货人交付货物。

> **小提示**
>
> 我国《海商法》第103条规定:"多式联运经营人对多式联运货物的责任期间,自接收货物时起至交付货物时止。"

我国国内的水陆多式联运,应当填写"水陆联运货物运单"和"水陆联运货票"。运单或者货票是多式联运合同成立的初步证据,也是当事人履行合同的基本依据。运单或者货票由托运人填写,水陆联运货物运单记载的货物名称应与托运的货物相符;托运人必须准确地将货物的重量、体积、件数等填写在水陆联运货物运单上。

二、国际货物多式联运法律规定

国际货物多式联运是指联运经营人以一张联运单据,通过两种以上的运输方式将货物从一个国家运至另一个国家的运输,是在集装箱运输的基础上产生并发展起来的新型运输方式。它以集装箱为媒介，将海上运输、铁路运输、公路运输、航空运输和内河运输等传统的运输方式结合在一起，形成了一体化的门到门运输。这种运输方式速度快、运费低，货物不易受损。

为了促进国际多式联运的发展，在联合国贸发会的主持下，《联合国国际货物多式联运公约》于1980年通过，目前尚未生效。公约的主要内容将在第十二章国际物流中的法律制度中介绍。

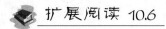
扩展阅读 10.6

宁夏将加快四条西进通道和三条陆海联运通道建设

第七节 货物运输代理法律规定

一、货物运输代理的概念

货物运输代理即货运代理，是指法人或个人在合法的授权范围内接受货主的委托并代表货主办理有关海运货物的报关、交接、仓储、调拨、检验、包装、装箱、转运、订舱、租船等业务的行为。在货运代理的业务范围内，为委托方代理国内各项业务的货物运输代理人是国内货运代理人，代理各项国际业务的货物运输代理人是国际货运代理人。这里主要介绍国际货运代理的法律制度。

二、国际货运代理业务

从国际货运代理人的基本性质看，货运代理人主要是接受委托方的委托，就有关货物运输、转运、仓储、保险以及对货物零星加工等业务服务的一个机构，并管理货物的运输、中转、装卸、仓储等事宜。货运代理人是连接承运人和货方的纽带，在国际货物运输中起着重要的作用。

在实践中，货物运输代理企业（货运代理人）可以提供的服务有七大类：

（一）为发货人服务

（1）以最快、最省的运输方式，安排合适的货物包装，选择货物的运输路线；

(2) 向客户建议仓储与分拨;
(3) 选择高效可靠的承运人,并负责缔结运输合同;
(4) 安排货物的计量和计重(尺码);
(5) 办理货物的保险;
(6) 办理货物的拼装;
(7) 装运前或在目的地分拨货物之前,将货物存仓(如果需要的话);
(8) 安排货物到港口或目的地的运输,办理海关有关单证的手续,把货物交给承运人;
(9) 代表托运人、收货人承付运费、关税等;
(10) 代理因货物运输的任何外汇交易;
(11) 从承运人处取得签署的提单,并交给发货人或收货人;
(12) 参与承运人和货运代理人的联系,监督货物运输的进程,并使货主知道货物的去向。

(二) 为海关服务

货运代理人作为海关代理,办理有关进出口商品的海关手续。

(三) 为承运人服务

货运代理人向承运人订好足够的舱位,议定对承运人和发货人都公平合理的费率,安排在适当的时间内交货,并以发货人的名义解决与承运人运费账目等问题。

(四) 为航空公司服务

货运代理人在空运业务上充当航空公司的代理。

(五) 为班轮公司服务

货运代理人与班轮公司的关系由业务性质决定。在一些服务于欧洲国家的商业航线上,班轮公司已承认货运代理人的有益作用,并付给货运代理人一定佣金。

(六) 提供拼箱服务

随着国际贸易中集装箱运输的增长,引进了"集运"和"拼箱"服务,在提供这种服务时,货运代理起到一个委托人的作用。集运或拼箱,是把一个出运地若干发货人发往另一个目的地的若干收货人的小件货物集中起来,作为一个整件集运的货物发运给目的地的货运代理人的代理,并通过他把单票货物交给各个收货人。

货运代理人将签发的提单(即"分提单")或其他类似的收据交给每一票货的发货人,

货运代理人的代理在目的地凭出示的提单将货交给收货人。

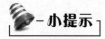小提示

集拼货的发货人或收货人不直接与承运人联系。对承运人来说,货运代理人是发货人,而在目的地的货运代理人的代理是收货人。因此,承担集运货物的承运人给货运代理人签发的是"全程提单"或货运单。如果发货人、收货人有特殊要求,货运代理人也可在出运地和目的地从事提货和交付的服务,提供门到门的服务。

(七)提供多式联运服务

在货运代理人的作用方面,集装箱化的一个更深远的影响是使其介入了多式联运。这时,货运代理人充当了主要承运人,并且承担组织在一个单一合同下通过多种运输方式进行门到门的货物运输,可以以当事人的身份与其他承运人或其他服务的提供者分别谈判并签约。

案例 10-2

我国某出口公司先后与伦敦 B 公司和瑞士 S 公司签订两个出售农产品合同,共计 3500 长吨,价值 8.275 万英镑。装运期为当年 12 月至次年 1 月。但由于原定的装货船舶出现故障,只能改装另一艘外轮,致使货物到 2 月 11 日才装船完毕。

在我公司的请求下,外轮代理公司将提单的日期改为 1 月 31 日,货物到达鹿特丹后,买方对装货日期提出异议,要求我公司提供 1 月份装船证明。我公司坚持提单是正常的,无须提供证明。结果买方聘请律师上货船查阅船长的船行日志,证明提单日期是伪造的,立即凭律师拍摄的证据向当地法院控告并由法院发出通知扣留该船,经过 4 个月的协商,最后,我方赔款 2.09 万英镑,买方方肯撤回上诉而结案。

(资料来源:中华外贸学习网)

三、国际货运代理人的法律地位

委托方与货运代理人之间的关系是委托与被委托的关系,他们签订的是代理合同,有关方的责任、义务则应根据双方订立的代理协议或代理合同办理。货运代理人作为委托方的代表对委托方负责,但货运代理人所从事的业务活动仅限于授权范围内。

从目前货运代理所承办业务的做法看,对委托方所委托的业务,有的是由货运代理人自己承办,也有的以中间人的身份为委托方与第三方促成交易,事实上,这种货运代理人业已成为经纪人。通常与货运代理人产生的关系有三种:

(1) 委托方与货运代理人的关系,这种关系由委托协议或合同来确定。

(2) 委托方与第三方的关系,此种关系由货运代理人与第三方订立的合同来确定。

(3) 货运代理人与第三方的关系,此种关系由货运代理人与第三方订立的合同来确定。一旦货运代理人与第三方发生关系,那么可以不向第三方说明其代表的身份。因此,从第三方的角度看,此时的货运代理人的性质和地位有三种:

① 货运代理人不公开委托人,而以自己的名义与第三方订立合同。货运代理人代表的是未公开的委托人,第三方只能向货运代理人起诉。如证据确凿,并能说明货运代理人所代表的委托人的,第三方也可选择向委托人起诉。

② 货运代理人说明自己的身份是委托方的代表,而并不说明委托方是谁,在与第三方订立的合同上写明"仅作为代表"的字样。此时,货运代理人代表的是隐名的委托人。在这种情况下,第三方只能向委托方起诉,对货运代理人来说,他不负担责任,但如货运代理人不愿意公开委托人是谁,则第三方也可先向货运代理人起诉。

③ 货运代理人既公开他是代表委托人,又说明其委托人是谁,在订立的合同上加注"经×××授权",同时又加注"仅以代表身份"的字样。此时,有关责任纠纷处理可与上述第二种情况同样对待。

思考与练习

1. 货物运输中的法律主体主要有哪些?
2. 简述航空货物运输合同双方的义务和责任。
3. 托运人违反托运危险物品的规定时,承运人应采取哪些措施?

第十一章

物流活动中的保险法律制度

【学习目标】
1. 了解物流风险的概念与表现形式,物流保险法律制度的概念和现状;
2. 理解物流风险与物流保险合同的关系;
3. 掌握保险合同的主要内容和物流保险的意义;
4. 理解和掌握国际海上、航空、陆上货物运输保险中的国际公约与惯例;
5. 了解物流活动中企业财产保险与机动车辆保险的法律规定。

引导案例

天津港千余车辆被炸 物流公司或是直接受害者

2015年8月12日晚,天津港发生爆炸事件,殃及天津港仓库的几千辆进口车,涉及大众、雷诺、丰田、本田、三菱等多个进口品牌,具体数量不清楚。但已经进入仓库的进口车被毁,这些车已进入物流阶段,受损失最严重的应该是物流企业。

进口汽车仓库发生爆炸,意味着这些车已经完成检测、报关,进入到物流阶段。由于这些库房一般为物流公司的临时租赁场所,如果物流公司有全额保险,部分损失应该由保险公司支付。

(资料来源:https://www.yicai.com/news/4669466.html)

第一节 物流风险与物流保险法律制度

一、物流风险的概念与表现形式

物流企业在提供物流服务过程中常常面临各种风险,这种风险远远高于一般行业。物流风险是物流保险存在的前提和基础。因此,物流保险和物流风险密不可分,只有充分认识物流风险,才能理解物流保险中的法律规定。

(一)物流风险的概念和特点

物流风险就是物流企业在提供物流服务过程中所面临的各种危险的总称。物流风险的特点主要表现为:

1. 多样性

物流服务不仅包括传统的运输业和仓储业,还包括装卸、搬运、包装、流通加工、配送、信息处理等,这些环节中均存在一定的风险性,而且其风险特质各不相同。因此,物流风险首先表现为多样性。

2. 复杂性

现代物流业不仅涉及运输与仓储,还包括对存货管理、加贴商标、订单实现、属地交货和包装等提供服务,并且按照客户的经营战略去规划物流,从一定意义上讲,现代物流企业是个集多种业务于一身的综合性的大型服务业。也正是由于物流业的综合性的特点,使物流企业的经营风险表现出复杂性的特质。

3. 风险发生的比率不易确定

风险的估算要参考两个指数,即发生的概率和损失的严重程度,发生损失的概率越大,造成损失的程度越严重,风险也就越大。由于物流风险存在多样性和复杂性的特点,所以物流风险的发生比率较难确定,使物流业的风险要远远高于其他行业。

(二)物流风险的表现形式

从不同角度进行分析,物流风险的表现形式是不同的。

1. 从物流业经营角度划分物流风险

(1)投资风险

现代物流服务是智能型、管理型产业,高度的现代化需要投入巨额资金,同时也意味着巨大的投资风险。

(2)提供物流方案的风险

一些物流商或物流咨询公司专门针对一些客户的原有流程、经营管理及日后的发展计划分析研究后,进行设计,制订出方案,并收取较高的费用。如果其所提供的方案达不到预期的要求,甚至有严重错误时,提供方案方就会因此而承担相应的法律责任。所以这方面也存在着潜在的风险。

(3)商品特性的风险

商品特性与物流商承担的责任有密切关系,直接关系到商品损坏的风险程度及导致的索赔事故。商品特性的风险主要包括:易损坏性、易腐烂性、易自燃性、易爆炸性等。

2. 从风险产生的期间划分物流风险

(1) 运输过程产生的风险

运输环节是物流系统的核心。在长距离的物流过程中,物流公司通常把货物运输交给专业的承运人承担,物流公司则相当于一般意义上的发货人和收货人,在这种情况下,物流公司的责任风险主要来自承运人。除承运人外,物流公司自身工作的失误造成货物的错发错运也是其面临的风险之一。

(2) 搬运过程产生的风险

搬运是随运输和保管而产生的必要物流活动,是对运输、保管、包装、流通加工等物流活动进行衔接的中间环节。在物流活动中,搬运活动是频繁发生的,因而是产品损坏的重要原因之一。

(3) 仓储过程产生的风险

仓储是对有形物品提供存放场所,对存放物品进行相应保管,并实施物品存取过程管理的行为总称。在仓储过程中,物流企业要提供坚固、合适的仓库,对进入仓储环节的货物进行堆存、管理、保管、维护等一系列活动。仓库的损坏、进水、通风不良,没有定期对其整理和维护,都会引起货物的灭失。

(4) 配送过程产生的风险

配送是物流中一种特殊的、综合活动形式,分拣配货是配送的特殊要求,也是配送中有特点的活动。由于配送活动包括的内容较多,所以物流企业面临的风险也更为广泛。除了货物灭损和延时送达的风险外,还有可能因种种原因导致分拨路径发生错误,使货物错发错运。

(5) 流通加工和包装过程产生的风险

流通加工和包装是物品从生产领域向消费领域流动的过程中,为了促进产品销售、维护产品质量和实现物流效率化,对物品进行加工处理和包装的过程。其间可能会产生物品发生物理或化学性变化形成质量问题的风险。

3. 从物流合同角度划分物流风险

(1) 与客户的合同责任风险

目前物流服务是买方市场,物流企业迫于压力常常在合同中接受客户的某些苛刻条款,而现代物流合同的期限又比较长,往往达数年之久,这种合同蕴藏着高度的风险性。

(2) 与分包商的合同责任风险

物流业是所有供应链的组织者,其中有的环节由其自己负责,有的环节需要委托分包商具体实施。而当发生损失时,无论是谁的过失,均由物流商先承担对外的赔偿责任。所以物流企业在选择分包商订立合同时存在风险。

(3) 与信息系统提供商的合同责任风险

现代物流企业在开展物流服务时离不开信息技术,而物流企业在利用信息技术时面临着两个风险:信息系统出现故障和商业秘密受到侵犯。

二、物流保险法律制度的概念和发展现状

(一) 物流保险的概念和险种

物流保险一般指对物流活动过程当中各个主要环节运作风险的保障和理赔。从社会角度来看,物流保险是分散物流风险,消化损失的一种经济制度;从法律角度来看,物流保险是一种契约或是由契约产生的权利义务关系,这种契约即是物流保险契约。广义的物流保险包括了物流过程中涉及的全部保险,既包括货运险又包括责任险。狭义的物流保险是责任保险,是相对于货运险体系之外的另一个体系的保险。

与一般货物保险不同的是,货物保险的投保人和受益人都是货方,而物流保险的投保人和受益人都是物流企业;货物保险的标的是货物本身,而物流保险保的是物流经营人的责任。因此,真正意义上的物流保险应当是物流责任险。

目前我国保险公司为物流业提供的保险险种主要有财产保险和货物运输保险。财产保险承保机器设备、厂房、仓储材料等固定资产的自然灾害和意外事故的风险。货物运输保险是以运输过程中的货物作为保险标的,保险人承担因自然灾害或意外事故造成损失的一种保险。这两种保险都是针对物流过程中单个环节的,物流的各个环节被肢解,但由于目前我国保险公司只提供这两种险种,所以物流经营人不得不按环节投保。这种相对独立的保险产品割裂了现代物流的各个环节,与现代物流功能整合的理念背道而驰。

> **小提示**
>
> 物流保险产品的匮乏主要是因为我国没有完备的物流法律法规,物流业缺乏统一的运作规范和操作标准。这种无标准、无规范的物流运作无疑增加了保险产品开发和设计的难度。因此,加强物流法制建设,可以为保险公司开展物流保险业务提供法律依据。

(二) 我国物流保险法的发展现状

目前,从我国相关的法律法规现状来看,还没有一部专门的、统一的物流法或物流保险法,国际上也没有一个关于物流保险的统一的国际公约。

当前我国调整物流保险方面的法律制度主要依据以下一些法律规则。

1.《民法典》

2020年5月28日,全国人大通过的《中华人民共和国民法典》是调整平等主体间民事关系的重要法律。物流保险关系是一种民事关系,因此,《民法典》也是调整物流保险法律关系的基本法。《民法典》中关于合同的订立和效力、合同的履行、合同的变更和转让、违约责任等的规定同样适用于物流保险合同。

2.《保险法》

1995年,全国人大常委会通过了《中华人民共和国保险法》。该法是新中国成立以来的第一部保险基本法,是我国调整保险法律关系的最全面的法律制度。此后,《保险法》多次修订。

3.《海商法》

1992年,全国人大常委会通过《中华人民共和国海商法》。该法是调整船舶关系和海上运输关系的重要法律制度,而且是调整海上货物运输保险关系的重要法律文件。《海商法》第12章专门规定了海上保险合同,是我国物流保险法的重要组成部分。

4. 其他运输法规中的保险规定

运输法律制度是物流法律制度最重要的组成部分,运输方式主要有公路、铁路、水路和民航,水路运输又分为海上和内河运输,我国运输法律制度按不同运输方式进行立法,包括公路法、铁路法、港口法、民航法、海商法等。这些法律法规对物流保险的规定比较简单,如《中华人民共和国民用航空法》只在第105条规定公共航空运输企业应当投保地面第三人责任险。即便如此,这些法规也是开展物流保险的重要依据。

5.《海事诉讼特别程序法》

1999年,全国人大常委会通过了《中华人民共和国海事诉讼特别程序法》。该法是人民法院,特别是海事法院审理海事案件的重要程序法。该法在审判程序一章中专门规定了海上保险人行使代位请求赔偿的权利,为当事人保险合同权利的实现途径提供了司法保障。

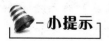

物流保险法律法规的发展也极其不平衡。以运输业为例,由于海上运输的历史较为悠久,受重视的程度较高,所以海上运输保险的法律制度也比较健全,其他方式的运输保险法律则相对落后。但是现代物流强调的不是单一的运输方式,而是各种资源的整合与协调发展,所以,目前的物流保险制度已不能适应现代物流发展的需要。

第二节 物流保险合同

一、保险合同概述

(一)保险合同的概念

保险合同是投保人或被保险人支付保险费以换取保险人在保险标的遭遇约定的事故时,在约定的责任范围内对被保险人负赔偿损失责任或支付一定保险金额的协议。前者称补偿性合同,即保险人只是在约定的保险事故发生后,根据投保人遭受实际损失的程度给予经济补偿,以财产保险为主要内容的损失保险属补偿合同;后者指给付性合同,即只要合同规定的条件出现或合同期限已到,保险人就应支付保险金。人身保险合同一般属于给付性合同,如生存保险、教育费用保险、婚嫁保险等。

(二)保险合同的原则与特征

保险合同应当遵循的原则集中体现了保险制度的特征,它不仅是保险关系当事人及有关主体间活动的基本准则,对保险法规也有现实的指导意义。这些原则主要有:最大诚信原则、保险利益原则、补偿原则、近因原则。

保险合同除具有双务合同、有偿合同、诺成合同的特点外,还具有以下特征:

(1)保险合同是最大诚信合同

保险人支付保险金具有不确定性,保险人决定是否接受承保以及采用何种保险费率,全凭投保人的告知。所以,最大诚信原则是维护保险业务正常进行的必不可少的前提条件,它不仅适用于投保人,也适用于保险人。

(2)保险合同是射幸合同

射幸合同是指合同的法律效果于订立合同时尚未确定的合同。在保险合同订立时,出险与否和何时出险都不可预料,出险后投保人能否得到补偿,当事人双方并不能确定。保险合同的这种射幸性质是由保险事故的发生具有偶然性的特点决定的,即保险人承保的危险或者保险合同约定的给付保险金的条件发生与否,均为不确定。

(3)保险合同是格式合同

格式合同又称标准合同,是指一方当事人为重复使用而预先拟定,并在订立合同时未与对方协商的条款或合同。保险合同是典型的格式合同,保险合同中双方的权利义务等条款早已被保险公司预先拟定,投保人在订立合同时并不能就这些条款与保险人进行协商,而只能全部接受。

(三) 保险合同的分类

1. 财产保险与人身保险

这是根据保险标的不同而划分的。财产保险是指以各种物质财产及有关的利益或责任、信用为保险标的的一种保险合同,包括有形财产险和无形财产险。人身保险是指以人的生命或健康作为保险标的的一种保险合同。

2. 强制保险与自愿保险

以订立保险合同是否出自于当事人自愿,将保险合同分为强制保险合同和自愿保险合同。强制保险又称法定保险,这种保险合同是根据国家的有关法律、行政法规而订立的;自愿保险合同是指合同的双方当事人自愿订立的保险合同,被保险人自由决定投保或退保,保险人亦有权决定承保或拒保。

3. 原保险和再保险

根据经营危险责任的方式,保险分为原保险和再保险。原保险又叫第一次保险,是指保险人对被保险标的承担直接风险责任的保险。原保险的保障对象是被保险方的经济利益。再保险是指原保险人将其承担风险责任的一部分或全部转嫁给其他保险人的保险。再保险又称保险人的保险,其保障对象是原保险人的经济利益。

4. 单保险与复保险

按照保险人的数量不同,保险合同分为单保险与复保险合同。单保险合同是指投保人就同一保险标的、同一保险事故,在同一保险期内只与一个保险人订立的合同。复保险合同是指投保人就同一标的、同一保险事故,在同一时期内与两个或两个以上的保险人分别订立的合同。复保险合同的效力问题应具体分析:在人身保险中,各个保险人应就其约定保险金额分别赔付;在财产保险中,如果数个保险合同的保险金额总和超过了保险标的的实际价值,则超过部分无效,各个保险人根据其所保金额与保险标的的实际价值按比例承担赔偿责任。

5. 足额保险合同、不足额保险合同和超额保险合同

足额保险合同是指保险金额等于保险价值的合同,在发生保险事故时,按照实际损失数额计算保险赔偿金。不足额保险合同是指保险金额小于保险价值的合同。在发生保险事故时,保险人的赔付金额以保险金额为限。超额保险合同是指保险金额大于保险价值的合同,按照法律的规定,超过保险价值部分的保险金额无效。

(四) 保险合同的当事人

保险合同的当事人是指保险合同中保险权利义务的承担者,包括保险人和投保人。

1. 保险人

保险人又称承保人或保人,是指与投保人订立保险合同并承担赔偿或给付保险金责任的保险公司。保险人必须是依法成立的经营保险事业的组织。

2. 投保人

投保人又称要保人,是对保险标的具有保险利益并向保险人申请订立保险合同,并负有缴付保费义务的人。投保人必须是具有行为能力且对保险标的具有保险利益的人。

(五) 保险合同的关系人

保险合同的关系人是指保险合同的当事人以外与保险合同的成立和履行有重大利害关系的自然人、法人和其他社会组织。保险合同的关系人包括被保险人和受益人。

1. 被保险人

被保险人是指其财产或人身受保险合同保障、享有保险金请求权的人。被保险人也称"保户",与投保人可能是同一个主体。被保险人必须具备以下条件:

(1) 被保险人必须是在保险事故发生时其财产或其生命及身体直接受到损害的人。

(2) 被保险人必须是享有保险金请求权的人。

2. 受益人

受益人是指人身保险合同中由被保险人或者投保人指定的享有保险金请求权的人。受益人又称"保险金领受人",可以是自然人、法人和非法人组织。受益人仅在人身保险合同中才有,在财产保险合同中不可能有受益人。

受益人可以是一人也可以是数人,受益人必须在保险合同中载明,但也可由投保人向保险人声明更换。受益人又分原始受益人和后继受益人。原始受益人是指订立合同时指定的受益人,而后继受益人则是指保险单上注明的待原始受益人死亡后的受益人。受益人可以是投保人,也可以是被保险人,还可以是第三人。

(六) 保险合同的条款

保险合同的条款是指保险合同的具体内容,它是规定保险人、投保人或被保险人权利义务及其他有关保险条件的文件材料,是当事人双方履行合同、解决纠纷的重要依据。它包括基本条款、附加条款等。

1. 基本条款

基本条款是法律规定保险合同必须具备的条款,通常由保险人在保险单中预先制订。主要内容包括:

(1) 当事人的名称和住所

《民法典》规定，自然人以户籍登记或者其他有效身份登记记载的居所为住所；经常居所与住所不一致的，经常居所视为住所。法人以其主要办事机构所在地为住所。

(2) 保险标的

保险标的也称保险客体，是保险事故的承受者。在财产保险中，保险标的是指财产本身或者和财产有关的利益及责任；在人身保险中是指人的生命、身体。不同的保险标的具有不同的风险种类、性质和程度，所以保险标的不同，适用的费率各不相同。

(3) 保险价值

保险价值也称保险价额，是指投保人与保险人订立保险合同时，作为确定保险金额基础的保险标的的价值，也即投保人对保险标的所享有的保险利益在经济上用货币估计的价值额。保险价值的确定有不同的方法：一是按照市价确定；二是依照合同双方的约定；三是依照法律的规定。

(4) 保险金额

保险金额也称保额，是指保险人承担赔偿或者给付保险金责任的最高限额，也是投保人对保险标的的实际投保金额。保险金额的确定以保险标的的保险价值为基础，保险金的确定又以保险金额为基础。在人身保险中，保险金额的确定一般不受限制。

(5) 保险费

保险费又称"保费"，是指投保人为获得保险保障，在合同约定向保险人支付的费用。交付保险费是投保人的基本义务，保险费的多少是按照保险额的大小、保险期限的长短和保险费率的高低确定的。保险费的支付方法应该在保险合同中约定。

(6) 保险金

保险金是指保险人在保险事故发生时应该支付的金钱数额。在财产保险合同中，保险金是指向被保险人进行赔偿经济损失的金额；在人身保险合同中，保险金是向受益人支付保险合同约定的保险金额。

(7) 保险责任和除外责任

保险责任也称"危险责任"，是指保险人依照保险合同的规定，在保险事故发生或保险期限届满时承担的保险金给付责任。保险责任条款具体规定了保险人所承担的风险责任范围，是确定保险人合同义务的基本依据。

除外责任条款是对保险责任的限制性条款，它规定了保险人不承担赔偿责任的具体条件和范围。除外责任一般均在保险合同中列举。

(8) 保险期限

保险期限是保险合同的有效期。财产保险合同的保险期限一般为1年。人身保险合同的保险期限一般较长。

2. 附加条款

附加条款又称"附加特约",是指按照被保险人的需求,在保险单基本条款的基础上附加承保危险的某些补充条款,从而使基本条款所规定的权利义务得以限制或有所扩张。

(七) 保险合同的成立、无效、变更和终止

1. 保险合同的成立

保险合同的订立是保险人与投保人双方之间的法律行为,经过要约、承诺阶段,保险合同即告成立。一般情况下,投保人是要约人,保险人是承诺人。但在某些特殊情况下,投保人也可以是受要约人,保险人则是要约人。

2. 保险合同的无效

保险合同无效的原因来自两个方面:一种是民法上的原因,《民法典》对此有一般性规定;另一种是保险法上的原因。综合两方面原因导致合同无效的情形主要有:

(1) 主体不合格;

(2) 意思表示不真实;

(3) 客体不合法。

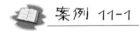

案例 11-1

某保险公司的推销员外出推销保险。某甲作为投保人,用别人的果园以自己的名义和编造的假名字与推销员以填写保单的方式投保多项,对此,保险推销员完全知情;其中一部分出险,保险公司派人勘查现场后予以赔付,一部分由于当年没出险,某甲并未得到赔付。以后某甲又以同样的方式投保数项,累计得到保险赔偿十几万元。

(资料来源:作者自编)

【案例解析】

某甲投保的保险标的是别人的果园,他对该果园没有保险利益,而且某甲与保险推销员合谋欺诈保险公司,骗取保险赔偿金。《保险法》规定:投保人对保险标的不具有保险利益的,保险合同无效。《民法典》第254条规定:行为人与相对人恶意串通,损害他人合法权益的民事法律行为无效。故该保险合同应被认定为无效保险合同。某甲应向保险公司返还保险赔偿金,并与保险推销员共同承担因保险合同无效给保险公司造成的损失。

3. 保险合同的变更

(1) 保险合同变更的类型

在合同的有效期内,投保人和保险人经协商同意,可以变更保险合同的有关内容,主要包括以下几种:主体的变更、客体的变更、内容的变更和期限的变更。

(2) 保险合同变更的方式

保险合同变更的方式主要有以下几种：由保险人在原保险单或其他保险凭证上批注；由保险人在原保险单或其他保险凭证上附贴批单；由投保人和保险人订立变更合同的书面协议。

4. 保险合同的终止

保险合同终止是指因一定事由的产生或者出现而使保险合同的权利义务归于消灭。保险合同终止情形主要有：

(1) 保险合同履行；
(2) 保险合同届满；
(3) 解除保险合同；
(4) 投保人或受益人免除保险人的责任；
(5) 法律规定或当事人约定的其他保险合同终止的情形。

(八) 保险合同的履行

保险合同的履行是指保险人与投保人在合同有效期内全面、适当地完成其合同义务，使对方的权利得以实现。

1. 投保人的义务

(1) 交纳保险费

投保人应尽的最主要义务是按照约定的时间、地点、数额交付保险费。

(2) 危险通知的义务

在合同有效期内，如财产的危险程度增加时，投保人有义务如实通知保险人。在危险增加通知保险人后，保险人可以要求增加保险费，也可以终止保险合同。投保人不履行危险通知义务，因危险增加而发生的保险事故，保险人不承担赔偿责任。

(3) 出险通知

保险事故发生后，投保人应及时采用口头或书面形式通知保险人。对于未及时通知保险人的，保险人有权不予赔偿。

(4) 出险施救

为维护保险财产的安全，被保险人在保险事故发生后有责任尽力采取必要措施，防止或减少损失。如投保人不积极施救，对于扩大的损失，保险人有权拒绝赔偿。

2. 保险人的义务

(1) 保守秘密义务

保险人、再保险人对在办理保险业务中知道的投保人、被保险人或再保险分出人的业务、财产情况及个人隐私，负有保密的义务。

（2）给付保险金和其他正当费用的义务

该项义务包括给付：①保险金；②施救费用；③检验费用；④争议处理费用。

3. 索赔和理赔

索赔是被保险人或受益人在保险事故发生造成财产损失、人身伤亡或者约定事件出现时，根据保险合同向保险人提出要求支付保险金的行为。理赔是指应被保险人或受益人提出的索赔请求，保险人以保险合同为依据，审核保险责任并处理保险赔偿以决定支付保险金的行为。

（1）索赔程序

①出险通知和索赔请求的提出；②提供索赔单证；③经保险人审查后符合规定的可领取保险金；④开具权益转让书并协助保险人向对造成保险事故依法承担赔偿责任的第三人追偿。

（2）理赔程序

①立案检验；②要求被保险人或受益人提供有关单证并对单证予以形式审查；③审核责任；④确定并支付保险金；⑤代位求偿。

案例 11-2

某国内进出口公司从欧洲进口一批钢材，价格条件为 FOB（离岸价格），以信用证结算。同时，该进出口公司向某国内保险公司投保了货物运输险附加锈损险，保险期限为装船至卸货完毕。保险合同签订后，进出口公司向某班轮公司定舱并在欧洲港口装船运往中国。

装船时，承运人签发了正本提单一式三份，三份正本提单在到港前均由进出口公司持有。国内的钢材买家试图越过进出口公司直接提货，于是在货物到港后，持副本提单要求班轮公司放货，班轮公司要求其提供担保，国内买家提供担保后将货物提走，但发现货物已经锈损，随即依照保险合同向保险公司提出索赔，但遭到保险公司的拒绝。

（资料来源：作者自编）

【案例解析】

本案的争议是承运人违反班轮运输条款，在提货人无正本提单的情况下擅自放货，从而导致投保人无法按照正常的程序行使提货和进行商检的权利，因此也没有证据证明货物发生锈损的时间是在运输途中还是在提货人的储存过程中。因此保险公司拒赔的理由是成立的。在这种情况下，投保人应该采取的措施是积极收集证据，证明货物损失的具体时间。如果有充分证据证明货物是在运输途中发生的锈损，则仍可向保险公司索赔。

4. 代位求偿权和委付

代位求偿权是指在财产保险中,保险人在赔偿被保险人的损失后,取得在其赔付金额的限度内要求被保险人转让对其造成损失的第三人(责任人)享有的索赔权利。委付是指被保险人将保险标的及其所附的一切权利和义务转移于保险人,而请求支付全部保险金的行为,通常用于海上保险理赔。委付与代位求偿权的相同之处是都涉及权利的转移;不同之处是委付为物权的代位权,而代位求偿权为债权的代位权。

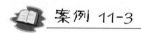
案例 11-3

甲写字楼将其拥有的一间地下仓库出租给乙公司使用。双方签订了房屋租赁合同,在合同中的免责条款约定:所有与仓库或仓库内货物有关的保险均由甲写字楼负责,甲写字楼将派专人负责安全。乙公司不对仓库及其货物的损失承担任何责任。而后,甲写字楼又向某保险公司投保了仓库火灾保险,但投保之前并没有告诉保险公司它与乙公司的免责约定。某日,承租人乙公司装修仓库时不慎引发火灾,致使仓库物品发生严重损失。于是,甲写字楼立即向保险公司报案并要求支付赔偿金。

保险公司经过调查后发现,甲与乙的租赁合同有免责条款的约定,且其与保险公司签订保险合同时没有事先告知保险公司,违反了其应尽的告知义务,于是拒绝赔偿,因而引发了争议。

(资料来源:作者自编)

【案例解析】

甲、乙双方在租赁合同中约定乙公司对仓库及货物的损失不负任何法律责任,也就是说被保险人事先放弃了对第三人的损害赔偿请求权,因此,保险人是无法实际行使代位求偿权的。依据《保险法》第17条的规定,甲写字楼在与保险公司签订保险合同时没有如实履行告知义务,致使影响了保险公司在签订保单时对是否承保或确定保险费率高低的判断。为此,保险公司可以拒绝赔偿,也可以提出解除合同。因此,保险公司的拒赔理由是正确的。

二、物流保险合同

2004年7月1日,中国人民财产保险股份有限公司率先推出了"物流货物保险"和"物流责任险"两个物流保险险种,为物流业的风险防范提供有效保障,填补了我国物流企业综合责任保险的空白,标志着物流业进入了一个全新的专业风险管理机制阶段。

继中国人保之后,其他保险公司也相继推出物流综合保险。目前物流企业综合保险主要包括财产、货物运输、机器损坏、雇员忠诚保证、人身意外伤害、车辆等保险。因保险公司不同,保险内容也会有所不同。在物流业的发展中,这两个保险险种都很重要,它们的共同点是能节约时间和成本,物流经营人可以通过一次投保就达到转移风险的目的,从而促进和推动物流业的发展。

(一)物流货物保险

物流货物保险及其附加险主要针对第一方或第二方物流,它的保险标的是物流过程中的全部货物。物流货物保险合同为其客户提供全面、无缝式的保险保障,可避免一票货物一单的承保方式,从而为客户最大程度简化投保手续,方便客户投保。它的保障范围综合传统货运保险和财产保险的责任,承保物流物品在运输、储存、加工包装、配送过程中由于自然灾害或意外事故造成的损失和相关费用。

从法律上看,物流活动并不转移货物的所有权,货物所有权仍然掌握在委托方(第一方或第二方)手里,委托方对货物具有直接的保险利益,因此,投保人应当是委托方。货物所有权在第一方和第二方之间的转移,决定了由谁来办理保险。但不论委托方中任何一方承担保险义务,均与第三方的物流企业无关。

(二)物流责任险

物流责任险对于物流经营人和保险公司来说是个全新的尝试,它是专门针对第三方物流开发的物流保险产品。物流责任险的投保人和受益人都是物流企业,它的保险标的是第三方物流企业的责任风险。

1. 物流责任保险条款

中国人民财产保险公司推出的物流责任保险条款规定:在本保险期间,被保险人在经营物流业务过程中,由于下列原因造成物流货物的损失,依法应由被保险人承担赔偿责任的,保险人根据本保险合同的约定负责赔偿:

(1)火灾、爆炸;

(2)运输工具发生碰撞、出轨、倾覆、坠落、搁浅、触礁、沉没,或隧道、桥梁、码头坍塌;

(3)碰撞、挤压导致包装破裂或容器损坏;

(4)符合安全运输规定而遭受雨淋;

(5)装卸人员违反操作规程进行装卸、搬运。

上述五种原因导致作为被保险人的物流企业要承担对物流货物的赔偿责任时,由保险人负责赔偿。

2. 物流责任附加险

物流责任保险条款的第 5 条规定了保险人对被保险人所支付的法律费用也承担赔偿

责任。物流责任保险条款附加险包括：

(1) 附加盗窃责任保险；

(2) 附加提货不着责任保险；

(3) 附加错发错运费用损失保险；

(4) 附加冷藏货物责任保险；

(5) 附加流通加工、包装责任保险。

由此可见，物流责任保险的承保范围基本上与国际货运代理责任保险的承保范围差不多，所以，投保物流责任保险无须再投保国际货运代理责任保险。

—小提示

如何开展物流责任保险是我国保险市场面临的新问题。国外大多数物流保险都是"一揽子保险"，即将物流过程中涉及的人身保险、财产保险、责任保险等条款全部标准化，都集成为一份保险单上面。针对我国目前的物流保险情况，应该对现行的保险条款作相应的调整，制定符合物流实际情况的标准保险条款。业界目前迫切需要解决的问题是分清物流货物保险与物流责任保险，设立更合理的险种。

对于货运险，可以通过增加诸如隐藏损失责任条款、装前卸后条款，对于财产保险应增加仓储责任条款等来达到分担物流经营人风险的目的。应当针对物流企业运营过程中所负的责任进行投保，或者是根据事故发生后，物流企业对此事故所应负的责任进行赔偿，推出"物流赔偿责任险"。除此以外，任何货物损失都不应该由物流企业来担负。这样才能使物流企业轻装上阵，真正达到保险的目的。

第三节　物流活动中的保险法律的规定

一、货物运输保险的法律规定

（一）货物运输保险合同的概念和种类

货物运输保险合同是指运输过程中，货物作为保险标的，保险人对保险标的因自然灾害或意外事故造成的损失承担赔偿责任而订立的保险合同。按照运输工具不同，货物运输保险合同可分为水路货物运输保险合同、公路货物运输保险合同、铁路货物运输保险合同、航空货物运输保险合同和海洋货物运输保险合同等；按适用范围不同，可以分为国内货物运输保险合同和涉外货物运输保险合同两种；按照保险人承担的责任不同，可以分为基本保险合同和综合保险合同。

(二) 货物运输保险合同的特征

1. 以"仓至仓"确定保险期间

货物运输保险合同普遍采用"仓至仓"条款,即保险人承担保险责任期间,自被保险货物离开起运地点的仓库或储存所时起,至到达目的地收货人的仓库或储存所时终止。如果被保险货物未到达收货人的仓库或储存所,保险人对被保险货物承担保险责任的期限,以被保险货物卸离最后运输工具后的约定期间为限。

2. 约定保险标的的价值

货物运输保险的保险标的的流动性较大,货物运输保险一般采用定值保险的做法,以约定的保险标的的价值来确定保险金额。国内货物运输保险合同保险标的的价值一般通过起运地发票价、目的地成本价或目的地市价来确定。涉外货物运输合同保险标的的价值根据不同的价格条件来确定。较为普遍的价格条件有三种:离岸价格、成本加运费价格和到岸价格。

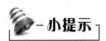

我国《保险法》第50条规定:"货物运输保险合同和运输工具航程保险合同,保险责任开始后,合同当事人不得解除合同。"我国《海商法》也有类似规定,除合同另外约定外,保险责任开始后,被保险人和保险人均不得解除合同。

(三) 货物运输保险合同的保险责任

1. 基本责任

货物运输保险合同的基本责任包括:

(1) 因火灾、爆炸、雷电、冰雹、暴风、暴雨、洪水、破坏性地震、地面突然塌陷所造成的损失;

(2) 因运输工具发生火灾、爆炸、碰撞造成所载被保险货物的损失,以及运输工具在危险中发生卸载对所载货物造成的损失;

(3) 在装货、卸货或转载时发生意外事故所造成的损失;

(4) 利用船舶运输时,因船舶搁浅、触礁、倾覆、沉没或遇到码头坍塌所造成的损失。

2. 附加或特别责任

附加或特别责任分为一切险、单独附加险、综合险和特别附加险四种。

(四) 责任免除

货物运输保险合同的责任免除事项包括:被保险人的故意行为或过失;发货人不履

行贸易合同规定的责任；保险责任开始前被保险货物早已存在的品质不良和数量短差；被保险货物的自然损耗、市价跌落和本质上的缺陷；货物发生保险责任范围内的损失，根据法律规定或有关约定应由承运人或第三者负责赔偿的部分；战争、军事行动、核辐射或核污染等。

案例 11-4

2015年3月7日，刘某为其所有的A车在甲保险公司投保机动车交强险和商业第三者责任险，被保险人为刘某。甲保险公司向投保人交付了保单及相应的保险条款。甲保险公司提交的投保单的投保人声明部分有下列手书文字："本人确认投保的各险种，经保险人明确说明，本人已充分了解保险免责条款内容"，刘某认可投保单上手写文字及签名是其本人所签。

保险期间内，卢甲驾驶A车在高速上追尾卢乙驾驶的B车，又与张某驾驶的C车相撞，造成三车不同程度受损。经交警认定，卢甲在此次事故中负全责。

卢乙与卢甲系兄妹关系，卢乙与刘某系夫妻关系。据刘某陈述，事发当天全家人外出旅游，因其驾龄较短不敢开高速长途，又要照顾幼儿，故将A车钥匙交给卢甲，由卢甲驾驶A车。针对刘某陈述，各方当事人不持异议。

事故发生后，卢乙就B车损失向承保公司乙保险公司申请理赔，乙保险公司赔付B车产生的各项维修费用53 700元，同时卢乙签署了《机动车辆保险权益转让书》，同意乙保险公司支付赔款后获得向第三方的追偿权。随后，乙保险公司在本院提起诉讼，向卢甲、甲保险公司行使保险人代位求偿权。请求法院判令：①被告卢甲赔偿原告乙保险公司53 700元；②被告甲保险公司在保险范围内承担保险责任。

问：此案如何处理？为什么？

（资料来源：https://www.hrbtl.hljcourt.gov.cn/public/detail.php?id=2692）

【案例解析】

被保险人的家庭成员委托他人代理事务过程中发生保险事故的，除法律另有规定或委托合同另有约定外，委托代理行为的法律后果一般应当由被代理人承担。由于委托人是被保险人的家庭成员，对保险标的与被保险人具有共同利益，故保险标的物受损，家庭财产也将遭受损失。如果允许保险人对家庭成员进行追偿，将无法实现保险合同对被保险人的损失补偿功能。因此，《保险法》第62条规定，除被保险人的家庭成员或其组成人员故意造成本法第60条第1款规定的保险事故外，保险人不得对被保险人的家庭成员或其组成人员行使代位请求赔偿的权利。

在司法实践中，如果保险事故系由被保险人的家庭成员委托他人的代理行为所致，基于委托代理关系的一般法律规定，保险人亦不得对代理人行使代位求偿权。为此，北京铁路运输法院驳回乙保险公司的诉讼请求。

二、国际货物运输保险中的国际公约与国际惯例

(一) 国际海上货物运输保险中的国际公约与国际惯例

海上货物运输保险属于财产保险的类别，主要承保货物在海洋运输过程中因各种自然灾害或意外事故所遭受损失，以及应由货主承担的救助费用或共同海损费用等。保险人与被保险人必须共同遵守保险利益原则、绝对诚信原则、损失补偿原则、近因原则。上述原则是世界各国海上保险法共同认可和遵循的原则。

海上货物运输的风险分为海上风险和外来风险，海上风险包括自然灾害和意外事故；外来风险是指海上风险以外的各种风险，分为一般外来风险和特殊外来风险。海上货物运输的损失称为海损，分为全部损失和部分损失两类。

全部损失可分为实际全损(指保险标的发生事故后灭失，或者受到严重损坏完全失去原有形体、效用、价值)和推定全损(指保险标的物质上未到达全部损坏或灭失，但已失去价值，或者虽有一定价值，但其修复费会接近或超过原有价值)。部分损失是指保险标的发生保险事故后造成部分损坏，受损价值没有达到保险金额，实质上没有构成实际全损或推定全损。

部分损失又可分为共同海损(在海洋运输途中，船舶、货物和其他财产遭遇共同危险，为解除共同危险，有意采取合理的救助措施所直接造成的特殊牺牲和支付的特殊费用)和单独海损(不具有共同海损性质，且未达到全损程度的损失)。

海上货物运输保险所涉及的险别是保险人对海上风险和损失承保的责任范围，可分为主险、附加险和除外责任。主险的责任范围分为平安险、水渍险和一切险。附加险的责任范围涉及一般附加险和特殊附加险。保险人除外责任是非意外、非偶然或比较特殊的风险，如被保险人的故意行为或过失、发货人的错误、被保险货物的缺陷或自然属性造成的损失、战争及罢工等。保险人责任期限国际上通行"仓至仓"原则。

涉及国际海上货物运输保险的条约和惯例主要是1982年的《伦敦保险协会海上运输货物保险条款》。1964年联合国贸易和发展会议提出了统一海上保险条款的问题。1978年11月形成的报告促使英国对其海上保险单格式和保险条款进行修改。1982年1月1日，伦敦保险协会公布了新的货物保险条款A条款、B条款、C条款，同时取消了原来的"一切险、水渍险、平安险"。A、B、C条款相互独立，其条款完全相同，由承保范围、除外责任、保险期限、索赔事项、保险受益损失、防止延误、法律和惯例八个部分共19条规定组成。

1. A、B、C条款内容

A、B、C条款内容包括：风险条款；共同海损条款；双方有责碰撞条款；普通除外条

款;不适航和不适合除外条款;战争除外条款;罢工除外条款;运送条款;运输合同终止条款;航程改变条款;保险利益条款;继运费用条款;推定全损条款;增加价值条款;不适用条款;被保险人义务条款;弃权条款;合理速办条款;英国法律和惯例条款。

2. A、B、C 条款承保的风险

(1) 三种条款都承保的风险。包括:火灾或爆炸;承保驳船搁浅、擦浅、沉没或倾覆;陆上运输工具翻倒或出轨;承保驳船或运输工具与水以外的任何外部物体碰撞或接触;在避难港卸货;共同海损牺牲;抛货、共同海损分摊、救助费用;依"双方有碰撞"条款的责任。

(2) A、B 条款承保,C 条款不承保的风险。包括:地震、火山爆发或闪电,浪击落水,海水、湖水或河水进入船舱、驳船、船舱、集装箱、托盘或储存处所,装上或卸离船舶或驳船过程中从船上落入水中而发生整体货物的全损。

(3) A 条款船舶的风险。除上述列明的货物灭失和损坏的一切风险外,还承保海盗和恶意损害。

案例 11-5

某货轮从天津新港驶往新加坡,在航行途中船舶货舱起火,大火蔓延到机舱,船长为了船货的共同安全,决定采取紧急措施,往舱中灌水灭火。火虽被扑灭,但由于主机受损,无法继续航行,于是船长决定雇佣拖轮将货船拖回新港修理,检修后重新驶往新加坡。事后调查这次事故造成的损失有:①1000 箱货物被火烧毁;②600 箱货物由于灌水灭火而受到损失;③主机和部分甲板被烧坏;④雇佣拖轮费用 8 万美元;⑤额外增加的燃料费、船长及船员工资。

(资料来源:作者自编)

【案例解析】

本案 1000 箱货物被火烧毁属于单独海损,因事先投保了平安险可获保险赔偿;600 箱货物由于灌水灭火而受到损失属于共同海损,其损失应由船货各受益方来分摊;主机和部分甲板被烧坏属于单独海损,此部分损失不应由货方分摊;雇佣拖轮费用 8 万美元、额外增加的燃料费、船长及船员工资均属于共同海损,船货各受益方分摊部分保险人应当赔偿。

(二) 国际航空货物运输保险中的国际公约与国际惯例

国际航空货物运输保险是指对航空运输中的货物所进行的保险。目前,在国际上较有影响的是 1982 年《伦敦保险协会航空运输货物保险条款》。其主要内容如下:

1. 保险责任

航空货物运输保险通常采用一切险承保责任。保险公司负责承担包括航空运输险的全部责任,还负责被保险货物由于外来原因所致的全部或部分损失。航空货物运输引起的风险的责任范围与海运保险及陆运保险的一切险雷同。

2. 除外责任

该条款规定因战争、罢工和下列原因所致的灭失、毁损或费用均不负责:

(1) 可归属于被保险人的故意或违法行为的灭失、损毁或费用。

(2) 保险标的物的漏损、失重或自然消耗。

(3) 由于保险标的物的不良或不良包装或搭配引起的灭失。

(4) 因运载工具对保险标的物的不安全运送原因所引起的灭失、损毁或费用。

(5) 保险标的物的固有瑕疵或本质缺陷所引起的灭失、毁损或费用。

(6) 因延迟交付原因所致的灭失、毁损或费用。

(7) 由于运输飞机的所有人、经理人、租用人或营运人的破产或债务所引起的灭失、毁损或费用。

(8) 任何使用原子、核子武器或其他类似武器引起的保险标的物的灭失、毁损或费用。

3. 保险期间

保险协会条款自保险标的物离开该保险单所载起运地点的仓库或储存处所时开始生效,并在正常的运输过程中继续有效直到出现下列情形之一时终止:

(1) 至该保险单所载目的地或途中的任何其他仓库或储存处所。

(2) 至该保险单所载目的地或中途的任何其他仓库或储存处所而为被保险人用作:通常运输过程以外的储存、分配或分送。

(3) 至该保险标的物在最终卸载地,自飞机卸载后起届满 30 天。

4. 赔偿责任

该条款规定航空货物运输保险人的赔偿责任有两种:一种是对每一飞机的最高责任额限额;另一种是每一次空难事故的总责任额限额。前者是以保障运输货物的价值为标准,后者是以保障终点站的集中损失为主。两者都以在损失时目的地货损的实际现金价值为限。保险索赔时效从被保险货物在最后卸载地卸离飞机后起计算,最多不超过 2 年。

(三) 国际陆上货物运输保险中的国际公约与国际惯例

国际陆上货物运输保险是指以火车和汽车等陆地运输工具运输货物所设立的保险。它们亦是国际货物贸易运输法律关系的重要组成部分。目前,陆上运输在非洲、欧洲、拉丁美洲的内陆国家占的比重较大。与此相适应的保险业也发展较快。

由于受陆上运输的限制,国际上尚无陆上货物运输保险条款。各国保险公司根据自己的保险单设立保险条款,其保险内容大致相同。通常,保险公司只对火车和汽车运输进行保险。在此仅介绍中国人民保险公司陆上货物运输保险条款的主要内容。

1. 国际陆上货物运输保险险别

(1) 陆运险

陆运险的承保范围是:①被保险货物在运输途中遭受暴风、雷电、洪水、地震自然灾害或由于运输工具遭受碰撞、倾覆、出轨或在驳运过程中因驳运工具遭受搁浅、触礁、沉没、碰撞,或由于遭受隧道坍塌、崖崩或失火、爆炸意外事故所造成的全部或部分损失;②被保险人对遭受承保责任内危险的货物采取抢救,防止或减少货损的措施而支付的合理费用,但以不超过该批被救货物的保险金额为限。

(2) 陆运一切险

该保险除包括上述陆运险的责任外,还负责被保险货物在运输途中由于外来原因所致的全部或部分损失。

2. 除外责任

陆上货物运输保险对下列损失不负赔偿责任:

(1) 被保险人的故意行为或过失所造成的损失;

(2) 属于发货人责任所引起的损失;

(3) 在保险责任开始前,被保险货物已存在的品质不良或数量短差所造成的损失;

(4) 被保险货物的自然损耗、本质缺陷、特性以及市场跌落、运输延迟所引起的损失或费用;

(5) 本公司陆上运输货物战争险条款和货物运输罢工险条款规定的责任范围和除外责任。

3. 责任期间

陆上运输货物保险的责任期间采用"仓至仓"的责任条款。保险责任自被保险货物运离保单所载明的起运地仓库或储存处所开始运输时生效,其范围包括正常运输过程中的陆上和与其有关的水上驳运在内,直至该项货物运达保险单所载目的地收货人的最后仓库或储存处所或被保险人用作分配、分派的其他储存处所为止。如果没有运抵上述仓库或储存处所,则以被保险货物运抵最后卸载的车站满60天为止。

陆上运输冷藏货物保险的责任期间也采用"仓至仓"责任条款;陆上运输冷藏货物最后保险责任的有效期限以被保险货物到达目的地车站后10天为限。

4. 被保险人的义务

被保险人应按照以下规定的应尽义务办理有关事项,如未履行规定的义务,保险人有权拒绝赔偿。

(1) 当被保险货物运抵保险单所载目的地以后,被保险人应及时提货;当发现被保险货物遭受任何损失,应即向保险单上所载明的检验、理赔代理申请检验。如发现被保险货物整件短少或有明显残损痕迹,应立即向承运人、受托人或有关当局索取货损货差证明;如果货损货差是由于承运人、受托人或其他有关方面的责任所造成的,应以书面方式向他们提出索赔,必要时还需取得延长时效的认证。

(2)对遭受承保责任内危险的货物,应迅速采取合理的抢救措施,防止或减少货物损失。

(3)投保人在向保险人索赔时,必须提供下列单证:保险单正本、提单、发票、装箱单、磅码单、货损货差证明、检验报告及索赔清单。如涉及第三者责任还须提供向责任方追偿的有关函电及其他必要单证或文件。

我国保险公司规定的索赔时效为:从被保险货物最后目的地车站全部卸离车辆后起算,最长不超过2年。

三、企业财产保险、机动车辆保险的法律规定

(一)企业财产保险

企业财产保险是指以投保人存放在固定地点的财产作为保险标的的一种保险,具体包括:财产保险基本险、财产保险综合险和财产一切险。

1. 财产保险基本险

该险种主要承保由于火灾、雷击、爆炸、飞行物体及其他空中运行物体坠落造成的保险财产损失;被保险人拥有财产所有权的自用的供电、供水、供气设备因保险事故遭受损坏,引起"三停"以致造成保险标的直接损失;保险事故发生后,为抢救保险标的而采取合理的措施造成标的的损失以及支付的合理施救费用。

2. 财产保险综合险

该险种在财产保险基本险的基础上,还承保由于暴雨、洪水、台风、暴风、龙卷风、雪灾、雹灾、泥石流、崖崩、突发性滑坡、地面突然塌陷造成的损失。

3. 财产保险一切险

财产保险一切险,除承保综合险中列明的责任外,对意外事故及人为造成的损失,如偷窃、疏忽、恶意行为造成的直接物质损失或灭失也负责。财产保险一切险的保障范围很大,它负责赔偿列明除外责任以外的各种自然灾害和意外事故造成的损失。

(二)机动车辆保险

机动车辆保险是指机动车辆所有人或使用人向保险人支付保险金,保险人在被保险车辆发生保险合同约定的保险事故时承担赔偿保险金责任的保险。主要包括基本险和附

加险。

1. 基本险

基本险分为车辆损失险和第三者责任险。车辆损失险对保险车辆遭受保险责任范围内的自然灾害或意外事故，造成保险车辆本身损失，保险人依照保险合同的规定给予赔偿。第三者责任险是指对保险车辆因意外事故，致使第三者遭受人身伤亡或财产的直接损失，保险人依照保险合同的规定给予赔偿。

2. 附加险

在投保了车辆损失险的基础上可投保全车盗抢险、玻璃单独破碎险、车辆停驶损失险、自燃损失险、新增加设备损失险；在投保了第三者责任险的基础上方可投保车上责任险、无过失责任险、车载物掉落责任险；在投保了车辆损失险和第三者责任险的基础上方可投保不计免赔特约险。

附加险条款如果与基本险条款相抵触，则以附加险条款为准；未尽之处，以基本险条款为准。基本险的保险责任终止时，相应的附加险的保险责任同时终止。

思考与练习

1. 简述物流风险的概念和特点。
2. 我国调整物流保险方面的法律制度主要有哪些？
3. 简述1982年《伦敦保险协会海上运输货物保险条款》的A、B、C条款承保的风险。

第十二章

国际物流中的法律制度

【学习目标】

1. 了解国际物流的概念,理解国际物流与国际货物买卖的关系;
2. 掌握《联合国国际货物销售合同公约》的主要内容;
3. 掌握《2020年国际贸易术语解释通则》中主要术语的含义,了解《2010年国际贸易术语解释通则》与《2020年国际贸易术语解释通则》的关系及区别;
4. 理解并掌握《海牙规则》《维斯比规则》《汉堡规则》《华沙公约》《海牙议定书》及《国际货协》《国际货约》《联合国国际多式联运公约》的基本内容;
5. 了解保税货物仓储的法律规定。

引导案例

上合示范区渐成"一带一路"国际物流大通道

11月21日夜,上合示范区青岛多式联运中心的外勤货运员顶着呼啸的寒风,为一列即将发往俄罗斯的欧亚班列作最后的安全检查。班列上满载着电视机、电烤箱等家用电器,15天左右就能抵达目的地——俄罗斯莫斯科的沃尔西诺。

目前,上合示范区青岛多式联运中心已常态化开行22条国际国内班列,其中包括日韩陆海快线,以及中亚班列、中欧班列等13条国际班列。

"启动建设两年多来,上合示范区已逐渐成为'东接日韩亚太、西联中亚欧洲、南通东盟南亚、北达蒙俄大陆'的'一带一路'国际物流大通道。"上合示范区管委会国际物流部副部长臧元奇说。

2018年6月,在青岛举行的上海合作组织成员国元首理事会第十八次会议上,中国提出支持在青岛建设中国-上海合作组织地方经贸合作示范区,旨在打造"一带一路"国际合作新平台,加强中国同上合组织国家互联互通,着力推动东西双向互济、陆海内外联动的开放格局。

据臧元奇介绍,上合示范区还借助青岛优良的港口区位条件,大力发展海铁多式联运,不断畅通东北亚国际物流通道。

"货物到了这里,就相当于到了青岛港码头。"中铁联集青岛中心站市场部经理李晓鹏说,从"一带一路"沿线国家和地区来的货物经欧亚班列到达上合示范区后,就相当于到了青岛港,货物在港口转海运可到达日韩等国家和地区。反之,同样可以经海铁联运到达"一带一路"国家和地区。

据了解,目前上合示范区70%的货物通过"陆-海-铁"多式联运的方式进出口。

今年前10个月,上合示范区青岛多式联运中心开行中欧班列455列,同比增长42.6%;完成集装箱作业量72.3万标箱,同比增长22.1%。

此外,上合示范区还不断拓展、培育新型贸易业态,在国际多边贸易中增加上合元素。除了引进大的贸易平台外,还与国内知名电商企业进行洽谈合作,推进跨境电商贸易发展。

数据显示,截至今年10月,上合示范区对上合组织国家完成进出口额比去年同期增长131%,逐渐成为内联外通"国际大循环"的重要开放平台。

(资料来源:https://baijiahao.baidu.com/s?id=17171152649085881948wfr=spider&for=pc)

第一节 国际货物买卖中的物流问题及国际公约与国际惯例

一、国际货物买卖与国际物流

国际货物买卖是一国(或地区)同别国(或地区)之间所进行的有形货物的交易,它与国际货物运输、国际货物运输保险等结合在一起,形成一个自然的不可分割的整体。

国际物流是国际货物买卖的一个必然组成部分,在国际贸易中,90%以上的进出口货物都经过海上运输这道环节才能最终实现货物从卖方向买方的转移。各国之间的货物买卖最终都将通过国际物流来实现。

(一)国际物流的概念和特点

国际物流(international logistics,IL)是国内物流的跨国延伸和扩展,是按照国际分工协作的原则,依照国际惯例,利用国际化的物流网络、物流设施和技术,实现货物在国际间的流动和交换,以促进区域经济的发展和世界资源的优化配置。

国际物流分为广义和狭义两个方面。广义的国际物流是指各种形式的物资在国与国之间的流入和流出。狭义的国际物流是指与一国进出口贸易相关的物流活动,包括货物集运、分拨配送、货物包装、货物运输、申领许可文件、仓储、装卸、流通加工、报关等。

国际物流的总目标是为国际贸易和跨国经营服务,使各国物流系统相互"接轨"。即选择最佳的方式和路径,以最低的费用和最小的风险,保质、保量、适时地将货物从某国的供方运到另一国的需方,使国际物流系统整体效益最大。

国际物流有以下几个特点:

(1) 国际物流环境复杂

各国之间的法律、经济、技术设施、文化习俗差异较大,操作难度大,因此,国际物流环境比国内物流复杂。

(2) 国际物流法律关系复杂

国际物流运输方式多,国际物流经营人所处法律关系复杂。国际物流运输方式通常包括海洋运输、铁路运输、公路运输、航空运输等一般方式以及集装箱运输、国际多式联运和大陆桥运输等具有一定特点的方式。

(3) 国际物流系统范围广,风险大

国际物流涉及了更多的内外因素,运输线路长、方式多,各国的政策、汇率等变化复杂,大大增加了国际物流经营人的经营风险。

(4) 国际物流需要国际化信息系统的支持

国际物流经营人不仅要制作大量的单证,而且要确保在特定的渠道内准确传递,因此,需要有高效的国际化信息系统支持。目前已形成电子数据交换(EDI)、集装箱统一规格、条码技术(bar code)、视频结合数据系统(DAVIDS)等信息系统和技术。

(5) 国际物流的标准化要求较高

环境差异导致标准不一,增加了国际物流的成本和风险。统一标准可以节省物流成本,加快货物运转。目前,美欧基本实现了物流工具、设施的统一标准,如托盘采用1000mm×1200mm 尺寸、集装箱的几种统一规格、条码技术等。

(二) 国际物流与国际货物买卖的关系

国际物流是随着国际贸易的发展而产生和发展起来的,在当前已成为影响和制约国际贸易进一步发展的重要因素。

1. 国际货物买卖是国际物流产生和发展的基础和条件

如果没有国际货物买卖,也就不存在货物在国与国之间的流动和转移问题,更不会涉及围绕该货物流动所需的包装、跨国运输、交货、仓储、报关、装卸、保险、流通中的加工等一系列的国际物流活动,因此,国际货物买卖是国际物流产生和发展的基础和条件。

2. 国际货物买卖促进物流国际化

随着经济全球化的迅猛发展,国际货物买卖在规模、数量和交易品种等方面迅速增加,加之交通运输、信息处理及经营管理水平的提高,出现了为数众多的跨国公司。跨国经营与国际货物买卖的发展,促进了货物和信息在世界范围内的大量流动和广泛交换。面临巨大市场竞争压力的贸易商、大型制造商对国际物流的服务需求也日益增加,促使国际物流从国际贸易中分离出来。

3. 国际货物买卖对国际物流提出新的要求

随着世界技术经济的发展和政治格局的演变,国际货物买卖表现出一些新的趋势和特点,从而对国际物流提出了更新、更高的要求。如:

(1) 国际货物买卖需求的多样化,形成物流多品种、小批量化,要求国际物流向优质服务和多样化方向发展。

(2) 国际货物买卖合同的履行很大部分涉及国际物流活动,因而要求物流有很高的效率。

(3) 国际物流所涉及的国家多,地域辽阔,在途时间长,受气候、地理等自然条件和政局、罢工、战争等社会政治经济因素的影响大。因此,防止这些人为因素和不可抗拒的自然力造成货物灭失的安全要求较高。

(4) 随着国际市场竞争的加剧,降低物流成本以获得价格优势已是大势所趋,控制物流费用、降低物流成本、提高物流经济性是国际物流企业提高竞争力的有效途径。

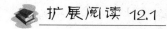

私人物品国际运输引发纠纷现象值得关注

二、调整国际货物买卖的法律规定

调整国际货物买卖的法律规范主要包括:

(1) 国际货物买卖公约;

(2) 国际贸易惯例;

(3) 各国有关国际货物买卖的国内立法及其冲突规范;

(4) 国际组织制定的国际商务法律文件。

(一)《联合国国际货物销售合同公约》(以下简称《公约》)

调整国际货物买卖关系的国际公约有三个,即 1964 年《国际货物买卖统一法公约》《国际货物买卖合同成立统一法公约》和 1980 年《联合国国际货物销售合同公约》。前两个公约均由国际统一私法协会拟定,并于 1964 年海牙会议通过,于 1972 年生效;第三个是目前最主要的国际公约。

由于各国在货物买卖法方面存在不少分歧,在国际经济交往中不可避免地会引起法律冲突,因此,联合国际贸易法委员会于 1969 年成立专门工作小组制定统一的国际货物买卖法,于 1980 年通过了《公约》。该公约共分为四个部分:适用范围;合同的成立;货物买卖;最后条款。《公约》于 1988 年 1 月 1 日起正式生效。

小提示

我国是《公约》的最早成员国之一。我国政府派代表参加 1980 年维也纳会议,并于 1986 年 12 月向联合国秘书长递交该公约的核准书,1987 年正式成为该公约的缔约国。但我国在加入时对《公约》作了两项保留:《公约》第 1 条第 1 款 b 项"国际私法规则导致适用"的规定;第 11 条"销售合同无须以书面订立或书面证明"的规定。

《公约》是调整国际货物买卖的统一实体法,可以防止法律冲突的产生,有利于国际贸易的发展,特别是由于广大发展中国家参加讨论与制订,部分地体现了它们的意志,有助于国际经济新秩序的建立。根据《公约》对国际物流可能产生的影响,此处主要介绍以下四方面内容。

1. 国际货物买卖合同的成立

对于合同成立的形式要件,《公约》规定:"销售合同无须以书面订立或书面证明,在形式方面也不受任何其他条件的限制。"而我国则对此作了保留,即只要一方当事人的营业地在我国境内,就必须采用书面形式。

合同成立的实质要件,是当事人就合同内容达成协议,这要经过"要约(发价)"与"承诺(接受)"的过程。

2. 国际货物买卖合同当事人的权利和义务

国际货物买卖合同一经订立,当事人间的合同关系便告形成。国际货物买卖合同和其他买卖合同一样,是双务合同,当事人双方互负义务、互享权利。

(1) 国际货物买卖合同卖方的主要义务

卖方的义务主要包括:交付货物、移交一切与货物有关的单据、把货物的所有权转移于买方。卖方履行交货义务,有时是实际交货,有时是象征性交货。所谓交货,不一定专指交付实物,也不能认为必须交买方本人才能算卖方履行了交货义务。此外,卖方还负有品质担保义务和权利担保义务(包括所有权担保和知识产权担保)。

(2) 国际货物买卖合同买方的主要义务

买方的义务主要包括:支付货款和收取货物。需要注意,买方在未有机会检验货物前,无义务支付货款,除非这种机会与双方当事人议定的交货或支付程序相抵触。比如,当事人议定的是象征性交货或以信用证方式付款,则在卖方将控制货物处置权的单据交给买方处置时,买方即应支付货款。

3. 国际货物买卖合同的违约责任和违约的补救方法

当事人违反合同的结果使另一方当事人蒙受损害,以至于实际上剥夺了他根据合同规定有权期待得到的东西,即为根本违反合同。如果是根本违反合同,受损害的一方有权解除合同,有权要求损害赔偿;如果不是根本违反合同,则受损害的一方不能要求解除合同,而只能要求损害赔偿和采取其他补救办法。损害赔偿是对各种违反合同都可采用的补救办法。

4. 国际货物买卖风险的转移及其后果

(1) 货物所有权的转移

货物所有权的转移直接关系到买卖双方的切身利益,也是解决国际贸易纠纷的关键。但是由于各国法律在所有权转移问题上存在较大分歧,而所有权的转移又涉及各方的利益,所以《公约》对此问题进行了回避。《公约》第 4 条(b)款规定,该公约不涉及合同对所售货物所有权可能产生的影响。其中只是原则性地规定了卖方有义务把货物所有权转移给买方,以及卖方的权利担保义务,除此之外,《公约》对所有权问题不作任何具体规定。这样,在国际货物买卖中,关于货物所有权转移的确定只能适用各国国内法的相关规定。

(2) 货物风险的转移

风险转移指风险承担的转移,即对风险造成的损失的承担的转移。风险转移问题的要害在转移的时间,即风险在什么时候从卖方转移给买方。《公约》大致采用美、德等国立法例,即风险的转移以交货时间为界:涉及运输时风险以货物交付第一承运人时转移到买方(海运方式以货物在装运港越过船舷为界);约定在特定地点交付承运人时,则风险以货物运抵该特定地点为界。

第一,涉及运输时风险的转移。《公约》规定货物的风险在卖方将货物交付第一承运人后由买受人承担。如果卖方有义务在某一特定地点交货,则风险于该地点货交承运人时起转移给买方。如果卖方保留控制货物处置权的单据,则只是作为买方支付货款的一种担保权益,不影响风险的转移。但是在货物特定化之前,风险不能转移给买方。

第二,货物在运输途中出售时风险的转移。《公约》规定,如果情况表明有此需要,则从货物交付给签发载有运输合同单据的承运人时起,风险就由买方承担。但是如果卖方在订立合同时已知道或理应知道货物已遗失或损坏,而又不将这一事实告知买方,则这种遗失或损失应由卖方负责。

第三,其他情况下的风险转移。在买卖合同不涉及货物运输的情况下,《公约》对风险的转移做了如下规定:如果在卖方营业地交货,风险从买方接受货物时转移给买方承担,或在货物应交买方处置但其违反合同不收货物时起转移给买方;如果卖方在营业地以外交货,当交货时间已到而买方知道货物已在该地点交给他处置时,风险才转移给买方。但是,如果合同出售的货物在上述时间尚未特定化,那么这些货物在没有清楚确定在该合同项下以前,不得视为已交给买方处置,风险也不能转移给买方。

第四,根本违反合同时的风险转移。在卖方根本违反合同的情况下,不影响卖方根据《公约》规定将风险转移给买方,但在这种情况下,不得损害买方对卖方因其根本违反合同而应享有的采取各种救济方法的权利。

小提示

除双方另有协议外,在国际货物的买卖的运输和保管中,卖方应将货物按同类货物通用的方式装入容器或包装,如无此种通用方式,则应按足以保全和保护货物的方式装入容器或包装。

(二)《国际贸易术语解释通则》

国际货物买卖惯例是在从事国际贸易的人们的长期国际贸易实践中逐渐形成的,一般通称国际贸易惯例,它是国际货物买卖法的重要渊源和组成部分之一。根据合同当事人意思自治的原则,除强行规定以外,当事人可以协议选择适用于合同的法律或惯例;即使在法律有规定的情况下,合同当事人也可以不选择法律,而选用惯例。

成文的国际贸易惯例主要有《1932年华沙-牛津规则》《国际贸易术语解释通则》《1941年美国对外贸易定义修订本》。其中最重要、适用范围最广泛的是《国际贸易术语解释通则》。

1936年,国际商会(ICC)收集了关于国际贸易的若干惯例,称之为"国际商业术语"或"贸易术语",并依此制定了《国际贸易术语解释通则》。后经1953年、1967年、1976年、1980年和1990年、2000年、2010年数次修订和补充,2019年发布《2020通则》,该规则于2020年1月1日生效。

贸易术语是指用一个简短的英文缩写字母来表明商品的价格构成和买卖双方各自承担的责任、费用和风险的专门术语,因其可用来表示成交商品的价格构成,又被称为"价格术语"。贸易术语的标准化、规范化,简化了交易程序,节约了交易时间和费用,减少了贸易中的纠纷,对促进国际贸易的顺利发展起了很大作用。

根据买卖双方承担责任义务的不同,将11种贸易术语划分为E、F、C、D四组,按卖方承担的责任、费用和风险由小到大的顺序排列,对各种贸易术语从卖方角度定义。

E组：EXW—工厂交货。

F组：FAS—船边交货(指定装运港)；FOB—船上交货(指定装运港)；FCA—货交承运人(指定地点)。

C组：CFR—成本加运费(指定目的港)；CIF—成本、保险费加运费(指定目的港)；CPT—运费付至(指定目的地)；CIP—运费、保险费付至(指定目的地)。

D组：DAP—目的地交货；DPU—目的地卸货后交货；DDP—完税后交货(指定目的地)。

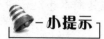

《2020通则》只限于买卖合同当事人的权利、义务中与交货有关的事项，如货物的进出口清关、货物的包装、买方受领货物的义务以及提供履行各项义务的凭证等，不涉及货物所有权和其他产权的转移，也不涉及违约、违约行为的后果以及某些情况的免责等。其货物是指"有形的"货物，不包括"无形的"货物，如计算机软件等。

在国际贸易中，FOB、CFR和CIF是被广泛应用的三种传统的贸易术语。随着运输技术的发展，在这三种贸易术语基础上又发展起来FCA、CPT和CIP三种术语。后三种术语的适用面广，可适各种运输方式，在国际货物买卖中被采用的范围越来越大。

1. FOB

FOB(free on board)即船上交货，应在术语后加注装运港，例如，FOB Shanghai，表明货物在上海港装船。FOB术语只用于海运或内河运输。综合起来看，FOB术语卖方的责任和风险止于在装运港将货物交到买方指定的船只上，风险以船边为界。

2. FCA

FCA(free carrier)即货交承运人，应在其后加注指定地点，例如，FCA Kunming，指卖方办理货物出口清关并将货物交至昆明的由买方指定的承运人照管，即完成其交货的义务。该术语可用于各种运输方式，包括多式联运。而此处的承运人指任何在运输合同中承诺通过铁路、公路、空运、海运、内河运输或上述运输的联合方式履行运输或由他人履行运输的人。此外，若买方指定承运人以外的人领取货物，则当卖方将货物交给此人时，即视为已履行了交货义务。

3. CFR

CFR(cast and freight)即成本加运费，应在其后加注目的港，例如，CFR(New York)表明卖方办理货物出口清关、租船订舱并支付运费，将货物装上运往纽约港的货船并及时通知买方，即完成其交货的义务。

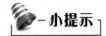

该术语仅适用于海运或内河运输,如当事各方无意以船边为界交货则应使用 CPT 术语。采用 CFR 术语,交货地点也在装运港,风险划分的界限也是货物越过装运港船舷;卖方负责租船订舱,支付货到目的港的运费;交货性质也属于象征性交货。

如果卖方未向买方发出装运通知,致使买方未能办理货物保险,则货物在海运途中的风险应由卖方负担。因此,卖方装船后务必及时向买方发出装船通知。

4. CIF

CIF(cost,insurance and freight)即成本、保险费加运费,应在术语后加注目的港。CIF 术语表明在装运港当货物越过船舷时卖方即完成交货,虽然卖方必须支付将货物运至指定的目的港所需的运费和其他费用,但交货后货物灭失或损坏的风险及由于各种事件造成的任何额外费用即由卖方转移到买方。同时卖方还必须办理货物在运输途中灭失或损坏风险的海运保险。该术语仅适用于海运和内河运输,如果当事方无意越过船边交货则应当使用 CIP 术语。

案例 12-1

中国 A 公司与德国 B 公司签订一份 CIF 合同,由 A 公司向 B 公司出售一批豆油,货物从中国上海装运,CIF 汉堡。后该船因触礁沉没,当卖方 A 公司凭持有的提单、发票、保险单等装运单据要求买方付款时,买方以货物全部灭失为由,拒不接受单据和付款。

问:卖方有无权利凭规定的单据要求买方付款?

(资料来源:作者自编)

【案例解析】

卖方有权凭规定的单据要求买方付款,买方无权拒付。CIF 合同是一种特定类型的合同,在贸易实践中有特定的解释。根据贸易惯例,在 CIF 合同中:

(1) 货物的风险在约定的装运港船越过船舷时由卖方转移到买方,而不是在货物到达目的港卸货时转移。

(2) 卖方有义务按照合同的规定提供货物和提交单据,也有凭单据向买方收取货款的权利;买方有义务按照合同的规定收受货物,接受单据和支付货款,并有拒收不符合合同的货物和单据的权利。

只要卖方按合同规定的时间,在装运港把货物装到运往目的港的船上,并付清运费和保险费,提供合同规定的提单、保险单、发票及有关单据,卖方就履行了其义务。货物装船后的一切风险及额外费用均与卖方无关。

第二节　国际货物运输中的国际公约与国际惯例

一、调整国际海上货物运输的国际公约与惯例

(一) 国际货物运输概述

国际货物运输是指不同国家之间的当事人为转移国际货物买卖标的物,采用一种或多种运输方式,把货物从一国的某一地点运至另一国的某一地点的运输。目前国际货物运输的方式很多,主要有海洋运输、铁路运输、航空运输、邮政运输、公路运输、河流运输、管道运输、大陆桥运输以及由各种运输方式组合的国际多式联运等。

国际买卖双方当事人为了保证将货物按质、按量、按时从一个国家运送到另一个国家,需要签订货物运输合同。为了确保国际货物运输合同的顺利执行,各国还制定了相应的法规和国际公约来加以协调。这类法规包括海商法、空运法、铁路法和公路法及其有关的国际公约。

国际货物运输与国内货物运输相比,其涉及面广,法律关系复杂。无论当事人采用哪一种运输方式,国际运输合同都有以下基本特点:

(1) 国际货物运输是跨越国境的运输。在整个运输过程中要牵涉到不同国家的海关、商检、卫生检疫、边防或移民等管理部门。

(2) 国际货物运输合同具有其独立性。

(3) 调整国际货物运输合同的主要法律规范是国际公约、国际惯例和国内法。其对承运人、托运人和收货人以及有关当事人的权利义务、法律适用、赔偿规定、诉讼时效等方面都做了明确的规定。

(二) 调整国际海上货物运输的主要国际公约与国际惯例

海上货物运输的国际公约主要有 1924 年的《统一提单的若干法律规定的国际公约》(简称《海牙规则》)、1968 年的《修改统一提单的若干法律规定的国际公约的议定书》(简称《维斯比规则》)、1978 年的《联合国海上货物运输公约》(简称《汉堡规则》)。

1.《海牙规则》的主要内容

《海牙规则》共有 16 条,其中第 1~10 条是该规则的实质性条款,规定了承运人的最低限度的义务、最大限度的权利、诉讼时效等;第 11~16 条是规定各国批准、加入和修改公约的程序性条款。《海牙规则》的主要内容包括:

(1) 承运人的适航责任

船舶适航是法律规定承运人必须执行的最低限度的义务。承运人提供的船舶应同时

具备3项要求,才能称为船舶适航。《海牙规则》第3条第1款规定:"承运人须在开航前和开航当时,谨慎处理,使船舶适于航行;适当地配备船员、装备船舶和配备供应品;使货舱、冷藏舱、冷气舱和该船其他载货部位能适宜和安全地收受、运送和保管货物。"

(2) 承运人的管货责任

管货责任是法律规定承运人在海上运输中必须执行的最低限度的义务。《海牙规则》第3条第2款规定,承运人应适当和谨慎地装载、搬移、配载、运送、保管、照料和卸载所运送的货物。承运人在运输过程中,必须"适当而谨慎"地对待上述7个工作环节,安全地把货物运送到目的港。承运人的管货责任从货物装运开始至货物运抵目的港为止,按"装上船起至卸完船止",即"钩至钩"的责任期间。若在运输途中发生货损货差,承运人的最高赔偿限额,每件货物或每个运输单位为100英镑。

案例 12-2

"m. v. Washington"轮将兴明公司的390箱玻璃从我国台湾地区基隆运往加拿大温哥华,抵达目的港卸货后,发现第五舱玻璃损坏,货主要求承运人赔偿65 140.77美元。承运人则引用《海牙规则》关于海难及航行管理免责的规定主张免责。

加拿大联邦法院在审理时发现,在玻璃受损的那段时间,海上气候情况并不十分恶劣,船舶本身未受损坏,船上其他货物也无大碍。而且,另一批堆放于第五舱的玻璃未受任何损坏。而本案受损的玻璃放于第五舱中甲板的底部,货舱中有不少舱位未加利用,若该舱位装满,本可减少本案玻璃因移动而受到的损失。本案法院判决货物的致损原因是承运人积载货物的疏忽,驳回其以"海难"为由进行的抗辩。

(资料来源:作者自编)

(3) 承运人的免责条款

《海牙规则》第4条第2款规定了承运人17项免责条款。这些免责条款主要包括两种类型,第一种是过失免责,第二种是无过失免责。所谓承运人的过失免责是指船长、船员、引航员或承运人的受雇人员驾驶船舶或管理船舶的行为、疏忽或过失引起的货物灭失或损坏,承运人可以免除赔偿责任。

驾驶船舶的过失,是指船舶在航行过程中,由于船长、船员和引航员等驾驶船舶的操作或判断过失而引起的事故;管理船舶的过失,是指船舶在航行过程中,由于船长或船员对于船舶的性能和使船舶处于有效的状态缺乏应有的注意而引起的货物损失。很明显,《海牙规则》偏袒了船方的利益。所谓承运人无过失免责是指船舶发生火灾、海上灾难、意外事故、天灾、不可抗力,船舶潜在缺陷,货物固有缺陷等。

2.《维斯比规则》的主要内容

《维斯比规则》是对《海牙规则》进行修改的国际公约,主要内容有以下6个方面:

(1) 承运人的赔偿限额

《维斯比规则》第2条第1款规定，凡属未申报价值的货物，其灭失或损害的最高赔偿限额为每件或每单位1万金法郎，或毛重每千克30金法郎，两者中以较高的数额为准。1979年布鲁塞尔的外交会议把承运人的最高赔偿限额改为每件或每单位666.67特别提款权(SDR)，或毛重每千克2特别提款权。

(2) 集装箱条款

《维斯比规则》规定，如果货物是用集装箱、托盘或类似运输工具集装的，提单中所载明装在这种运输工具中的货物件数或单位，应视为本款所指的件数或单位数。

(3) 提单的最终证据效力

《维斯比规则》第1条规定，当提单转移给善意的第三方时，与此相反的证据不予采用。该条款规定加强了提单的证据力，维护了提单持有人或收货人的合法权益。

(4) 合同之诉或侵权之诉的规定

《维斯比规则》第3条规定，本公约所规定的抗辩和责任限制，应适用于运输契约中所载货物的灭失或损害对承运人所提出的责任诉讼，而不论该项诉讼是以契约为根据，或以侵权行为为依据。明确规定在货物运输中，即便受害人是以侵权行为提起诉讼，也要适用运输合同所提起的诉讼，这就能避免货物受害人以侵权之诉来排除合同之诉的约束。

(5) 船方的雇用人员的法律地位

船方的雇用人员包括船长、船员或其代理人员。船方的雇用人员在受雇期间，由于其过失造成人身或货物的损失属于运输合同的当事方，与船方一样享有免责和限制的规定。著名的《喜马拉雅条款》规定，如果这种诉讼是对承运人的雇用人或代理人(不是独立的订约人)所提起，该雇用人或代理人便有权适用承运人按照《海牙规则》的各项抗辩或责任限制的规定。

(6) 承运人的雇用人或代理人的责任限制

《海牙规则》未明确规定承运人的雇用人或代理人是否也能享受责任限制的保护。另外，损害赔偿的请求可以通过两个途径进行，即违约之诉和侵权之诉。货方为了避开合同中有关承运人责任限制的规定，在损失是由承运人的雇用人或代理人引起的时候，往往不是去诉承运人，而是通过侵权之诉告雇用人或代理人。对此《维斯比规则》进行了明确规定：

① 对承运人提起的货损索赔诉讼，无论是以合同为依据，还是以侵权行为为依据，均可以适用责任限制的规定；

② 承运人的雇用人或代理人也可以享受责任限制的保护。

(7) 适用范围

《维斯比规则》第5条规定，本公约各项规定应适用于两个不同国家港口之间有关货物运输的每一提单。该规则的适用范围包括：提单在一个缔约国中签发；从一个缔约国的港口起运；提单载有的或由提单证明的合同规定，该合同应受本公约的各项规则或使公约生效的任何国家的立法所约束，不论船舶、承运人、托运人、收货人或任何其他有关人的国籍如何。

3.《汉堡规则》的主要内容

《汉堡规则》共包括 7 个部分 34 条规定和一个共同谅解文件。该规则对承运人或托运人在货物运输中应享有的权利、承担的责任以及适用范围的规定与其他公约不同。《汉堡规则》的主要内容表现在以下 5 个方面：

(1) 承运人的责任原则

《汉堡规则》规定对承运人实行完全过失责任制，该原则的制订从根本上改变了传统的承运人的责任原则，废除了争议很大的驾驶和管理船舶的免责及其他有关免责条款。

小提示

根据《汉堡规则》，承运人发生事故时，应采用推定过失与举证责任相结合的原则。承运人在运输途中发生货物灭失、损坏或延迟交货等行为，首先应该推定承运人有过失，如果他想使用过失免责条款免除其责任，他就必须负有举证之责。反之，承运人将承担有关责任。

(2) 承运人的责任期间

公约规定，承运人对货物的责任期间，包括货物在装货港、运输途中和卸货港处于承运人掌管的全部期间。具体地说，承运人的责任开始，自承运人从托运人或其代理人手中接受货物；承运人的责任终止，是指将货物交付收货人或其他第三方，或者当收货人不提货时，承运人可以根据合同或贸易惯例将货物交于收货人支配之下。"港到港"的规定明显地延长了承运人的责任期间。

(3) 承运人的责任限制

《汉堡规则》规定，承运人对货物灭失或损坏的赔偿，每件或其他装运单位以 835 特别提款权或毛重每千克以 2.5 特别提款权为限，两者以其高者为准。

(4) 特殊货物的适用

海上运输中的活动物和舱面货有其特殊性。《汉堡规则》对这两种货物的适用作了明确的规定，即承运人应根据与托运人订立的协议，或者符合国际贸易的惯例装载这类货物。反之，承运人违反了协议或法律的规定，对此造成的货物灭失、损坏或延迟交货，应负赔偿责任。

(5) 管辖权和诉讼时效

《汉堡规则》规定，国际海上货物运输的司法管辖权可以从以下几个方面选择：被告的主要营业所,如无主要营业所时,为其通常住所;合同订立地,但该合同是通过被告在该地的营业所、分支或代理机构订立;装货港或卸货港;海上运输合同规定的其他地点。《汉堡规则》规定的诉讼时效为2年。

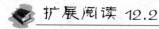

国外七大港口对危险货物的最新规定

二、调整国际航空运输关系的国际公约与国际惯例

由于国际航空货物运输的特殊性,各国在规范国际航空的法律制度方面取得了较普遍的一致性。主要有:1929年的《关于统一国际航空运输某些规则的公约》(以下简称《华沙公约》)、修改《华沙公约》的1955年《海牙议定书》、1961年的《统一非缔约承运人所办国际航空运输某些规则以补充华沙公约的公约》(以下简称《瓜达拉哈拉公约》)。

(一)《华沙公约》的主要内容

《华沙公约》规定了以航空运输承运人为一方和以旅客和货物托运人与收货人为另一方的权利义务关系,为调整国际航空旅客、行李和货物运输法律关系创立了基本制度,是国际航空运输的一项最重要的公约。其于1932年2月正式生效,我国于1958年正式加入该公约。

1. 承运人的责任

国际航空货物运输承运人的责任是按合同规定,安全地把货物从起始地送至目的地。根据《华沙公约》规定,责任期间是在"航空期间",即承运人在保管货物的期间,对货物的损失应承担责任。该期间包括货物在航空站内、航空器上或航空站外降落的任何地点,不包括航空站以外的任何陆运、海运或河运地点。

2. 承运人免责

《华沙公约》对承运人的免责规定有三个方面:

(1)承运人如果能证明自己和他的代理人或雇用人员为了避免损失的发生,已经采取了一切必要的措施,或者证明自己和他的代理人或雇用人员不可能采取这种防范措施时,承运人对货物的损失可不承担责任;

（2）承运人如果能证明损失的发生是由于受害人的过失所引起或促成时，法院可以根据具体情况免除承运人的全部或部分责任；

（3）承运人如果能证明，损失的发生是由于驾驶上、航空器的操作上或领航上的过失所引起，并能证明他和他的代理人已经在其他一切方面采取了一切必要措施以避免损失，则他对该项损失可以免除责任。

3．承运人的责任限制

《华沙公约》规定：承运人对货物损害、灭失或延迟交付而引起的损失的最高赔偿限额为每千克250金法郎。

4．索赔与诉讼管辖权

《华沙公约》规定，当货物损坏、灭失或迟延交付后，货主应先提出索赔，然后可在必要时向承运人提起诉讼。有关索赔问题，公约规定，收货人应该在收到货物后7天内向承运人提出书面通知。如果货物发生延期交货，收货人应在货物交由其支配之日起14天内提出异议。任何异议应该在规定期限内写在运输凭证上或另以书面提出。除非承运人方面有欺诈行为，如果在规定期限内没有提出异议，就不能向承运人起诉。

《华沙公约》规定国际航空货物运输合同的诉讼时效为：诉讼应该在航空器到达目的地之日起，或应该到达之日起，或从运输停止之日起2年内提出。否则就丧失追诉权。诉讼期限的计算方式根据受理法院的法律规定。

（二）《海牙议定书》的主要内容

《海牙议定书》主要在航行过失免责、责任限制、运输单证的项目以及提出索赔期限等方面对《华沙公约》作了修改。《海牙议定书》于1963年8月1日生效。我国于1975年加入该公约。

1．承运人的责任限制

《海牙议定书》对承运人的责任限制作了补充规定：如果经证明系出于承运人、其受雇人员或其代理人员的蓄意造成损失或明知可能造成损失而漠不关心的行为或不行为，则不能适用《华沙公约》的有关责任限制规定。

2．索赔期限

《海牙议定书》对收货人提出书面索赔的期限作了修改，规定在货物遭受损害的情况下，收货人在发现损害后，立即向承运人提出异议，或最迟应在收到货物后14天内提出；发生迟延交货时，最迟应在货物交付收货人自由处置之日起21天内提出异议。

三、调整国际铁路运输关系的国际条约

国际铁路货物运输公约主要有两个：1951年苏联、捷克、罗马尼亚等8国在华沙签订

的《国际铁路货物联运协定》(简称《国际货协》),1961年奥地利、法国、德国、比利时等西欧国家在伯尔尼签订的《关于铁路货物运输的国际公约》(简称《国际货约》)。《国际货协》是约束东欧国家铁路合作组织开展的运输,其成员国中的有些国家同时也参加了《国际货约》,为沟通国际间的货物铁路运输创造了更为有利的条件。

国际铁路货物运输公约的主要内容如下:

(一)承运人的基本权利

承运人的基本权利是按合同规定收取运费,当收货人非法拒绝货物时,应按规定向他收取罚款。为了保证铁路核收运输合同项下的一切费用,铁路当局对货物享有留置权。留置权的效力是以货物交付地国家的法律为依据的。

(二)承运人的基本义务

承运人应当按货物运输合同的规定,将货物安全地运至目的地。《国际货协》规定,按运单承运货物的铁路部门应对货物负连带责任;执行发货人或收货人按规定提出的变更合同要求;妥善保管发货人在运单内所记载并添付的各项文件;在责任期限内,对货物逾期到达以及货物的损坏负赔偿责任。

(三)承运人的免责规定

承运人在运输期间对下列原因造成的损失不负赔偿责任:由于铁路不能预防和不能消除的情况;由于货物的特殊自然性质引起货物的损失;由于发货人或收货人的过失或由于其要求,而不能归咎于铁路;由于发货人或收货人装车或卸车的原因所造成;由于发送铁路规章许可,使用敞车类货车运输货物;由于发货人或收货人的货物押运人未采取保证货物完整的必要措施;由于容器或包装的缺点在承运中无法从其外表发现;由于发货人用不正确、不确切或不完全的名称托运违禁品;由于发货人在托运时,未按特定的条件托运货物;由于规定的标准范围内的货物自然损耗。

(四)赔偿规定

《国际货协》与《国际货约》在赔偿方面采用了不同的做法。《国际货协》基本采用足额赔偿的方法,货物损失方可以得到100%的赔偿。《国际货约》规定铁路运输方可以享受责任限制权利。《国际货协》第22条规定,铁路对货物赔偿损失的金额在任何情况下都不得超过货物全部灭失时的款项。对于未声明价格的家庭用品,如发生全部或部分灭失时,铁路赔偿的最高额为每千克2.70卢布。《国际货约》规定,对于货物的灭失赔偿,应以灭失货物的价格为限,但毛重每千克不得超过50金法郎。

（五）诉讼时效

《国际货协》规定，铁路运输合同一方当事人向铁路提出赔偿请求或诉讼，或铁路就运费、罚款和赔偿向发货人和收货人提出诉讼，应在9个月内提出。有关货物逾期的赔偿或诉讼应在2个月内提出。《国际货约》规定的诉讼时效为1年。发生现款交付之诉，原告要求收回由铁路出售货物的净收入的诉讼、故意致损之诉、欺诈行为之诉和转运前运输合同之诉的特殊情况，诉讼时效为2年。

四、调整国际货物多式联运关系的国际公约与国际惯例

国际货物多式联运是指按照多式联运合同，以至少两种或两种以上不同的运输方式，由多式联运经营人将货物从一国境内接管货物的地点运至另一国境内指定交付货物的地点的运输方式。

（一）国际货物多式联运的基本特点

（1）把传统的单一运输方式有机地集合起来，实现了"门到门运输"，以集装箱运输方式为主。

（2）承运人是多式联运经营人，负责全程运输。

（3）只需一次货物托运。多式联运合同规范全程运输；签发一张单据，该货运单适用不同的运输方式；只要一次付费，实行全程单一的运费率；进行一次保险，包括各种运输方式的保险。

（4）多式联运经营人是整个运输的总承运人和合同履行者，它可以参与或实际运输。但多式联运经营人要与托运人和各区段承运人订立合同，组成全程运输，收取运费。

（二）《联运单证统一规则》的主要内容

国际商会1973年制定、1975年修订的《联运单证统一规则》规定了多式联运经营人的责任制度，主要内容如下：

1. 网状责任制

多式联运经营人对全程运输负责。而各区段运输以自己适用的公约和法律来规范，负责本区段货运的责任。按这种规定，货物损失不论发生在哪一运输区段中，货物损失方可以向多式联运经营人提起索赔，也可以向货物损失区段的承运人提起索赔。无论向谁索赔，适用赔偿责任的法律应是规范该区段的法律。当不能确定货损区段时，只能向多式联运经营人提出索赔。

2. 统一责任制

多式联运经营人对全程负责，各区段的承运人负责自己的运输区段。无论货物损失

发生在哪一区段,多式联运经营人或各区段承运人都按统一的规则负责赔偿。

3. 责任分担制

责任分担制是对统一责任制的修正,其责任范围实行统一责任制,但是赔偿责任按各区段的法律规定办理(例如,海上运输区段赔偿责任可以按《海牙规则》等;航空运输区段可以按《华沙公约》等)。

(三)《联合国国际多式联运公约》的主要内容

1980年5月24日在日内瓦召开了由84个贸发会成员国参加的国际多式联运会议,通过了《联合国国际多式联运公约》。该公约包括总则、多式联运单证、多式联运经营的赔偿责任、发货人的赔偿责任、索赔和诉讼、补充规定、海关事项、最后条款等8个组成部分,共40条。

1. 公约的适用范围

《联合国国际多式联运公约》第1条规定:"国际多式联运是指按照多式联运合同,以至少两种不同的运输方式,由多式联运经营人将货物从一国境内接管货物的地点运至另一国境内指定交货的地点。"这种运输方式可以适用由陆海、陆空、海空组成的国际货物运输。

该公约规定:多式联运合同规定的多式联运经营人接管货物或交付货物的地点必须位于缔约国境内。

2. 多式联运经营人的责任期间

《联合国国际多式联运公约》第4条规定:"多式联运经营人对于货物的责任期间自接管货物之日起到交付货物为止。"根据规定,多式联运经营人接管货物的方式有两种:①从发货人或其代表手中接管货物,这是一种常用的、普遍的规定方式;②根据接管货物地点适用的法律或规则,货物必须从货物运输管理当局或其他第三方的手中接收,这是一种特殊的规定。

根据这项规定,如果货物运输管理当局或第三方保管期间发生货物的灭失或损坏,则多式联运经营人不负责任。

3. 多式联运经营人的赔偿责任原则

《联合国国际多式联运公约》实行完全推定责任原则(与《汉堡规则》的责任原则相同),除非经营人能证明其本人、受雇人或代理人为避免事故的发生已采取了一切所能采取的合理措施,否则,便推定损坏是由于其本人、受雇人或代理人的过错行为所致,并由其负赔偿责任。

4. 多式联运经营人的赔偿责任限制

多式联运经营人在其责任期间,发生货物灭失、损坏应负赔偿责任。公约规定,货物灭失或损坏赔偿责任限制按灭失或损坏货物的每件或其他货运单位不得超过920特别提款权,或按毛重每千克不得超过2.75特别提款权,以较高者为准。

如果多式联运不包括海上运输或内河运输,则多式联运经营人的赔偿责任按灭失或损坏货物毛重每千克不得超过8.33特别提款权。对于迟延交货的赔偿责任限制,相当于迟延交付的货物应付费用的2.5倍,但该费用不得超过多式联运合同规定应付的总额。

5. 管辖权

多式联运公约规定,原告有权选择下列有管辖权的法院提起诉讼:

(1) 被告主要营业所在地法院;

(2) 多式联运合同订立地法院;

(3) 多式联运合同和单据中所载明的法院;

(4) 货物接收地或交付货物地法院。公约允许当事人订立仲裁协议,将有关索赔争议提交仲裁。

6. 诉讼时效

多式联运公约规定应在两年内提起诉讼或提交仲裁,否则将失去法律效力。如果货物在交付之日起或应交付之日后6个月内没有提出书面通知说明索赔的性质和主要事项,则在时效届满后失效。

扩展阅读 12.3

中谷海运布局大西北 海铁联运实现常态化

第三节 保税货物仓储的法律问题

一、保税仓库

(一) 保税仓库的概念和类型

保税仓库是指经海关核准并受海关监管的专门存放保税货物及其他未办结海关手续货物的仓库。能进入保税仓库的货物仅限于来料加工、进料加工复出口的货物,或者暂存后再复运出口的货物,以及经海关核准缓办纳税手续的进境货物。上述货物如果转为内销,进入国内市场,则必须事先提供进口许可证和有关证件,正式向海关办理进口手续,并交纳关税,货物方能出库。非经海关批准,货物不得入库和出库。

保税仓库的设立需要专门批准,外国货物的保税期一般最长为两年。在这个时期中,可将其存放在保税仓库中,经营者则可以寻找最适当的销售时机,一旦实现销售,再办理通关手续;如果两年之内未能销售完毕,可再运往其他国家,保税仓库所在国则不收取关税。

保税仓库按使用对象不同分为公用型保税仓库、自用型保税仓库、专用型保税仓库。

1. 公用型保税仓库

由主营仓储业务的独立企业法人经营,是经海关批准建立的专门向社会提供综合性保税仓储服务的保税仓库。这类保税仓库一般不经营进出口商品,只为国内外保税货物持有者服务,其出库货物的流向不是单一的,可以复出口运往境外,也可以销往境内。

2. 自用型保税仓库

由特定的独立企业法人经营,仅存储供本企业自用的保税货物,主要是在海关监管下专门生产进料加工、进件装配复出口的保税工厂的产品。

3. 专用型保税仓库

是指具有外贸经营权的企业经海关批准而建立的,专门用来存储具有特定用途或特殊种类商品的仓库,包括液体危险品保税仓库、备料保税仓库、寄售维修保税仓库和其他专用型保税仓库。

另外一种类型是海关监管仓库,主要存放已进境而所有人未来提取的货物或行李物品,或者无证到货、单证不齐、手续不完备以及违反海关规程,海关不予放行,需要暂存海关监管仓库等候海关处理的货物。海关监管仓库的另一种类则是出口监管仓库,专门存储已对外成交,并已结汇,但海关暂不批准出境的货物。

(二)保税仓库储存的货物

我国目前实行的保税仓库制度,是一项专门储存进口货物的保税制度,即指经海关核准,进口货物(限定尚未确定最终去向或待复出口的货物)可以暂缓缴纳进口各税、免领进口许可证或其他进口批件,存入专门仓库,并在规定期限内复运出口或办理正式进口手续或提取用于保税加工。但在货物储存期间必须保持货物的原状,除允许在海关监管下进行一些以储存和运输为目的的简单处理(如晾晒、刷标记、更换包装等)外,不得进行任何加工。具体允许存放的货物范围如下:

1. 缓办纳税手续的进口货物

这主要包括为进口国工程、生产等所需要,由于种种原因而预进口的货物,其储存在保税仓库内,随需随提,并办理通关手续,剩余的货物免税。也包括因进口国情况变化、市场变化,而暂时无法决定去向的货物,或是无法作出最后处理的进口货物,这些情况下都需要将货物存放一段时间。如果条件变化,需要实际进口,再缴纳关税和其他税费,这就使进口商可以将纳税时间推迟到货物实际内销的时间。

2. 需作进口技术处置的货物

有些货物到库后,由于不适于在进口国销售,需换包装,改包装尺寸或作其他加工处理,则可入保税仓库进行这一技术处置,待到符合进口国的要求再完税内销,不符合的则免税退返。

3. 来料加工后复出口的货物

为鼓励"两头在外"的国际贸易战略的实施,对有些来料加工,又是在保税区或保税仓库完成的货物,加工后该货物复出口,则可存放于保税仓库。

4. 不内销而过境转口的货物

有些货物因内销无望而转口,或在该区域存放有利于转口,或无法向第三国直接出口而需转口,则可存放于保税仓库中。

5. 其他可储存货物

其他可储存货物包括:经商务主管部门批准和海关核准,开展外国商品寄售业务、外国产品维修业务、外汇免税商品业务所需商品及保税生产资料市场待销的进口货物等;供应国际航行船舶的燃料、物料和零配件等。

保税仓库在国际物流中不仅适用于进口货物,也可用于出口货物。保税仓库不得存放国家禁止入境货物,不得存放未经批准的影响公共安全、公共卫生或健康、公共道德或秩序的国家限制进境货物及其他不得存入保税仓库的货物。转口贸易的烟、酒和转口贸易的易制毒化学品不能存入保税仓库。各类保税仓库应在批准的范围内经营保税储存业务。

保税仓库经营单位进口供仓库自己使用的设备、装置和用品,如货架、搬运、起重包装设备、运输车辆、办公用品及其他管理用具,均不属于保税货物,进口时应按一般贸易办理进口手续并缴纳进口税款。

案例 12-3

D公司是美国一家经营灯具业务的跨国企业。公司从中国进口产品,经北太平洋航线以集装箱运输方式运达美国西海岸,随后销售到美国各地或者转售到其他美洲国家。在国内,D公司的客户是西尔斯、沃尔玛之类的大型零售企业,国外客户则主要是专营进出口业务的经销商。

以前，公司在货物运抵美国西海岸后直接做进口报关，支付12.5%的海关关税。随后，货物被运到公司设在附近的中转仓库中，等待来自客户的订单。接到订单后，公司会根据客户的要求对商品进行简单加工、处理，主要是重新包装，将不同款式的产品按订单要求组合在一起等。对美国本土的客户可以直接发货，如果是海外的客户则还需要办理再出口手续。

现在，来自中国的灯具经海路运抵西海岸后，随即采取保税方式由铁路运到俄亥俄州Rickenbacker自由贸易区。D公司在该自由贸易区内设有保税工厂，在这里完成商品组合、包装工作。如果订单来自国外，那么公司会直接将灯具再出口到其他国家，无须支付进口关税。从海关的角度看，就好像产品从没有进入美国一样。如果订单来自本国的零售企业，那么在发往零售店前需要缴纳进口关税，但与以前不同的是，缴纳关税的时间比以前推迟了30天。保税制度的充分利用，为企业赢得了成本的优势，每年仅推迟缴纳关税一项就节约数万美元。

（资料来源：作者自编）

（三）海关对保税仓库储存货物的监管限制

1. 对保税储存货物时间的限制

按照《中华人民共和国海关对保税仓库及所存货物的管理办法》的规定，保税仓库所存货物的储存期限为1年。如因特殊情况需延长储存期限的，应向主管海关申请延期，经海关核准的延长期限最长不能超过1年。所存货物期满超过3个月仍未转为正式进口或复运出口，按《海关法》的规定，由海关提取变卖处理；变卖所得价款在扣除运输、装卸、储存等费用和进口税款后，仍有余款的，自变卖之日起1年内，经货主申请并办理相关进口手续后予以发还，逾期无人申请的，上缴国库。

2. 对保税储存货物品种的限制

（1）转口贸易的烟、酒和转口贸易的易制毒化学品等和由于公共道德、公共秩序、公共安全或公共卫生等方面原因国家明令禁止进口的物品不准存入保税仓库，除此以外，其他进口货物无论是应税货物，还是属于限制进口的货物，均可存入保税仓库。但货物进口时已明确为一般进口的货物，不允许存入保税仓库。

（2）保税仓库货物进境申报时，除易制毒化学品、监控化学品、消耗臭氧层物质等需申领许可证以外免领许可证件。

（3）对每一家具体的保税仓库而言，只能在海关注册的储存范围内储存进口货物。公用型保税仓库可以储存通关制度中未规定不准存放的一切货物；自用型保税仓库原则上仅能存放与其经营业务相关的货物，不得存放本企业一般贸易进口货物或与加工生产无关的货物以及其他企业的货物。

3. 对保税货物在储存保管中的限制

（1）保税仓库应独立设置，专库专用，保税货物不得与非保税货物混放。

（2）保税仓库对所存货物应有专人管理，海关认为有必要时将会与仓库管理人员共同加锁。仓库经营人配合海关派员对仓库储存情况进行检查，对海关派员驻库监管，应提供便利。

（3）保税仓库所存货物属于海关监管货物，未经海关核准并按规定办理有关手续，仓库经理人及其他任何人均不得擅自出售、提取、交付、调换、抵押、转让或移作他用。

（4）货物在仓库储存期间发生短少或灭失，除不可抗力原因外，短少或灭失部分由保税仓库经理人承担缴纳税款责任，并由海关按有关规定予以处理。

4. 对保税储存货物处置的限制

保税货物在储存期间不得进行加工。但是由于运输、保管或商业上的需要，在遵守存放规则的前提下，由保税仓库经营人向海关提出申请，经海关同意，并在海关监管下，保税仓库经营人或货主可对货物进行改善包装、防腐、防虫及防潮等处理。

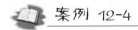
案例 12-4

美国某大型电脑销售公司分别从广州、深圳、中山、东莞等六家加工工厂购买电脑机箱、显示器、键盘等电脑组件，然后装配并包装为整机后在美国本土销售。由于上述六家工厂均属加工企业，所生产产品均受海关监管，因此不能在国内非海关监管区域完成组装工序。以前都是分别出口至香港完成组装后再运抵美国或分别直运美国再进行组装，但由于香港、美国的人工费很高，这样就大幅增加了成品的成本。后来该公司要求这六家工厂全部将产品运抵保税区，利用保税区廉价的劳动力完成装配包装，和解决加工企业出口手册核销的问题，再以整机出口至美国，大大降低了成本。

（资料来源：作者自编）

二、保税货物仓储的法律规定

保税货物仓储在入库、出库、核销等环节中均有相应的法律规定。

（一）保税仓库货物的入库

1. 本地进货

保税仓库储存货物在保税仓库所在地进境时，由货主或其代理人向入境地海关申报，填写"进口货物报关单"，在报关单上加盖"保税仓库货物"戳记，并注明"存入××保税仓库"，经入境地海关查验放行后，货物所有人或其代理人应将货物存入保税仓库，并将两份

"进口货物报关单"随货交保税仓库经营人。保税仓库经营人应在核对报关单上申报进口货物与实际入库货物无误后,在报关单上签收,其中一份报关单连同保税仓库货物入库单据交回海关存查,另一份留存仓库。

2. 异地进货

进口货物在保税仓库所在地以外其他口岸入境时,货物所有人或其代理人应按《海关进口货物转关运输管理规定》办理转关运输手续。货物所有人或其代理人应先向保税仓库所在地主管海关提出将进口货物转运至保税仓库的申请,主管海关核实后,签发"进口货物转关运输联系单",并注明货物转运存入某某保税仓库。

货物所有人或其代理人凭此联系单到入境地海关办理转关运输手续,入境地海关核准后,将进口货物监管运至保税仓库所在地,货物抵达目的地后,货物所有人或其代理人应按上述"本地进货"手续向主管海关办理申报及入库手续。

(二)保税仓库货物的出库

进口货物存入保税仓库后,其出库的流向较为复杂,一般可分为储存后原状复出口、加工贸易提取后加工成品出口、向国内销售或使用三种情况,相关海关手续是不同的。

1. 转口售出或复运出境,应办理出口报关手续

保税仓库储存货物在规定的时间内原状复运出境时,货物所有人或其代理人应向保税仓库所在地海关申报,填写"出口货物报关单"并提交进口时经海关签章确认的"进口货物报关单",经海关核实后予以验放有关货物,或按转关运输管理办法将有关货物监管至出境地海关验放出境。

2. 转为加工贸易提取使用,应办理进口保税加工提货手续

当从保税仓库提取货物用于进料加工、来料加工项目加工生产成品复出口时,经营加工贸易的单位应首先向外经贸主管部门申请加工贸易合同审批;其次向主管海关申请办理合同登记备案;再次向海关指定银行申请办理银行保证金台账,然后由主管海关核发《加工贸易登记手册》。

经营加工贸易的单位凭《加工贸易登记手册》,并填写加工贸易专用的"进口货物报关单"和"保税仓库领料核准单",经海关审核后加盖放行章,其中一份凭以到保税仓库提货,另一份保税仓库留存,作为保税仓库核销的依据。对运往境内保税区、出口加工区或者调往其他保税仓库继续实施保税监管的,应向海关办理相应的海关手续。

3. 转入境内市场销售,应办理正式进口报关手续

保税仓库储存货物转为进入国内市场销售时,货物的所有人或其代理人应事先报主管海关核准,并办理正式进口手续,填写"进口货物报关单"(其贸易性质由"保税仓库货物"转变为"一般贸易进口"方式)。

案例 12-5

某境外公司的货主与境内保税仓库经理人签订保税货物保管及代报关合同约定：每次批量到货，货主应在船到前两天提供有关发票、装箱单、提单等进口单证及合同或手册，仓库经理人向海关提交这些单证办理清关手续，将货物进仓；仓库经理人按照货主盖有单位公章戳记的书面通知和有关单证资料进行报关出仓，同时向海关提交单证；货主保证提供货物的品名、性质、标志及数量等单证资料准确无误。

最近海关查出其中两年的货物在出仓与进仓的件数完全一致的情况下，出仓重量却比进仓重量累计多出近千吨（即少报多出）。与此同时，出保税仓货物的件数与保税加工厂购进货物的件数一致，保税加工厂多进的重量（即少报多进）正好与出仓少报的重量相符。

海关侦查局侦查终结后向检察院提交起诉意见书，认为货主及其有关人员、仓库经理人及其职工构成走私普通货物罪；检察院在要求海关侦查局补充侦查两次后，最终向法院提起公诉，认为仓库经理人及其职工和货主的推销员构成走私普通货物罪，但对海关侦查局起诉意见书中所列其他犯罪嫌疑人不列为被告的原因及如何处理均未提及。

（资料来源：作者自编）

（三）保税仓库储存货物的定期逐批核销

保税仓库货物应按月向主管海关办理核销。经营单位应在每月的前五天将上月所发生的保税仓库货物的入库、出库、结存等情况列表，并随附经海关签章的进出口货物报关单以及《保税仓库领料核准单》、维修报告书等单证，报送主管海关。

海关对上述单证资料进行审核，必要时，派员到仓库实地核查有关记录和货物结存情况，核实无误后予以核销，并在一份保税仓库报表上加盖印章，退还保税仓库经营单位留存。

（四）保税仓库经营人的法律责任

保税仓库货物在存储期间发生损毁或者灭失的，除不可抗力外，保税仓库经营人应当向海关缴纳损毁、灭失货物的税款，并承担相应的法律责任。

保税仓库存储货物在保税仓库内存储期满，未及时向海关申请延期或者延长期届满后，既不复运出境也不转为进口的，海关按照有关规定作提取变卖处理。

海关在保税仓库设立、变更、注销后，发现原申请材料不完整或者不准确的，应责令经营企业限期补正，发现企业有隐瞒真实情况、提供虚假材料等违法情形的依法予以处罚。

保税仓库经营企业有下列行为之一的，海关责令其改正，可以给予警告，或者处 1 万

元以下的罚款;有违法所得的,处违法所得3倍以下的罚款,但最高不得超过3万元:
(1) 未经海关批准,在保税仓库擅自存放非保税货物的;
(2) 私自设立保税仓库分库的;
(3) 保税仓库管理混乱,账目不清的;
(4) 经营事项发生变更,未按照规定申请办理变更手续的。

对其他违法行为,海关按照《海关法》《海关行政处罚实施条例》的有关规定进行行政处罚。构成犯罪的,依法追究刑事责任。

扩展阅读 12.4

WIFFA 中欧班列 9 月 25 日首发

思考与练习

1. 简述国际物流的概念、特征及与国际货物买卖的关系。
2. 简述《联合国国际货物销售合同公约》的主要法律规定。
3. 根据《2020 年国际贸易术语解释通则》的规定说明 FOB、FCA、CFR、CIF 术语的含义。
4. 《海牙规则》《维斯比规则》和《汉堡规则》在承运人责任方面的规定有何不同?
5. 简述国际货物多式联运经营人的责任制度。
6. 简述保税货物仓储的法律规定。

第十三章

物流经济调控法律制度

【学习目标】
1. 了解物流调控法律制度的概念；
2. 了解铁路法、公路法、港口法、航空法、邮政法中宏观调控的法规内容。

引导案例

河北建设京津冀交通强国示范区　雄安新区2020年建成

河北省将以党的十九大精神为指引，全力推进京津冀交通强国示范区和交通强省建设。到2020年，与京津差距明显缩小，基本建成安全可靠、便捷高效、经济适用、绿色环保的现代综合交通运输体系。届时，雄安新区对外交通骨干路网项目基本建成，北京冬奥会重大交通保障项目全部建成。

河北将以党的十九大精神为指引，推进与京津交通基础设施一体化、运输市场一体化、行业管理一体化；优化债务结构，尝试资产证券化等新型融资方式，探索专用交通基础设施与旅游项目、园区项目等合作开发；着力打造科技交通、智慧交通、绿色交通，实施一批重大科技攻关项目，推进"互联网＋交通运输"发展新业态，实现各种运输方式信息互联互通，提高土地和岸线等资源利用效率。

河北还将更加关注深度贫困地区交通基础设施落后，绕城路、高速公路收费站口拥堵，部分高速公路连接线等级低等问题，完善农村公路网，全面加快燕山—太行山集中连片特困地区、环首都贫困带和黑龙港流域交通基础设施建设，推进城乡客运一体化发展，加快农村客运公交化、公司化改造，发展快速、大容量的城市公交系统。

（资料来源：https://www.china.chinadaily.com.cn/2017-11/13/content_34466999.htm)

第一节　物流经济调控法律制度概述

物流市场经济是国民经济市场的重要组成部分，具有市场经济的共同属性。传统的经济学观点认为，由于存在市场失灵，市场经济并不能真正实现资源的最优配置，在这种情况下，需要政府出面作用于市场失灵的领域，弥补市场机制的缺陷。政府从整体角度加以控制，运用政策法规限制市场失灵。物流领域市场失灵问题也必须通过制定物流宏观调控法律使政府真正做到宏观引导、规制、监督，保证物流业符合既定目标的经济活动，从而预防偏离目标的行为发生。

物流调控法律制度是指调整国家在对物流经济进行调控以及对物流市场进行微观管理过程中发生的物流经济关系的法律规范的总称。它包括物流宏观调控法律制度和物流市场监管法律制度。

物流宏观调控是整个国民经济宏观调控的一个组成部分。大多数国民经济宏观调控法律法规，如投资法、税收法、外汇法、价格法、对外贸易法等对物流经济同样适用。为保障物流现代化的顺利进行，这些物流经济宏观调控法规应加强以下法制建设：

一、财税金融法制建设

在财税金融法制建设方面，加强和完善政府运用税率、国家信贷、财政补贴等调控手段对物流产业集约性、系统性引导，增强其综合调控能力，是财税金融法制在物流领域的工作重点，发挥金融机构在扶持现代物流企业发展中的杠杆调节作用，降低物流企业融资成本。

二、物流税收法律制度建设

针对物流产业不同业态提出合理的，利于物流业持续、稳定发展的税目及税率是物流税收法律制度完善的重点。

三、产业促进法制建设

产业促进法制建设重点放在国家通过对产业结构、产业组织形式和产业区域布局的规划和安排的规定，达到对物流建设总体的合理布局。

四、计划法制建设

计划是宏观调控的重要手段，政府应从整体上做出物流业发展的战略规划，以达到我国物流业的合理化和物流整体效益的最优化，并利用计划的功效改变目前我国物流业各部门互不协调、重复建设的现状，推动物流业向集团化、联合化、规模化方面发展。

除上述各项法规外,物流宏观调控法规还包括公路法、铁路法、航空法、港口法等(后面将专节介绍)。因为物流系统的基础物质要素,尤其是公路、铁路、港口、物流中心等基础设施的建设关系到国家整体利益,必须由国家调控;"一带一路"倡仪的实施,需要物流基础物质要素的完善,因此,物流宏观调控法规完善工作的重点应放在物流基本建设法律制度上。

物流监管法律制度是指调整国家在对物流市场进行监管时发生的物流经济的法律规范总称。一般的市场监管法,通常包括反不正当竞争法、产品质量法、消费者权益保护法、广告法等。考虑到物流市场的实际需要,还应加强与物流业联系紧密的计量法、标准化法等法律法规建设。

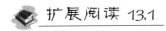

安全智能锁读取数据,中哈海关不再开箱侵入式查验

第二节 公路法中物流宏观调控法律规定

一、公路法概述

公路法是指调整在公路规划、建设、经营、使用、养护和管理等过程中发生的经济关系的法律规范的总称。公路是物流物质要素的重要组成部分,相当部分的物流量由公路运输承担,公路建设与管理好坏关系到物流业的发展。因此公路法是物流法律体系的重要组成部分。

《中华人民共和国公路法》于 1998 年 1 月 1 日起实施,1999 年第一次修正、2004 年第二次修正、2009 年第三次修正、2016 年第四次修正、2017 年第五次修正。该法包括公路规划、公路建设、公路养护、路政管理、收费公路、公路监督检查、法律责任等部分。

二、公路发展的基本原则和法律保护

公路发展应当遵循全面规划、合理布局、确保质量、保障畅通、保护环境、建设改造与养护并重的原则。

公路建设应当纳入国民经济和社会发展计划。国家鼓励、引导国内外经济组织依法

投资建设、经营公路。国家鼓励公路工作方面的科学技术研究,对在公路科学技术研究和应用方面做出显著成绩的单位和个人给予奖励。

公路受国家保护,任何单位和个人都有爱护公路、公路用地及公路附属设施的义务,有权检举和控告破坏、损坏公路、公路用地、公路附属设施和影响公路安全的行为。

三、公路主管部门

国务院交通主管部门为公路的主管部门,主管全国公路工作,县级以上地方人民政府交通主管部门主管本行政区内的公路工作。但县级以上地方人民政府交通主管部门对国道、省道的管理、监督职责,由省、自治区、直辖市人民政府确定。乡、民族乡、镇人民政府负责本行政区内的乡道的建设和养护工作。

四、公路规划

公路规划应当根据国民经济和社会发展以及国防建设的需要编制,与城市建设发展规划和其他方式的交通运输发展相协调。省道规划应当与国道规划协调。县道规划应当与省道规划协调。县级以上人民政府交通主管部门发现专用公路规划与国道、省道、县道规划有不协调的地方,应当提出修改意见,专用公路主管部门和单位应当作出相应的修改。

公路建设用地规划应当符合土地利用总体规划,当年建设用地应当纳入年度建设用地计划。公路规划必须经过国务院或交通主管部门的批准,编制、审批部门与程序因公路的不同级别而异。

五、公路建设

(一)公路建设资金的筹集

公路建设资金的筹集方式与途径包括:财政拨款;吸收外资;发行公司股票、债券;出让公路收费权;向企业和个人筹集;符合法律或国务院规定的其他方式筹集。

(二)公路建设的基本制度与标准

公路建设项目应当按照国家有关规定实行法人负责制度、招标投标制度和工程监理制度。公路建设单位应当根据公路建设工程的特点和技术要求,选择具有相应资格的勘察设计单位、施工单位和工程监理单位,并依照有关法律、法规、规章的规定和公路工程技术标准的要求,分别签订合同,明确双方的权利义务。承担公路建设项目的可行性研究单位、勘察设计单位、施工单位和工程监理单位,必须持有国家规定的资质证书。

公路建设必须符合公路工程技术标准。承担公路建设项目的设计单位、施工单位和工程监理单位,应当按照国家有关规定建立健全质量保证体系,落实岗位责任制,并依照有关法律、法规、规章以及公路工程技术标准的要求和合同约定进行设计、施工和监理,保证公路工程质量。

(三)公路建设用地

公路建设应当贯彻切实保护耕地、节约用地的原则。

地方各级人民政府对公路建设依法使用土地和搬迁居民应当给予支持和协助。

(四)公路建设施工

公路建设项目的设计和施工,应当符合依法保护环境、保护文物古迹和防止水土流失的要求。公路规划中贯彻国防要求的公路建设项目应当严格按照规划进行建设,以保证国防交通的需要。

因建设公路影响铁路、水利、电力、邮电设施和其他设施正常使用时,公路建设单位应当事先征得有关部门的同意;因公路建设对有关设施造成损坏的,公路建设单位应当按照不低于该设施原有的技术标准予以修复,或者给予相应的经济补偿。

六、公路养护

(一)公路养护的主管机构

公路管理机构应当按照国务院交通主管部门规定的技术规范和操作规程对公路进行养护,保证公路经常处于良好的技术状态。国家采用依法征税的办法筹集公路养护资金,依法征税筹集的公路养护资金必须专项用于公路的养护和改建。

(二)地方人民政府的支持与协助

县、乡级人民政府对公路养护需要的挖砂、采石、取土以及取水应当给予支持和协助。县、乡级人民政府应当在农村义务工的范围内,按照国家有关规定组织公路两侧的农村居民履行为公路建设和养护提供劳务的义务。

(三)公路养护作业

为保障公路养护人员的人身安全,公路养护人员进行养护作业时,应当穿着统一的安全标志服;利用车辆进行养护作业时,应当在公路作业车辆上设置明显的作业标志。公路养护车辆进行作业时,在不影响过往车辆通行的前提下,其行驶路线和方向不受公路标志、标线限制;过往车辆对公路养护车辆和人员应当注意避让。

(四)道路修复

因严重自然灾害致使国道、省道交通中断,公路管理机构应当及时修复;公路管理机构难以及时修复时,县级以上地方人民政府应当及时组织当地机关、团体、企业事业单位、城乡居民进行抢修,并可以请求当地驻军支援,尽快恢复交通。

(五)水土保持与绿化

公路用地范围内的山坡、荒地,由公路管理机构负责水土保持。公路绿化工作,由公路管理机构按照公路工程技术标准组织实施。公路用地上的树木,不得任意砍伐;需要更新砍伐的,应当经县级以上地方人民政府交通主管部门同意后,依照《中华人民共和国森林法》的规定办理审批手续,并完成更新补种任务。

七、路政管理

(一)公路施工、堆放与倾倒

任何单位和个人不得擅自占用、挖掘公路。因修建铁路、机场、电站、通信设施、水利工程和进行其他建设工程需要占用、挖掘公路或者使公路改线的,建设单位应当事先征得有关交通主管部门的同意;影响交通安全的,还须征得有关公安机关的同意。占用、挖掘公路或者使公路改线的,建设单位应当按照不低于该段公路原有的技术标准予以修复、改建或者给予相应的经济补偿。

(二)公路行驶车辆的管制

除农业机械因当地田间作业需要在公路上短距离行驶外,铁轮车、履带车和其他可能损害公路路面的机具不得在公路上行驶。确需行驶的,必须经县级以上地方人民政府交通主管部门同意,采取有效的防护措施,并按照公安机关指定的时间、路线行驶。对公路造成损坏的,应当按照损坏程度给予补偿。

(三)公路附属设施与标志

公路附属设施是指为保护、养护公路和保障公路安全畅通所设置的公路防护、排水、养护、管理、服务、交通安全、渡运、监控、通信、收费等设施、设备以及专用建筑物、构筑物等。任何单位和个人不得损坏、擅自移动、涂改公路附属设施。造成公路损坏的,责任者应当及时报告公路管理机构,并接受公路管理机构的现场调查。任何单位和个人未经县级以上地方人民政府交通主管部门批准,不得在公路用地范围内设置公路标志以外的其他标志。

八、收费公路

国家允许依法设立收费公路,同时对收费公路的数量进行控制。除《公路法》第 59 条规定可以收取车辆通行费的公路外,禁止任何公路收取车辆通行费。

九、公路监督检查

交通主管部门、公路管理机构依法对有关公路的法律、法规执行情况进行监督检查。交通主管部门、公路管理机构负有管理和保护公路的责任,有权检查、制止各种侵占、损坏公路、公路用地、公路附属设施及其他违反公路法规定的行为。

十、法律责任

《公路法》对违反公路法律规定的行为规定了三种法律责任,即行政法律责任、民事法律责任和刑事责任。

(一) 行政责任

对于违反公路行政管理法规,擅自在公路上设卡、收费的,由交通主管部门责令停止违法行为,没收违法所得,可以处违法所得 3 倍以下的罚款,没有违法所得的,可以处 2 万元以下的罚款;对负有直接责任的主管人员和其他直接责任人员,依法给予行政处分。未经有关交通主管部门批准擅自施工的,交通主管部门可以责令停止施工,并可以处 5 万元以下的罚款。

(二) 民事责任

违反《公路法》的有关规定,对公路造成损害的,应当依法承担民事责任。

(三) 刑事责任

违反《公路法》的规定,构成犯罪的,依法追究刑事责任。交通主管部门、公路管理机构的工作人员玩忽职守、徇私舞弊、滥用职权,构成犯罪的,依法追究刑事责任。

第三节　铁路法中物流宏观调控法律规定

一、铁路法概述

铁路法是指调整在公路规划、建设、运输经营、安全运营与保护过程中发生的经济关系和民事关系的法律规范的总称。铁路是物流物质要素的非常主要的组成部分,是国民经济的大动脉,铁路法是物流法律体系的一个重要组成部分。

《中华人民共和国铁路法》于 1990 年颁布,2015 年第二次修正。该法的内容包括铁路运输营业、铁路建设和铁路安全与保护等方面的规定。2013 年 8 月,国务院发布《铁路安全管理条例》。《国家处置铁路行车事故应急预案》于 2006 年 1 月 22 日颁布。

二、铁路运输营业

(一)铁路运输营业管理

铁路运输企业应当与旅客、托运人签订运输合同。铁路运输合同是明确铁路运输企业与旅客、托运人之间权利义务关系的协议。旅客车票、行李票、包裹票和货物运单是合同或者合同的组成部分。

(二)铁路运输赔偿责任

铁路运输企业应当对承运的货物、包裹、行李自接受承运时起到交付时止发生的灭失、短少、变质、污染或者损坏承担赔偿责任。铁路运输企业逾期 30 日仍不将货物、包裹、行李交付收货人或旅客的,托运人、收货人或旅客有权按货物、包裹、行李灭失向铁路运输企业要求赔偿。

(三)铁路部门对托运货物处置的规定

铁路运输企业对承运的容易腐烂变质的货物和活动物,应当按照国务院铁路主管部门的规定和合同的约定,采取有效的保护措施。对危险物品和规定限制运输的物品,应当移交公安机关或者有关部门处理,不得自行变卖。

(四)国家对铁路运输的监管

1. 对专用铁路兼办公共旅客、货物运输营业的监管

国家鼓励专用铁路兼办公共旅客、货物运输营业;提倡铁路专用线与有关单位按照协议共用。专用铁路兼办公共旅客、货物运输业务的,应当报经省、自治区、直辖市人民政府批准。专用铁路兼办公共旅客、货物运输营业的,适用《铁路法》关于铁路运输企业的规定。

2. 对票价率、运价率和票证的监管

(1)国家铁路的旅客票价率和货物、包裹、行李的运价率由国务院铁路主管部门拟订,报国务院批准。国家铁路的旅客、货物运输杂费的收费项目和收费标准由国务院铁路主管部门规定。

(2)地方铁路的旅客票价率、货物运价率和旅客、货物运输杂费的收费项目和收费标准,由省、自治区、直辖市人民政府物价主管部门会同国务院铁路主管部门授权的机构规定。

(3)兼办公共旅客、货物运输营业的专用铁路的旅客票价率、货物运价率和旅客、货物运输杂费的收费项目和收费标准,以及铁路专用线共用的收费标准,由省、自治区、直辖市人民政府物价主管部门规定。

扩展阅读 13.2

首趟"蓉欧+"东盟国际铁海联运班列开行

三、铁路安全与保护

(一)铁路相关部门的安全保护义务

铁路运输企业必须加强对铁路的管理和保护,定期检查、维修铁路运输设施,保证铁路运输设施完好,保障旅客和货物运输安全。铁路公安机关和地方公安机关分工负责共同维护铁路治安秩序。

(二)铁路施工的安全保护

在铁路线路和铁路桥梁、涵洞两侧一定距离内,修建山塘、水库、堤坝,开挖河道、干渠,采石挖砂,打井取水,影响铁路路基稳定或者危害铁路桥梁、涵洞安全的,由县级以上地方人民政府责令停止建设或者采挖、打井等活动,限期恢复原状或者责令采取必要的安全防护措施。

在铁路线路上架设电力、通信线路,埋置电缆、管道设施,穿凿通过铁路路基的地下坑道,必须经铁路运输企业同意,并采取安全防护措施。

(三)危险品运输安全保障

运输危险品必须按照国务院铁路主管部门的规定办理,禁止以非危险品品名托运危险品。禁止旅客携带危险品进站上车。铁路公安人员和铁路职工有权对旅客携带的物品进行运输安全检查。实施运输安全检查的铁路职工应当佩戴执勤标志。

(四)铁路与列车适用安全保障

1. 铁路的使用与占用

铁路法对铁路的使用与占用做了如下规定:

(1) 对损毁、移动铁路信号装置及其他行车设施或者在铁路线路上放置障碍物的,铁路职工有权制止,可以扭送公安机关处理。

(2) 禁止在铁路线路上行走、坐卧。对在铁路线路上行走、坐卧的,铁路职工有权制止。

(3) 禁止在铁路线路两侧 20 米以内或者铁路防护林地内放牧。对在铁路线路两侧 20 米以内或者铁路防护林地内放牧的,铁路职工有权制止。

2. 列车的使用安全保障

铁路法对列车的使用安全保障做出如下规定:

(1) 禁止偷乘货车、攀附行进中的列车或者击打列车。对偷乘货车、攀附行进中的列车或者击打列车的,铁路职工有权制止。

(2) 对聚众拦截列车或者聚众冲击铁路行车调度机构的,铁路职工有权制止;不听制止的,公安人员现场负责人有权命令解散;拒不解散的,公安人员现场负责人有权依照国家有关规定决定采取必要手段强行驱散,并对拒不服从的人员强行带离现场或者予以拘留。

(3) 对哄抢铁路运输物资的,铁路职工有权制止,可以扭送公安机关处理;现场公安人员可以予以拘留。

(4) 在列车内寻衅滋事,扰乱公共秩序,危害旅客人身、财产安全的,铁路职工有权制止,铁路公安人员可以予以拘留。

(5) 在车站和旅客列车内发生法律规定需要检疫的传染病时,由铁路卫生检疫机构进行检疫;根据铁路卫生检疫机构的请求,地方卫生检疫机构应予协助。

3. 交通事故的处理与赔偿

发生铁路交通事故,铁路运输企业应当依照国务院和国务院有关主管部门关于事故调查处理的规定办理,并及时恢复正常行车,任何单位和个人不得阻碍铁路线路开通和列车运行。

因铁路行车事故及其他铁路运营事故造成人身伤亡的,铁路运输企业应当承担赔偿责任;如果人身伤亡是因不可抗力或者由于受害人自身的原因造成的,则铁路运输企业不承担赔偿责任。

四、法律责任

违反铁路法的法律责任主要包括民事责任、行政责任和刑事责任。

> 扩展阅读 13.3

国家铁路局深入推进铁路安全生产大检查

第四节 航空法中物流宏观调控法律规定

一、航空法的概述

航空法是调整在航空管制过程中发生的经济关系和航空运输中发生的民事关系的法律规范的总称。航空是实现区域物流和国际物流的重要环节。因此,航空法是物流法律制度体系中的重要内容。

> 🔔 —小提示

《中华人民共和国民用航空法》(以下简称《航空法》)已由中华人民共和国第八届全国人民代表大会常务委员会第十六次会议于 1995 年 10 月 30 日通过,现予公布,自 1996 年 3 月 1 日起施行。该法于 2018 年 12 月 29 日第 5 次修正。修正后的《航空法》有 16 章 215 条,包括航空器、航空人员、民用机场、空中航行、航空运输企业、公共航空运输、通用航空、搜寻救助和事故调查、对地面第三人损害的赔偿责任、对外国民用航空器的特别规定、涉外关系的法律适用、法律责任等方面的内容。

> 扩展阅读 13.4

海航投资土耳其飞机维修和航空货运公司 抢建空中丝绸之路

二、民用航空器的管理

(一)民用航空器的国籍

关于民用航空器国籍的取得,《航空法》规定,经中华人民共和国国务院民用航空主管部门依法进行国籍登记的民用航空器,具有中华人民共和国国籍,由国务院民用航空主管部门发给国籍登记证书。

(二)民用航空器的权利

我国航空法规定,民用航空器的权利包括对民用航空器构架、发动机、螺旋桨、无线电设备和其他一切为了在民用航空器上使用的,无论安装于其上或者暂时拆离的物品的权利。民用航空器的权利是物权性质的权利,即对航空器及附属物所享有的领管与支配的权利。民用航空器的权利主要包括民用航空器的所有权、抵押权和优先权。

民用航空器的权利必须依法进行登记,以登记作为取得权利的公示。

(三)民用航空器适航管理

民用航空器适航管理主要是通过对民用航空器及组件的设计、生产的禁入制度和飞行许可制度来保障民用航空器的适航状态的活动。

具有中华人民共和国国籍的民用航空器,应当持有国务院民用航空主管部门颁发的适航证书,方可飞行。租用的外国民用航空器,应当经国务院民用航空主管部门对其原国籍登记国发给的适航证书审查认可或者另发适航证书,方可飞行。

民用航空器的所有人或者承租人应当按照适航证书规定的使用范围使用民用航空器,做好民用航空器的维修保养工作,保证民用航空器处于适航状态。

三、民用机场

(一)民用机场布局与规划

民用机场的建设和使用应当统筹安排、合理布局,提高机场的使用效率。民用机场的布局和建设规划由法定部门制定,经批准后组织实施。民用机场建设规划应当与城市建设规划相协调。新建、改建和扩建民用机场,应当符合依法制定的民用机场布局和建设规划,符合民用机场标准,并按照国家规定报经有关主管机关批准并实施。

(二)新建、扩建民用机场

新建、扩建民用机场,应当由民用机场所在地县级以上地方人民政府发布公告。

民用机场新建、扩建的公告发布后,任何单位和个人违反航空法和有关行政法规的规定,在依法划定的民用机场范围内和按照国家规定划定的机场净空保护区域内修建、种植或者设置影响飞行安全的建筑物、构筑物、树木、灯光和其他障碍物体的,由机场所在地县级以上地方人民政府责令清除;由此造成的损失,由修建、种植或者设置该障碍物体的人承担。

(三)机场净空保护

禁止在依法划定的民用机场范围内和按照国家规定划定的机场净空保护区域内从事下列活动:

(1)修建可能在空中排放大量烟雾、粉尘、火焰、废气而影响飞行安全的建筑物或者设施;

(2)修建靶场、强烈爆炸物仓库等影响飞行安全的建筑物或者设施;

(3)修建不符合机场净空要求的建筑物或者设施;

(4)设置影响机场目视助航设施使用的灯光、标志或者物体;

(5)种植影响飞行安全或者影响机场助航设施使用的植物;

(6)饲养、放飞影响飞行安全的鸟类动物和其他物体;

(7)修建影响机场电磁环境的建筑物或者设施。

(四)民用机场的适用许可

国务院民用航空主管部门规定的对公众开放的民用机场应当取得机场使用许可证,方可开放使用。其他民用机场应当按照国务院民用航空主管部门的规定进行备案。申请取得机场使用许可证,应当具备下列条件,并按照国家规定经验收合格:

(1)具备与其运营业务相适应的飞行区、航站区、工作区以及服务设施和人员;

(2)具备能够保障飞行安全的空中交通管制、通信导航、气象等设施和人员;

(3)具备符合国家规定的安全保卫条件;

(4)具备处理特殊情况的应急计划以及相应的设施和人员;

(5)具备国务院民用航空主管部门规定的其他条件。国际机场还应当具备国际通航条件,设立海关和其他口岸检查机关。

(五)民用机场的收费

民用航空器使用民用机场及其助航设施的,应当缴纳使用费、服务费;使用费、服务费的收费标准,由国务院民用航空主管部门会同国务院财政部门、物价主管部门制定。

四、空中航行管理

国家对空域实行统一管理。划分空域,应当兼顾民用航空和国防安全的需要以及公众的利益,使空域得到合理、充分、有效的利用。

(一)空域管理和飞行管理

1. 空域管理

在一个划定的管制空域内,由一个空中交通管制单位负责该空域内的航空器的空中交通管制。民用航空器在管制空域内进行飞行活动,应当取得空中交通管制单位的许可。

2. 飞行管制的规定

民用航空器应当按照空中交通管制单位指定的航路和飞行高度飞行;因故确需偏离指定的航路或者改变飞行高度飞行的,应当取得空中交通管制单位的许可。在中华人民共和国境内飞行的航空器,必须遵守统一的飞行规则。民用航空器除按照国家规定经特别批准外,不得飞入禁区;除遵守规定的限制条件外,不得飞入限制区。

(二)飞行保障

《航空法》规定,空中交通管制单位应当为飞行中的民用航空器提供空中交通服务,包括空中交通管制服务、飞行情报服务和告警服务。

国务院民用航空主管部门应当依法对民用航空无线电台和分配给民用航空系统使用的专用频率实施管理。任何单位或者个人使用的无线电台和其他仪器、装置,不得妨碍民用航空无线电专用频率的正常使用。对民用航空无线电专用频率造成有害干扰的,有关单位或者个人应当迅速排除干扰;未排除干扰前,应当停止使用该无线电台或者其他仪器、装置。

邮电通信企业应当对民用航空电信传递优先提供服务。国家气象机构应当对民用航空气象机构提供必要的气象资料。

五、公共航空运输

(一)一般规定

公共航空运输分为国内航空运输和国际航空运输。航空法关于航空运输的规定只适用于公共航空运输企业使用民用航空器经营的旅客、行李或者货物的运输,包括公共航空运输企业使用民用航空器办理的免费运输。

多式联运方式中的航空运输部分也适用该规定。

(二)运输凭证

运输凭证包括客票、行李单、航空货运单等。

(1)客票。承运人运送旅客应出具客票。客票是航空旅客运输合同订立和运输合同条件的初步证据。

(2)行李票。承运人载运托运行李时,承运人应当出具行李票,行李票是行李托运和运输合同条件的初步证据。但旅客未能出示行李票、行李票不符合规定或者行李票遗失,不影响运输合同的存在或者有效。

(3)航空货运单。航空货运单应当包括的内容由国务院民用航空主管部门规定。航空货运单是航空货物运输合同订立和运输条件以及承运人接受货物的初步证据。航空货运单上关于货物的重量、尺寸、包装和包装件数的说明具有初步证据的效力。

(三)承运人的责任

1. 承运人的责任与免责

承运人造成旅客人身伤亡,造成旅客随身携带物品毁灭、遗失或者损坏,造成旅客的托运行李毁灭、遗失或者损坏,旅客、行李或货物在航空运输中延误造成损失应承担责任。承运人证明货物的毁灭、遗失或者损坏完全不是自己的原因造成的,不承担责任。

2. 赔偿责任限额

(1)国内航空运输赔偿责任限额

国内航空运输承运人的赔偿责任限额由国务院民用航空主管部门制定,报国务院批准后公布执行。

(2)国际航空运输承运人的赔偿责任限额

国际航空运输承运人的赔偿责任限额按照下列规定执行:①对每名旅客的赔偿责任限额为16 600计算单位;但是,旅客可以同承运人书面约定高于本项规定的赔偿责任限额。②对托运行李或者货物的赔偿责任限额,每千克为17计算单位。③对每名旅客随身携带的物品的赔偿责任限额为332计算单位。

3. 航空运输索赔

托运行李发生损失的,至迟应当自收到托运行李之日起7日内提出;货物发生损失的,至迟应当自收到货物之日起14日内提出。托运行李或者货物发生延误的,至迟应当自托运行李或者货物交付旅客或者收货人处置之日起21日内提出。

托运行李或者货物的毁灭、遗失、损坏或者延误,旅客或者托运人有权对第一承运人提起诉讼,旅客或者收货人有权对最后承运人提起诉讼,旅客、托运人和收货人均可以对发生毁灭、遗失、损坏或者延误的运输区段的承运人提起诉讼。上述承运人应当对旅客、托运人或者收货人承担连带责任。

(四)实际承运人履行航空运输的特别规定

航空运输中,承运人可分为缔约承运人和实际承运人。缔约承运人应当对合同约定的全部运输负责。实际承运人应当对其履行的运输负责。

对实际承运人履行的运输提起的诉讼,可分别对实际承运人或者缔约承运人提起,也可以同时对实际承运人和缔约承运人提起;被提起诉讼的承运人有权要求另一承运人参加应诉。

(五)通用航空

通用航空是指使用民用航空器从事公共航空运输以外的民用航空活动。通用航空活动分为经营性和非经营性通用航空活动。

从事经营性航空活动,除了具备上述条件外,还要求经营单位必须是企业法人,在经营前,应当向国务院民用航空主管部门申请领取通用航空经营许可证,并依法办理工商登记。从事经营性通用航空活动的通用航空企业应当与用户订立书面合同,但是紧急情况下的救护或者救灾飞行除外。

从事非经营性通用航空的,应当向国务院民用航空主管部门办理登记。

六、搜寻援救和事故调查

民用航空器遇到紧急情况时,应当发送信号,并向空中交通管制单位报告,提出援救请求;空中交通管制单位应当立即通知搜寻援救协调中心。收到通知的搜寻援救协调中心、地方人民政府和海上搜寻援救组织应当立即组织搜寻援救,并设法将已经采取的搜寻援救措施通知遇到紧急情况的民用航空器。

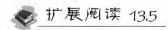扩展阅读 13.5

民航成功处置南航空中火警事件

七、对地面第三人损害的赔偿责任

(一)共同责任与连带责任

对地面第三人损害赔偿责任是指因飞行中的民用航空器或者飞行中的民用航空器上落下的人或物造成地面(包括水面)上的人身伤亡或财产损害的,民用航空器的经营人应承担赔偿地面第三人的损失而承担的法律责任。

两个以上的民用航空器在飞行中相撞或者相扰,造成航空法规定的应当赔偿的损害,或者两个以上的民用航空器共同造成此种损害的,各有关民用航空器均应当被认为已经造成此种损害,各有关民用航空器的经营人均应当承担责任。

未经民用航空器有航行控制权的人同意而使用民用航空器,对地面第三人造成损害的,有航行控制权的人除证明本人已经适当注意防止此种使用外,应当与该非法使用人承担连带责任。当出现法定免责情形时,相关人员可以免责。

（二）地面第三人责任保险或责任担保

民用航空器的经营人应当投保地面第三人责任险或者取得相应的责任担保。保险人和担保人除享有与经营人相同的抗辩权,以及对伪造证件进行抗辩的权利外,对依照航空法规定提出赔偿请求只能进行下列抗辩:

(1) 损害发生在保险或者担保终止有效后；然而保险或者担保在飞行中期满的,该项保险或者担保在飞行计划中所载下一次降落前继续有效,但是不得超过24小时。

(2) 损害发生在保险或者担保所指定的地区范围外,除非飞行超出该范围是由于不可抗力、援助他人所必需,或者驾驶、航行或者领航上的差错造成的。

八、对外国民用航空器的特别规定

外国航空器在中国领空内飞行,在经营许可、不定期运输的批准、地面第三人责任保险等方面,除遵守我国航空法一般规定外,还要遵守以下规定:

外国民用航空器根据其国籍登记国政府与中华人民共和国政府签订的协定、协议的规定,或者经中华人民共和国国务院民用航空主管部门批准或者接受,方可飞入、飞出中华人民共和国领空和在中华人民共和国境内飞行、降落。

外国民用航空器飞入中华人民共和国领空,其经营人应当提供有关证明书,证明其已经投保地面第三人责任险或者已经取得相应的责任担保。

外国民用航空器的经营人经其本国政府指定,并取得中华人民共和国国务院民用航空主管部门颁发的经营许可证,方可经营中国政府与该外国政府签订的协定、协议规定的国际航班运输；外国民用航空器的经营人,不得经营中华人民共和国境内两点之间的航空运输。

外国民用航空器及其所载人员、行李、货物,应当接受中华人民共和国有关主管机关依法实施的入境出境、海关、检疫等检查。

外国民用航空器国籍登记国发给或者核准的民用航空器适航证书、机组人员合格证书和执照,中国政府承认其有效；但是,发给或者核准此项证书或者执照的要求,应当等于或者高于国际民用航空组织制定的最低标准。

九、涉外关系的法律适用

关于涉外航空运输的法律适用的准据法,航空法做了如下规定:

(1) 民用航空器所有权的取得、转让和消灭,适用民用航空器国籍登记国法律。

(2) 民用航空器抵押权适用民用航空器国籍登记国法律。

(3) 民用航空器优先权适用受理案件的法院所在地法律。

(4) 民用航空运输合同当事人可以选择合同适用的法律,但是法律另有规定的除外;合同当事人没有选择的,适用与合同有最密切联系的国家的法律。

(5) 民用航空器对地面第三人的损害赔偿,适用侵权行为地法律。民用航空器在公海上空对水面第三人的损害赔偿,适用受理案件的法院所在地法律。

十、法律责任

违反航空法的法律责任有三种,即刑事责任、行政责任和民事责任。

(一) 刑事责任

《航空法》规定的犯罪有:劫持航空器的犯罪,在飞行中的民用航空器上使用暴力,危及飞行安全的犯罪;隐匿携带危险品乘坐民用航空器,或者运输危险品的犯罪;隐匿携带枪支子弹、管制刀具乘坐民用航空器的犯罪;故意在使用中的民用航空器上放置危险品或者唆使他人放置危险品的犯罪;故意传递虚假情报,扰乱正常飞行秩序的犯罪;盗窃或者故意损毁、移动使用中的航行设施,危及飞行安全的犯罪;聚众扰乱民用机场秩序的犯罪。

(二) 行政责任

违反航空管理规定,尚未构成犯罪的行为,应承担行政责任。

(三) 民事责任

民事责任主要是航空运输经营人对旅客或者托运人的人身和财产造成损失所承担赔偿的责任,包括侵权责任和违约责任两种。

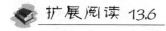
扩展阅读 13.6

民航业强化信用管理　严重失信将从重处理

第五节　港口法中物流宏观调控法律规定

一、港口法概述

港口法是调整在港口管理过程中发生的经济关系的法律规范的总称。物流活动的相当大比例是通过海运、水运完成的,因此港口是物流物质要素中的重要内容,加强港口建设和管理对物流业的发展和完善非常重要。

《中华人民共和国港口法》(以下简称《港口法》)已由中华人民共和国第十届全国人民代表大会常务委员会第三次会议于 2003 年 6 月 28 日通过,自 2004 年 1 月 1 日起施行。2018 年 12 月 29 日,该法第三次修正。修正后的《港口法》包括总则、港口规划与建设、港口经营、港口安全与监督管理以及法律责任等。

二、港口的管理体制

《港口法》所称的港口是指具有船舶进出、停泊、靠泊、旅客上下、货物装卸、驳运、储存等功能,具有相应的码头设施,由一定范围的水域和陆域组成的区域。港口可以由一个或者多个港区组成。

港口工作的主管部门是国务院交通主管部门和各级地方人民政府港口行政部门。国务院交通主管部门主管全国的港口工作。地方人民政府对本行政区域内港口的管理,按照国务院关于港口管理体制的规定确定。

三、港口的规划与建设

(一)港口规划

1. 港口规划的分类

港口规划分为港口布局规划和港口总体规划。

港口布局规划是指港口的分布规划,包括全国港口布局规划和省、自治区、直辖市港口布局规划。

港口总体规划是指一个港口在一定时期的具体规划,包括港口的水域和陆域范围、港区划分、吞吐量和到港船型、港口的性质和功能、水域和陆域使用、港口设施建设岸线使用、建设用地配置以及分期建设序列等内容。

港口总体规划应当符合港口布局。

> **扩展阅读 13.7**
>
> 国家物流平台互联港覆盖欧亚八国 构建
> "一带一路"沿线港口命运共同体
>
>

2. 港口规划编制与公布实施

港口规划应根据国民经济和社会发展的要求及国防建设的需要编制,体现合理利用岸线资源的原则,符合城镇体系规划,与土地利用总体规划、城市总体规划、江河流域规划、防洪规划、海洋功能区划、水路运输发展规划和其他运输方式发展规划及法律、行政法规规定的其他有关规划相衔接、协调。编制港口规划应当组织专家论证,并依法进行环境影响评价。

全国港口布局规划由国务院交通主管部门征求国务院有关部门和有关军事机关的意见编制,报国务院批准后公布实施。省、自治区、直辖市港口布局规划,由省、自治区、直辖市人民政府根据全国港口布局规划组织编制,并送国务院交通主管部门征求意见。

在港口总体规划区内建设港口设施,使用港口深水岸线的,由国务院交通主管部门会同国务院经济综合宏观调控部门批准;建设港口设施,使用非深水岸线的,由港口行政管理部门批准。但是,由国务院或者国务院经济综合宏观调控部门批准建设的项目使用港口岸线,不再另行办理使用港口岸线的审批手续。港口深水岸线的标准由国务院交通主管部门制定。

(二)港口建设

港口建设应当符合港口规划。不得违反港口规划建设任何港口设施。按照国家规定须经有关机关批准的港口建设项目,应当按照国家有关规定办理审批手续,并符合国家有关标准和技术规范。

建设港口工程项目,应当依法进行环境影响评价。港口建设项目的安全设施和环境保护设施,必须与主体工程同时设计、同时施工、同时投入使用。

港口的危险货物作业场所、实施卫生除害处理的专用场所,应当符合港口总体规划和国家有关安全生产、消防、检验检疫和环境保护的要求,其与人口密集区和港口客运设施的距离应当符合国务院有关部门的规定；经依法办理有关手续，并经港口行政管理部门批准后，方可建设。航标设施以及其他辅助性设施应当与港口同步建设，并保证按期投入使用。港口设施建设项目竣工后，应当按照国家有关规定经验收合格，方可投入使用。港口设施的所有权依照有关法律规定确定。

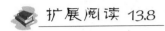扩展阅读 13.8

长江中游航运中心港航联盟成立

四、港口经营

（一）港口经营的许可登记

港口经营包括码头和其他港口设施的经营，港口旅客运输服务经营，在港区内从事货物的装卸、驳运、仓储的经营和港口拖轮经营等。从事港口经营，应当向港口行政管理部门书面申请取得港口经营许可，并依法办理工商登记。港口行政管理部门应当遵循公开、公正、公平的原则实施港口经营许可。

（二）经营港口理货业务的特殊规定

经营港口理货业务，应当按照规定取得许可。实施港口理货业务经营许可，应当遵循公开、公正、公平的原则。港口理货业务经营人应当公正、准确地办理理货业务；不得兼营货物装卸经营业务和仓储经营业务。

（三）港口经营人从事经营活动的规定

任何单位和个人不得向港口经营人摊派或者违法收取费用，不得违法干预港口经营人的经营自主权。同时，港口经营人从事经营活动时，应根据港口法的规定，履行以下义务：

（1）必须遵守有关法律、法规，遵守国务院交通主管部门有关港口作业规则的规定，依法履行合同约定的义务，为客户提供公平、良好的服务。

（2）从事港口旅客运输服务的经营人，应当采取保证旅客安全的有效措施，向旅客提供快捷、便利的服务,保持良好的候船环境。

(3) 港口经营人应当依照有关环境保护的法律、法规的规定,采取有效措施,防治对环境的污染和危害。

(4) 港口经营人应当优先安排抢险物资、救灾物资和国防建设急需物资的作业。

(5) 港口经营人应当在其经营场所公布经营服务的收费项目和收费标准。

(6) 港口经营人不得实施垄断行为和不正当竞争行为,不得以任何手段强迫他人接受其提供的港口服务。

(7) 港口行政管理部门依照《中华人民共和国统计法》和有关行政法规的规定要求港口经营人提供的统计资料,港口经营人应当如实提供。

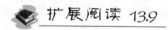扩展阅读 13.9

张家港市内河码头即将持有"身份证"

五、港口安全与监督管理

(一) 港口安全

1. 港口经营人的港口安全义务

港口经营人必须依照《中华人民共和国安全生产法》等有关法律、法规和国务院交通主管部门有关港口安全作业规则的规定,加强安全生产管理,建立健全安全生产责任制等规章制度,完善安全生产条件,采取保障安全生产的有效措施,确保安全生产。

港口经营人应当依法制定本单位的危险货物事故应急预案、重大生产安全事故的旅客紧急疏散和救援预案以及预防自然灾害预案,保障组织实施。

2. 进出港口船舶安全义务

船舶进出港口应当依照有关水上交通安全的法律、行政法规的规定向海事管理机构报告。海事管理机构接到报告后,应当及时通报港口行政管理部门。

船舶载运危险货物进出港口,应当按照国务院交通主管部门的规定将危险货物的名称、特性、包装和进出港口的时间报告海事管理机构。海事管理机构接到报告后,应当在国务院交通主管部门规定的时间内作出是否同意的决定,通知报告人,并通报港口行政管理部门。但是,定船舶、定航线、定货种的船舶可以定期报告。

3. 在危险货物的装卸、过驳作业的港口安全义务

在港口内进行危险货物的装卸、过驳作业,应当按照国务院交通主管部门的规定将危险货物的名称、特性、包装和作业的时间、地点报告港口行政管理部门。港口行政管理部门接到报告后,应当在国务院交通主管部门规定的时间内作出是否同意的决定,通知报告人,并通报海事管理机构。

4. 港口行政管理部门的港口安全义务

港口行政管理部门应当依法制定可能危及社会公共利益的港口危险货物事故应急预案、重大生产安全事故的旅客紧急疏散和救援预案以及预防自然灾害预案,建立健全港口重大生产安全事故的应急救援体系。

> **小提示**
>
> 因工程建设等确需在港口进行采掘、爆破等活动,为确保港口安全,必须采取相应的安全保护措施,并报经港口行政管理部门批准;依照有关水上交通安全的法律、行政法规的规定须经海事管理机构批准的,还应当报经海事管理机构批准。

(二) 港口监督管理

1. 港口安全生产监督检查

港口行政管理部门应当依法对港口安全生产情况实施监督检查,对旅客上下集中、货物装卸量较大或者有特殊用途的码头进行重点巡查;检查中发现安全隐患的,应当责令被检查人立即排除或者限期排除。

负责安全生产监督管理的部门和其他有关部门依照法律、法规的规定,在各自职责范围内对港口安全生产实施监督检查。

2. 港口规章

港口行政管理部门应当组织制定所管理的港口的章程,并向社会公布。

3. 对监督检查活动的规定

港口行政管理部门的监督检查人员依法实施监督检查时,有权向被检查单位和有关人员了解有关情况,并可查阅、复制有关资料。监督检查人员对检查中知悉的商业秘密应当保密。监督检查人员实施监督检查时,应当出示执法证件。监督检查人员应当将监督检查的时间、地点、内容、发现的问题及处理情况作出书面记录,并由监督检查人员和被检查单位的负责人签字;被检查单位的负责人拒绝签字的,监督检查人员应当将情况记录在案,并向港口行政管理部门报告。

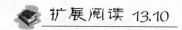

港口企业调减自主定价港口作业包干费

交通运输部将配合加强收费管理

六、法律责任

违反港口法的行为应承担的法律责任,从性质上分为刑事责任、行政责任和民事责任。其中港口法规定的最多的是行政责任。从法律责任发生的原因上分,包括以下几类:违反港口规划建设规定的法律责任;违反港口经营规定的法律责任;违反港口安全与监督管理规定的法律责任;有关港口的主管部门违反港口法的法律责任。

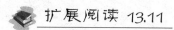

宁波口岸进口废物原料"e检通"查验模式成功运行

第六节　邮政法中物流宏观调控法律规定

一、邮政法的概念

邮政法是指调整邮政管理关系、邮政企业与其他部门之间以及邮政企业与邮政用户或客户之间在开展业务过程中发生的各种社会关系的法律规范的总称。

《中华人民共和国邮政法》(以下简称《邮政法》)由第十一届全国人民代表大会常务委员会第八次会议于 2009 年 4 月 24 日修订通过,自 2009 年 10 月 1 日起施行。该法于 2015 年 4 月第二次修正。修正后的《邮政法》共 9 章 87 条,包括总则、邮政设施、邮政服务、邮政资费、损失赔偿、快递业务、监督检查、法律责任和附则。

二、邮政法的基本原则

1. 公民的通信自由和通信秘密受法律保护的原则

除因国家安全或者追查刑事犯罪的需要,由公安机关、国家安全机关或者检察机关依照法律规定的程序对通信进行检查外,任何组织或者个人不得以任何理由侵犯公民通信自由和通信秘密。除法律另有规定外,任何组织或者个人不得检查、扣留邮件、汇款。

2. 邮政企业专营信件寄递业务原则

国务院规定范围内的信件寄递业务,由邮政企业专营。

3. 提供迅速、准确、安全、方便的服务原则

邮政企业应当加强服务质量管理,完善安全保障措施,为用户提供迅速、准确、安全、方便的服务。

4. 邮政普遍服务原则

邮政企业按照国家规定承担提供邮政普遍服务的义务。国务院和地方各级人民政府及其有关部门应当采取措施,支持邮政企业提供邮政普遍服务。

小提示

邮政普遍服务是指按照国家规定的业务范围、服务标准和资费标准,为中华人民共和国境内所有用户持续提供的邮政服务。

三、邮政企业的设置与邮政设施

(一)邮政企业的设置

中华人民共和国邮电部是国务院邮政主管部门,管理全国邮政工作。各省、自治区、直辖市邮电管理局(以下简称邮电管理局)是地区邮政管理机构,管理该地区的邮政工作。市、县邮电局是全民所有制的经营邮政业务的公用企业(以下简称邮政企业),经邮电管理局授权,管理该地区的邮政工作。

邮电支局、邮电所、邮政支局、邮政所是办理邮政业务的分支机构;邮亭、邮政报刊亭等是邮政企业的服务点。邮电代办所视同邮政企业所属的分支机构。

(二)邮政设施

邮政设施是指用于提供邮政服务的邮政营业场所、邮件处理场所、邮筒(箱)、邮政报刊亭、信报箱等。

邮政设施的布局和建设应当满足保障邮政普遍服务的需要。地方各级人民政府应当将邮政设施的布局和建设纳入城乡规划,对提供邮政普遍服务的邮政设施的建设给予支持,重点扶持农村边远地区邮政设施的建设。邮政设施应当按照国家规定的标准设置。

较大的车站、机场、港口、高等院校和宾馆应当设置提供邮政普遍服务的邮政营业场所。机关、企业事业单位应当设置接收邮件的场所。农村地区应当逐步设置村邮站或者其他接收邮件的场所。

邮政企业设置、撤销邮政营业场所,应当事先书面告知邮政管理部门;撤销提供邮政普遍服务的邮政营业场所,应当经邮政管理部门批准并予以公告。

四、邮政服务

(一)邮政服务的业务范围

根据邮法法及其实施细则的规定,邮政企业经营下列业务:①邮件寄递;②邮政汇兑、邮政储蓄;③邮票发行以及集邮票品制作、销售;④国内报刊、图书等出版物发行;⑤国家规定的其他业务。

(二)对邮政服务的管理

国家对邮政企业提供邮政普遍服务、特殊服务给予补贴,并加强对补贴资金使用的监督。同时,国家设立邮政普遍服务基金。邮政企业的邮政普遍服务业务与竞争性业务应当分业经营。

邮政企业寄递邮件,应当符合国务院邮政管理部门规定的寄递时限和服务规范。邮政企业应当在其营业场所公示或者以其他方式公布其服务种类、营业时间、资费标准、邮件和汇款的查询及损失赔偿办法以及用户对其服务质量的投诉办法。

五、邮政资费与邮政凭证

(一)邮政业务资费

邮政普遍服务业务资费、邮政企业专营业务资费、机要通信资费以及国家规定报刊的发行资费实行政府定价,资费标准由国务院价格主管部门会同国务院财政部门、国务院邮政管理部门制定。邮政企业的其他业务资费实行市场调节价,资费标准由邮政企业自主确定。

(二)邮政凭证

邮资凭证包括邮票、邮资符志、邮资信封、邮资明信片、邮资邮简、邮资信卡等。邮件资费的交付,以邮资凭证、证明邮资已付的戳记以及有关业务单据等表示。任何单位和个人不得伪造邮资凭证或者倒卖伪造的邮资凭证,不得擅自仿印邮票和邮资图案。邮资凭证售出后,邮资凭证持有人不得要求邮政企业兑换现金。停止使用邮资凭证,应当经国务院邮政管理部门批准,并在停止使用90日前予以公告,停止销售。邮资凭证持有人可以自公告之日起1年内,向邮政企业换取等值的邮资凭证。

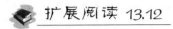扩展阅读 13.12

深圳两家公司因快递危化品领10万元罚单,因未开箱查验

六、邮件的寄递

(一)邮件的交验

用户交寄邮件,必须遵守国务院有关主管部门关于寄递物品、限量寄递物品的规定。用户交寄除信件以外的其他邮件,应当交邮政企业或者其分支机构当面验视内件。拒绝验视的,不予收寄。用户交寄的邮件必须符合准寄内容的规定,必要时邮政企业及其分支机构有权要求用户取出进行验视。

(二)邮件的投交与退回

邮政企业对无法投递的邮件应当退回寄件人。无法投递又无法退回的信件,由邮政企业在邮政管理部门的监督下销毁。无法投递又无法退回的其他邮件,按照国务院邮政管理部门的规定处理;其中无法投递又无法退回的进境国际邮递物品,由海关依照《中华人民共和国海关法》的规定处理。

(三)邮政汇款

邮政汇款的收款人应当自收到汇款通知之日起60日内,凭有效身份证件到邮政企业兑领汇款。收款人逾期未兑领的汇款,由邮政企业退回汇款人。自兑领汇款期限届满之日起1年内无法退回汇款人,或者汇款人自收到退汇通知之日起1年内未领取的汇款,由邮政企业上缴国库。

七、邮件的运输、验关检疫

(一) 邮件的运输

邮电部、邮电管理局应当把邮件运输流向流量变化情况及时通告相关运输部门。铁路、公路、水运、航空等运输单位均负有载运邮件的责任，保证邮件优先运出，并在运费上予以优惠。载有邮件的船舶应当悬挂邮旗，各有关港口对于悬挂邮旗的船舶应当优先放行。运邮船舶发生海难必须抛弃所载货物时，非至最后，不得抛弃所运邮件。邮件通过海上运输时，不参与分摊共同海损。带有邮政专用标志的邮政车辆在运递邮件时，凭公安机关核发的通行证，可以不受禁行路线、禁停地段的限制。

(二) 邮件的验关检疫

国际邮递物品必须由海关查验放行，海关应当按照邮政企业通知的作业时间表派员到场监管国际邮袋、查验进出口国际邮递物品。

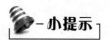小提示

用户交寄应当施行卫生检疫或者动植物检疫的邮件，必须附有检疫证书。检疫部门应当及时对邮件进行验放，以保证邮件的运递时限。海关、检疫部门应当依法施行国际邮递物品的卫生检疫或者动植物检疫，未经检疫部门许可，邮政企业不得运递。

八、损失赔偿

(一) 邮件的查询

用户交寄给据邮件和邮政汇款后，对国内邮件可以自交寄之日起 1 年内持收据向邮政企业查询，对国际邮件可以自交寄之日起 180 日内持收据向邮政企业查询。邮政企业及其分支机构应当在国务院邮政管理部门规定的期限内将查询结果通知查询人。

(二) 赔偿及标准

查复期满无结果的，邮政企业应当先赔偿或者采取补救措施。邮政企业对于给据邮件丢失、损毁或者内件短少，依照下列规定赔偿或者采取补救措施：

(1) 保价的给据邮件丢失或者全部损毁的，按照保价额赔偿；部分损毁或者内件短少的，按照保价额与邮件全部价值的比例对邮件的实际损失予以赔偿。

(2) 未保价的给据邮件丢失、损毁或者内件短少的，按照实际损失赔偿，但最高赔偿额不超过所收取资费的 3 倍。

(3) 挂号信件丢失、损毁的，按照所收取资费的3倍予以赔偿。

有法定原因造成的给据邮件损失，邮政企业不承担赔偿责任。

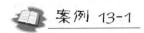

物流让电脑"飞了" 买主依法获赔偿

2009年，曹某网购了一款电脑。收货后，曹某觉得电脑的屏幕小，遂和卖家联系好换一台屏幕大些的电脑。随后，曹某来到某物流公司，自己填单、封箱将电脑寄给卖家。过了几天，卖家给曹某打来电话称收到的是个空箱子，里面没有电脑。曹某立即到物流公司询问情况，物流公司矢口否认自己有责任，称对方已经验货签单了，他们没有任何责任。曹某收到卖家寄回的空箱后，发现箱子上贴的单据和自己的发货原单明显不同，且卖家还告诉他收到货物时发现箱子明显有二次粘贴痕迹。曹某拿着单据再次找到物流公司要求索赔，但物流公司依旧否认自己有责任，于是曹某提起诉讼。法院判决被告某物流公司依法赔偿原告所有损失。

【案例解析】

原、被告之间已形成了一个邮政服务合同，在原告把所寄物品交付被告工作人员并支付了相应的费用后，原告的合同义务已履行完毕，被告应按照合同的约定，把原告所寄的物品安全无误地寄到收件人处。被告提交给法庭的邮政物流详情单与原告提交的单据不一致，因此不能证明被告履行了合同义务，也不能证明被告不承担赔偿责任。

(资料来源：中国江西网，2014年2月10日 09：12)

九、快递业务

快递是指在承诺的时限内快速完成的寄递活动。

国内快递业务是指从收寄到投递的全过程均发生在中华人民共和国境内的快递业务。经营快递业务，应当依照邮政法规定取得快递业务经营许可；申请人凭快递业务经营许可证向质量监督管理部门依法办理登记后，方可经营快递业务。未经许可，任何单位和个人不得经营快递业务。外商不得投资经营信件的国内快递业务。

(一) 经营快递业务的条件

《快递暂行条例》规定，经营快递业务，应当依法取得快递业务经营许可。邮政管理部门应当根据《中华人民共和国邮政法》第52条、第53条规定的条件和程序核定经营许可的业务范围和地域范围，向社会公布取得快递业务经营许可的企业名单，并及时更新。

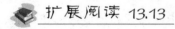

《邮政法》第 52 条规定，申请快递业务经营许可，应当具备下列条件：①符合企业法人条件；②在省、自治区、直辖市范围内经营的，注册资本不低于人民币 50 万元，跨省、自治区、直辖市经营的，注册资本不低于人民币 100 万元，经营国际快递业务的，注册资本不低于人民币 200 万元；③有与申请经营的地域范围相适应的服务能力；④有严格的服务质量管理制度和完备的业务操作规范；⑤有健全的安全保障制度和措施；⑥法律、行政法规规定的其他条件。

邮政管理部门审查快递业务经营许可的申请，应当考虑国家安全等因素，并征求有关部门的意见。邮政企业以外的经营快递业务的企业（以下称快递企业）设立分支机构或者合并、分立的，应当向邮政管理部门备案。

（二）快递企业的经营限制规定

快递企业不得经营由邮政企业专营的信件寄递业务，不得寄递国家机关公文。快递企业经营邮政企业专营业务范围以外的信件快递业务，应当在信件封套的显著位置标注"信件"字样。快递企业不得将信件打包后作为包裹寄递。

经营国际快递业务应当接受邮政管理部门和有关部门依法实施的监管。邮政管理部门和有关部门可以要求经营国际快递业务的企业提供报关数据。

（三）快递业务的停止

快递企业停止经营快递业务的，应当书面告知邮政管理部门，交回快递业务经营许可证，并对尚未投递的快件按照国务院邮政管理部门的规定妥善处理。

扩展阅读 13.13

福建宁德妥善处理快递"停摆"事件

（四）快递行业协会

经营快递业务的企业依法成立的行业协会，依照法律、行政法规及其章程规定，制定快递行业规范,加强行业自律,为企业提供信息、培训等方面的服务,促进快递行业的健康发展。

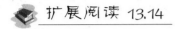

国家邮政局关于2017年第三季度快递服务满意度调查和时限准时率测试结果的通告

十、监督检查

（一）监督管理职责

邮政管理部门依法履行以下监督管理职责：①进入邮政企业、快递企业或者涉嫌发生违反邮政法活动的其他场所实施现场检查；②向有关单位和个人了解情况；③查阅、复制有关文件、资料、凭证；④经邮政管理部门负责人批准,查封与违反邮政法活动有关的场所,扣押用于违反邮政法活动的运输工具以及相关物品,对信件以外的涉嫌夹带禁止寄递或者限制寄递物品的邮件、快件开拆检查。

海关依照《中华人民共和国海关法》的规定,对进出境的国际邮袋、邮件集装箱和国际邮递物品实施监管。

（二）监督检查的行使

任何单位和个人对违反邮政法规定的行为,有权向邮政管理部门举报。邮政管理部门接到举报后,应当及时依法处理。

邮政管理部门工作人员对监督检查中知悉的商业秘密负有保密义务。

十一、法律责任

《邮政法》第七章对违反邮政法行为做了详细规定,主要包括：隐匿、毁弃或者非法开拆他人信件,侵犯公民通信自由的权利；邮政工作人员私自开拆或者隐匿、毁弃邮件、窃取财物的；故意损毁邮筒等邮政公用设施；邮政工作人员拒不办理依法应当办理的邮政业务的,故意延误投递邮件的；邮政工作人员玩忽职守,致使公共财产、国家和人民利益遭受重大损失的；违反专营规定,擅自经营信件和其他信件性质的物品的寄递业务；拒绝、阻碍依法实施的监督检查；冒用邮政企业名义或者邮政专用标志，或者伪造邮政专用品或者倒卖伪造的邮政专用品；盗窃、损毁邮政设施或者影响邮政设施正常使用的；伪造邮资凭证或者倒卖伪造的邮资凭证的；扰乱邮政营业场所、快递企业营业场所正常秩序等。违反邮政法的行为应承担民事责任、行政责任或者刑事责任。

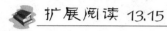 13.15

2020年全国邮政市场行政执法情况通告

思考与练习

1. 简述我国《公路法》关于公路规划及公路监督检查的主要规定。
2. 简述我国《铁路法》关于铁路安全与保护的主要规定。
3. 简述我国《航空法》关于民用航空器管理的主要规定。
4. 简述我国《航空法》关于对地面第三人损害的赔偿责任的主要规定。
5. 简述港口经营人的主要权利义务。
6. 简述邮政法的基本原则。
7. 简述邮政快递业务的主要规定。

第十四章

物流环境法

【学习目标】
1. 了解物流活动对环境的影响,理解绿色物流的内涵与理论基础;
2. 掌握环境法的基本原则在物流产业中的贯彻。

引导案例

长江三峡核心区年内实现"零排放、零油耗、零噪音"

4月26日,三峡坝区岸电实验区建设暨长江沿线港口岸电全覆盖建设推进会在湖北宜昌召开,标志着长江沿线港口岸电全覆盖建设正式启动。

长江流域水系发达、港口码头密布,是全球运量最大、最为繁忙的内河航道,目前三峡船闸年客货物通过量突破1.3亿吨,为沿江地区经济发展作出了巨大贡献。但是,长期以来,长江生态环境也面临着严峻形势和巨大压力,其中船舶靠港的燃油污染物排放对大气和水质造成了较大污染,危害了长江流域生态环境。统计显示,三峡坝区核心区平均每天积压待闸船舶580艘,平均待闸时间约54小时,船舶待闸期间使用柴油发电造成水面、空气、噪声污染严重,对三峡库区生态环境构成威胁。推动长江流域港口岸电全覆盖,靠港船舶使用岸电,是修复长江生态环境、促进绿色发展的重要举措,也是保护长江母亲河、造福子孙后代的迫切要求。

港口岸电建设涉及交通、能源、环保等政府管理部门,涉及电网、发电、港口、航运、制造等众多企业,是一项系统性、综合性的工程,需要各方支持、共同参与。国家电网公司在2017年联合国家交通部、国家能源局签署《共同推进靠港船舶使用岸电战略合作框架协议》的基础上,会同交通运输部、财政部、国家能源局、湖北省人民政府、三峡集团等建立政企合力的协同工作机制,重点建设三峡坝区岸电实验区。

一年来,通过各方共同努力,顺利完成了各项目标任务,为全流域港口岸电建设打造形成了可复制推广的样板:攻克了多项世界性技术难题,针对季节性水位落差大、离岸距离远、船舶停泊方式多样、江心锚地多船散抛等系列难题，联合能源电力、船舶航运、科研院校等各方专家，创新推出六大岸电解决方案，满足了各类港口、船舶的岸电服务需求。研制出一系列拥有自主知识产权的先进成套设备，联合三峡通航局打造了国内首个水上岸电综合服务区示范项目。

推动了国家内河岸电标准的统一，为实现长江流域港口岸电互联互通奠定了坚实基础。在三峡坝区内投运秭归茅坪港客运码头、沙湾综合生态服务中心、仙人桥靠船墩、沙湾锚地等 4 个岸电示范工程，验证了解决方案和技术设备的安全性、可靠性和便捷性，为推进全流域建设探索出切实可行的路径。创新实践商业运营服务模式。由发电企业、电网企业、电动汽车服务企业等共同组建混合所有制的岸电运营公司，打造专业化的岸电服务团队，构建起"合作共赢、互利共享"的岸电运营服务新模式；建成车船一体化岸电云网服务平台，为港口、船舶提供统一结算、移动支付等便捷服务。

国家电网公司副总经理韩君介绍，今年将在总结推广三峡坝区岸电实验区示范项目成功经验的基础上，全面完成 77 公里核心区内剩余的 6 个游轮码头、4 个干散货码头、1 个滚装船码头，共计 11 个码头及部分重点锚地等岸电建设任务，确保年内核心坝区岸电设施全覆盖，实现船舶停靠期间的"零排放、零油耗、零噪音"。到 2020 年基本完成长江沿线港口岸电全覆盖建设任务。

（资料来源：楚天都市报，2019 年 4 月 27 日）

绿色物流沿着法制轨道发展，这就要求物流产业法必须与环境法相融合，进而将形成一个新的子部门法——绿色物流法。这既是对物流法律体系的完善，又是对环境法的进一步发展。

第一节 绿色物流的内涵与理论基础

绿色物流是指在物流过程中抑制物流对环境造成危害的同时，实现对物流环境的净化，使物流资源得到充分利用。绿色物流是以降低对环境的污染、减少资源消耗为目标，利用先进物流技术，规划和实施运输、仓储、包装、装卸、流通加工等物流活动，其实质就是追求环境与人类和谐生存和发展。

绿色物流主要包含可持续发展理论、生态经济学理论和生态伦理学理论。

一、可持续发展理论

1987 年，国际环境与开发委员会发表的《我们共有的未来》研究报告提出，当代对资源的开发和利用必须有利于下一代对环境的维护及其资源的持续利用。因此，为了实现长期、持续发展，必须采取各种措施来维护我们的自然环境。

从理论上讲，可持续发展理论的内容包括以下方面：

（一）生态持续

生态持续要求改变单纯追求经济增长、忽视生态环境保护的传统发展方式，切实保持整个生命保障系统的完整性，保持生物多样化，保护人类赖以生存的大气、淡水、海洋、土地、森林等自然资源不受污染和肆意侵害，积极治理和恢复已遭到破坏和污染的环境。

（二）经济持续

经济持续要求通过产业结构调整和开发应用高新技术，转变经济增长方式，改善质量，优化配置，节约能源，降低消耗，增加效益，实行清洁生产和文明消费，减少有害废弃物的流出和排放，使经济和发展既能满足当代人需要，又不致对后代人构成危害。

（三）社会持续

社会持续要求以提高人类生活质量为目的，积极促进社会向文明、公正、安全、健康的方向发展。为此，必须控制人口数量、提高人口质量；合理调节社会分配关系，消除贫富不均和两极分化；大力发展教育、文化、卫生事业，提高全体人民的科学文化素质和健康水平；建立和完善社会保障体系，保持社会政治稳定。

可持续发展既不是单指经济发展或社会发展，也不是单指生态持续，而是生态-经济-社会三维复合系统的可持续。其中生态可持续是基础，经济可持续是主导，社会可持续是根本。

这种可持续发展理论同样适用于物流活动。常规物流活动主要是为了实现企业的盈利，满足顾客需求，扩大市场占有率，这些目标均是为了实现个体的经济利益。而绿色物流是在上述经济利益之外，还要追求节约资源，保护环境，这是既具经济属性、又具社会属性的目标。绿色物流正是依据可持续发展理论，形成了物流与环境之间相辅相成的推动和制约关系，在物流过程中创造商品的时间效益和经济效益，满足消费者需求的同时，注重按生态环境的要求，保护自然生态平衡和保护自然资源，为子孙后代留下生存和发展的权利与空间。

 扩展阅读 14.1

青海构建绿色循环低碳交通运输体系

尽管从宏观角度和长远利益看,节约资源、保护环境与经济利益的目标是一致的,但对某一特定时期、某一特定个体而言却是矛盾的。物流企业作为利益主体,一般只站在微观角度上以本企业获取最大利润为目标,在进行物流活动过程中很少主动顾及对周围环境和景观的影响,为此应制定有效的绿色物流法规鼓励物流企业发展绿色物流,加强对物流活动的监控,以保证绿色物流的实现。

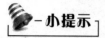

在政府方面,欧洲许多国家已通过法律法规,要求产品生产厂家必须从消费者那里回收已经到了报废期的产品。如在废弃电池回收方面,荷兰1995年的《电池处理法规》要求电池生产商和进口商对其投放到市场的电池承担回收和处理责任,并规定90%的废旧电池应得到分类收集和处理。

二、生态经济学理论

所谓生态经济学理论,是指研究再生产过程中,经济系统与生态系统之间的物流循环、能量循环和价值增值规律及其应用的科学。物流活动是社会再生产过程中的重要一环,物流过程中不仅有物质循环利用、能源转化,而且有价值的实现。因此,物流涉及了经济与生态环境两大系统,是经济效益和生态环境效益之间联系的桥梁。经济效益涉及目前和局部的更密切相关的利益,而环境效益则关系更宏观和长远的利益。经济效益和环境效益是对立统一的。后者是前者的自然基础和物质源泉,前者是后者的经济表现形式。

绿色物流以经济学的一般原理为指导,以生态学为基础,对物流中的经济行为、经济关系及规律与生态系统之间的相互关系进行研究,以谋求在生态平衡、经济合理、技术先进条件下的生态与经济的最佳结合。

常规物流活动没有处理好上述二者的关系,过多地强调了经济效益,而忽视了环境效益,导致了社会整体效益的下降。绿色物流较好地解决了这一问题,通过物料流动、能量流动建立起与生态系统之间的联系和相互作用,通过经济目标和环境目标之间的平衡,实现生态与经济的协调发展。真正实现这种目标的平衡必须通过国家宏观调控法规才能得到落实。

小提示

包装具有保护商品品质、美化商品和便利销售及运输等作用。包装中的非绿色因素主要表现在:第一,包装材料的环境污染。如塑料袋、铝制易拉罐等包装会给自然界留下长久污染。第二,使用一次性包装不仅造成资源的浪费,不利于可持续发展,同时也无益于生态经济效益。第三,过度包装。例如,每年北京市处理垃圾的费用高达10亿元,如果减少不必要的过度包装,可以节省2亿元以上。过度包装既损害了消费者的利益,又造成有限资源的浪费和严重的环境污染。

三、生态伦理学理论

人类所面临的生态危机,迫使人们不得不反思自己的行为,这就促使了生态伦理学的产生和发展。生态伦理学是从道德角度研究人与自然关系的交叉学科,它根据生态学提示的自然与人相互作用的规律性,以道德为手段,从整体上协调人与自然环境的关系。生态伦理迫使人们对物流中的环境问题进行深刻反思,从而产生了一种强烈的责任心和义务感。为了子孙后代的切身利益,为了人类更健康和安全地生存与发展,人类应当维护生态平衡。

生态伦理学也迫使人们对物流中的环境问题进行反思。传统物流过程中不可避免地要消耗能源和资源,产生环境污染,从而使人产生一种强烈的社会责任感与义务感,为了后代的切身利益,应自觉维护生态平衡。为了控制物流活动对环境的负面影响,绿色物流必须采取各种措施来维护生态环境。因此绿色物流不仅是企业和消费者义不容辞的社会责任和义务,更是政府宏观管理的重要组成部分。政府最有效的办法是实行立法,用强制性的手段对物流活动进行管理。

总之,可持续发展理论、生态经济学理论和生态伦理学理论在物流领域得到有效的运用需要法律保障为后盾。

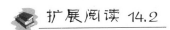

湖南启动洞庭湖生态环境交通专项整治
重点整治危化品水路运输、船舶污染物排放、非法砂石码头

第二节 环境法的基本原则在物流产业的贯彻

绿色物流战略的实施是一项系统工程,要想迅速培育、发展绿色物流事业,除了需要通过相关知识的普及、专家型管理者的引入等手段外,还必须通过制定适宜的绿色物流产业发展的法律法规,完善绿色物流法制建设,加强执法力度,推动我国绿色物流产业的发展。

我国自20世纪90年代以来,一直致力于完善环境污染方面的法律法规,目前,我国已经制定了一系列环境相关法律法规和标准。如《环境保护法》《清洁生产法》《固体废物污染环境防治法》《大气污染防治法》等,这些法律法规对实现社会经济的可持续发展起到了应有的作用。《环境保护法》明确规定:"保护环境是国家的基本国策。"

环境法基本原则是对国家环境基本方针、政策的描述并贯穿在整个环境立法、环境执法之中,一般是概括性、指引性的。随着绿色物流的推进,物流产业应尽快结合本行业具体情况,将下述环境法基本原则合理引入,制定符合物流行业特点的相关规则,使绿色物流活动按照法制要求健康发展。

一、保护优先原则

(一)保护优先原则的含义

保护优先原则即生态环境保护优先原则,是指在生态环境保护管理活动中应当把生态保护放在优先的位置加以考虑;在社会的生态利益和其他利益发生冲突的情况下,应当优先考虑社会的生态利益,做出有利于生态保护的管理决定。

保护优先原则,主要是在处理经济增长与生态环境保护之间的关系问题上所进行的决策权衡问题。它是随着人们对环境问题和环境保护认识的不断深化、环境保护理念的提升以及环境法制建设的逐步完善,而在立法中确立的一项用以指导调整生态社会关系的法律准则。

小提示

2020年5月28日,第十三届全国人民代表大会第三次会议通过的《中华人民共和国民法典》第9条规定:"民事主体从事民事活动,应当有利于节约资源、保护生态环境。"第509条规定:"当事人在履行合同过程中,应当避免浪费资源、污染环境和破坏生态。"

(二)保护优先原则在物流领域的贯彻

1. 将环境保护切实纳入国民经济和社会发展计划

环境保护是关系到经济、社会能否持续发展的重要环节,也是国民经济和社会发展的重要组成部分。国民经济和社会发展计划是政府进行宏观调控的重要手段,计划一经制定,即具有严格普遍的约束力,就能得到广泛遵守,所以将环境保护计划纳入国民经济和社会发展计划之中是根本措施之一。《中华人民共和国环境保护法》(以下简称《环境保护法》)第13条规定:"县级以上人民政府应当将环境保护工作纳入国民经济和社会发展规划。"

2. 将环境保护切实纳入物流发展计划

要把环境保护纳入物流发展规划,就需要在物流发展规划中增加与国民经济总体规划相协调和衔接的、全面反映国家环境保护的目标、任务和措施的环境保护规划。配合国家国民经济和社会发展规划,在制定物流领域各项相关专项规划时,如全国沿海港口布局规划、铁路现代物流发展规划、民用航空发展规划、综合交通网中长期发展规划等,把环境保护纳入其中是非常必要的。

在各类物流年度计划、地区计划、行业计划中也应当包含环境保护的内容。只有这样,才能将环境保护工作切实纳入物流发展的进程中。这种具有绿色因素的物流规划一经制定,便成为国家开展绿色物流管理工作的重要依据,也是物流企业进行物流活动应当遵循的基本规则。

小提示

通过立法限制过度包装,已成为发达国家的共识,欧洲各国政府纷纷制定了包装法。比如,最早推崇包装材料回收的德国制定了《循环经济法》,丹麦率先实行了"绿色税"制度,很多国家要求制造商、进口商与零售商负起将包装材料回收利用与再制造的责任。过度包装物品在韩国属于违法行为。为了落实物品包装比率和层数的限制,韩国政府对商品的包装要进行检查,并奖励精简包装,过度包装的商品要受到罚款。

3. 明确政府的环保责任

环境保护作为政府的一项基本职责应不断加强。因此,《环境保护法》第 6 条规定:"地方各级人民政府,应当对本辖区的环境质量负责。"政府环保责任主要表现在:制定符合环保要求的产业政策,合理调整产业结构,搞好区域环境规划,制定环境标准,加强环境监督管理,协调环境保护工作,协助企业控制污染,落实城市环保设施建设,组织城市环境综合整治等。

在物流领域,优先发展原则只有通过合理规划物流产业园区布局,合理分配人力、财力、物力才能实现。政府环保责任主要表现在:制定符合环保要求的物流产业政策,合理调整物流产业结构,搞好绿色物流规划,制定绿色物流标准,加强物流领域环境监督管理,协调环境保护工作,协助物流企业控制污染,落实物流环保设施建设,组织环境综合整治等。

4. 将保护优先纳入有关物流部门的经济管理与企业管理中

政府的环境责任不能取代企业和其他单位、个人的环境责任。当前的环境污染和破坏主要来自经济生产活动,尤其是工业生产活动,包括物流活动。为此,《环境保护法》规定,企业事业单位和其他生产经营者应当防止、减少环境污染和生态破坏,对所造成的损害依法承担责任。如果造成损害,应该承担责任,包括民事责任、行政责任和刑事责任。

把优先发展原则纳入物流管理部门与物流企业管理中去,是从微观上控制环境污染,使环境保护规划得到具体落实。具体来说,要把环境与资源管理,包括物流污染防治、"三废"综合利用、节约能源、节约用水、保护水域和海域环境、水土保持等,都纳入和渗透到有关的管理中去,而且要有具体的考核指标,以及相应的监督检查制度。《环境保护法》第42条规定,排放污染物的企业事业单位和其他生产经营者应当采取措施,防止在生产建设或者其他活动中产生的废气、废水、废渣、医疗废物、粉尘、恶臭气体、放射性物质以及噪声、振动、光辐射、电磁辐射等对环境的污染和危害。

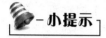

一些发达国家的政府在绿色物流的发展上给予了许多政策法规上的引导,如制定了诸如控制污染发生源,对清洁原料的使用予以税收优惠,限制交通量和控制交通流的有关政策和法规;对物流包装废弃物和产品废弃物的回收重用也作了规定。这些法规是实现经济效益、社会效益和环境效益的统一的重要措施,也对物流的绿色化实践具有重要的指导作用。

二、预防为主原则

(一) 预防为主原则的含义

1. 预防为主原则的概念

预防为主是指在生态环境保护工作中,应当事先采取防范措施,防止环境问题的发生;同时应积极治理和恢复那些不可避免的,或已经造成的环境污染和生态破坏,将环境污染和生态破坏控制在能够维持生态平衡、保障经济和社会持续发展、保护社会物质财富和人体健康的限度内。

2. 预防为主原则的意义

不合理地开发、开采自然资源和工业污染,是造成我国环境污染的主要原因。因此,采取预防为主原则,在开发和生产全过程中注重保护环境和自然资源,采用先进技术,合理开发利用、提高资源利用率,就可以做到在实现经济效益和社会效益的同时,保持良好的环境。实践证明,采取事先预防的措施比事后治理能减少许多投入,而且能有效地预防新污染和破坏产生。

3. 预防原则的确立依据

一般采用以下依据确立预防原则:

(1) 环境问题一旦发生,则难以消除和恢复,甚至不可逆转。人类活动所造成的环境问题大多是在经济、社会发展中忽视环境保护的结果,除高排放浓度物质污染环境直接造成人体健康或生物损害的事例外,大多数环境损害都是缓慢和渐进发生的,限于现有的科学技术水平，人类很难对环境污染或环境破坏造成的危害的可能性做出事先认知，其后果往往难以预料，因此，必须特别谨慎，尽量采用预防的手段避免这些问题发生。

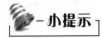

过度包装用的塑料制品需要经过 200 年以上时间才能被土壤吸收，这些化学垃圾对环境造成严重污染。另据统计，我国每年可综合利用的固体废弃物和可回收利用的再生资源中，没有得到回收利用的价值达 500 多亿元。

(2) 事后治理环境污染和破坏的费用巨大。20 世纪 70 年代，一些发达国家对于环境问题采取了"先污染后治理"的做法，其结果是付出了相当大的代价。这些国家的环境投资一般占国民生产总值的 1%～2%。例如，美国在 20 世纪 70 年代初的环境投资占其国民生产总值的 1.6%，实际支出约 500 亿～600 亿美元。

环境损害的特点是被害范围广、加害主体不易确定，加害具有持续性和反复性，难以用金钱填补损失等，因此靠事后的法律救济的方法，一方面在经济分析上对加害者不利，另一方面在赔偿责任的确定上对被害人不利。基于此，才诞生了以预防环境污染为目的的环境法，其宗旨是防患于未然。

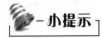

《中华人民共和国环境保护法》第 5 条规定："环境保护坚持保护优先、预防为主、综合治理、公众参与、损害担责的原则。"

(3) 环境污染或破坏造成的危害一般都具有缓慢性，要透过广大空间和长久时间，经过多种因素的复合积累后才会逐渐形成或扩大。人类对损害环境的活动造成的长远影响和最终结果往往难以及时发现和认识，但结果一旦出现，则无法救治。这就要求人类活动注意防患于未然。

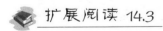

宁波口岸发生原油渗漏事件

（二）预防为主原则的内容

预防为主原则的内容主要包括将环境保护纳入国民经济和社会发展计划，为治理污染、防止新污染源产生提供物质保障；实行城市环境综合整治；严格控制新的污染和破坏，对建设项目切实加强环境管理，严格实行全面规划、合理布局，严格执行环境影响评价制度、"三同时"制度、限期治理制度、许可证制度、监督检查制度等。预防为主原则不意味着削弱或忽视治理，而是要求在切实做到预防的前提下，控制新的污染发生以集中精力治理老的污染。

（三）预防为主原则在立法中的体现

预防原则是对过去环境问题教训的一种总结，也是科学技术发展对环境认识的提高所提出的要求。这项原则已在多部环境法中得到体现，如《固体废弃物污染环境防治法》《大气污染防治法》《水污染防治法》等法律法规都体现了预防为主的原则。例如：《大气污染防治法》第1条开宗明义，规定："为防治大气污染，保护和改善生活环境和生态环境，保障人体健康，促进经济和社会的可持续发展，制定本法。"

《水污染防治法》第3条规定："水污染防治应当坚持预防为主、防治结合、综合治理的原则，优先保护饮用水水源，严格控制工业污染、城镇生活污染，防治农业面源污染，积极推进生态治理工程建设，预防、控制和减少水环境污染和生态破坏。"作为单项环境立法的指导原则，该原则在具体化方面是制定和实施具有预防性质的环境法律制度，如：总量控制、环境标准控制、环境影响评价制度、"三同时"制度、清洁生产制度等。

（四）预防为主原则在物流领域的贯彻

1. 全面规划和合理布局

贯彻预防为主原则最重要的、战略性的措施就是全面规划和合理布局。全面规划就是对工业、农业与第三产业，城市与乡村，生产与生活，经济发展与环境资源保护等各方面关系进行统筹考虑和平衡，制定科学的国土利用规划、区域规划、城市规划、流域规划以及环境资源保护方案和污染、破坏治理方案，平衡各方面利益。

不合理的布局是造成环境资源污染和破坏的重要原因之一，所以，首先要对整个国家物流产业布局进行合理配置；而后对各地因地制宜地进行功能区域划分，在此基础上对物流各种产业和事业进行合理安排，做到既体现经济和社会效益，又有利于保护环境资源。

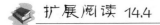

天津港发生爆炸

2. 严格控制新的污染破坏，同时积极治理已有的环境问题

要严格控制新的环境污染和生态破坏，必须制定和实施具有防范作用的环境资源管理制度，强化环境监督管理，防止新的污染源的产生。对于一些无法避免的新污染源，如各种交通工具的排放废气，必须严格控制排污量。对于已经产生的环境污染或生态破坏，应当采取综合措施进行积极的治理，如对严重污染环境的物流企事业单位要求限期治理，对逾期未完成治理任务的，应依法责令其关、停，总之应采取一切可能的措施防止其恶化，消除其不利影响。

3. 加强制度改革和制度创新

预防为主原则的具体化主要表现在制定和实施具有预防性法律制度上。在物流企业推广清洁生产工艺、最佳可行技术、最佳环境工程；广泛进行环境经济评估以改善环境质量；促进为降低风险提供备选政策方案的科学研究，尤其是要加强环境影响评价制度的执行。《固体废弃物污染环境防治法》规定："固体废物污染环境防治坚持减量化、资源化和无害化的原则。任何单位和个人都应当采取措施，减少固体废物的产生量，促进固体废物的综合利用，降低固体废物的危害性。"

案例 14-2

A 公司在开发利用贮灰场和清运粉煤灰的过程中，对清运作业监督不力，致使 10 吨粉煤灰被倾倒入 B 河，造成水体污染。当地环保部门根据《水污染防治法》和《排污费征收使用管理条例》，对该厂罚款 5 万元，同时征收排污费 20 万元。A 厂不服，认为对于违法排放污染物的行为，环保部门不能在罚款的同时征收排污费，遂向人民法院提起诉讼。

问：对于违法排放污染物的行为，环保部门能否在罚款的同时征收排污费？

【案例解析】

《排污费征收使用管理条例》第 16 条规定，排污者因有特殊困难不能按期缴纳排污费的，自接到排污费缴纳通知单之日起 7 日内，可以向发出缴费通知单的环保部门申请缓缴排污费；环保部门应当自接到申请之日起 7 日内，作出书面决定；期满未作出决定的，视为同意。排污费的缓缴期限最长不超过3个月。

批准减缴、免缴、缓缴排污费的排污者名单,应当由受理申请的环保部门会同同级财政部门、价格主管部门予以公告,公告应当注明批准减缴、免缴、缓缴排污费的主要理由(第17条)。

对于排污者未按照规定缴纳排污费的,《排污费征收使用管理条例》第21条规定,由县级以上地方人民政府环保部门依据职权责令限期缴纳;逾期拒不缴纳的,处应缴纳排污费数额1倍以上3倍以下的罚款,并报经有批准权的人民政府批准,责令停产停业整顿。

由以上法律规定可知,征收排污费或超标排污费并不是行政处罚,不以违反行政法律法规为前提条件,其与行政处罚性质不同,适用条件也不同,二者并不互相排斥。因此,本案因违法排污受到行政处罚的A公司,仍然应当依法缴纳排污费或者超标排污费。

(资料来源:作者自编)

三、综合治理原则

(一)综合治理原则的含义

综合治理原则是指法律规定一切单位和个人都有保护环境的义务,并通过行政的、市场的、资质的等手段积极有效治理环境问题。它是协商民主和公共治理理念在环境保护中的体现。

《环境保护法》第6条规定:"一切单位和个人都有保护环境的义务。地方各级人民政府应当对本行政区域的环境质量负责。企业事业单位和其他生产经营者应当防止、减少环境污染和生态破坏,对所造成的损害依法承担责任。公民应当增强环境保护意识,采取低碳、节俭的生活方式,自觉履行环境保护义务。"这条规定体现了综合治理原则,是环境保护与民主法治相结合的反映。环境治理是国家治理的重要组成部分,将民主法治引入到环境保护工作中也是提高国家治理能力的重要体现。

(二)确立综合治理原则的依据

我国20世纪70年代环境保护工作的方针提到:"大家动手""综合利用""化害为利",这就是综合治理原则最早的提法,并在环境保护工作中取得良好效果。八九十年代以来,协商民主和公共治理的理念逐步进入环境保护领域,形成政府、市场、公众社会三方联动解决环境问题的机制。

2013年《中共中央关于全面深化改革若干重大问题的决定》提出:协商民主是我国社会主义民主政治的特有形式和独特优势,是党的群众路线在政治领域的重要体现。在党的领导下,以经济社会发展重大问题和涉及群众切身利益的实际问题为内容,在全社会开展广泛协商,坚持协商于决策之前和决策实施之中。环境问题不仅是我国经济社会发展面临的重大问题,也涉及人民群众切身利益,环境问题的解决依赖于环境协商民主机制。

协商民主机制在环境保护中的重要体现就是环境公共治理。公共治理是由开放的公共管理与广泛的公众参与二者整合而成的公域之治模式,具有治理主体多元化、治理依据多样化、治理方式多样化等典型特征。就治理主体而言,该模式主张不仅包括国家,还包括其他公权力主体如行业协会、自治团体等,各种治理主体在公域之治中应各展其长、各得其所。

就治理依据而言,该模式主张不仅包括国家立法,还包括社会共同体形成的规则甚至不同主体之间的协议等。在治理方式上,该模式主张依照公域之治的实际需要,在进行综合性成本-收益分析的基础上,能使用非强制方式的就不用强制方式,能用双方协商解决的方式就不用单方强制的方式,能用自治的方式就不用他治的方式,遵照先市场、后社会、再政府的选择标准,实现治理方式的多元化、民主化和市场化。

2014年1月22日北京市第十四届人民代表大会第二次会议通过《北京市大气污染防治条例》,该条例第6条规定:"防治大气污染应当建立健全政府主导、区域联动、单位施治、全民参与、社会监督的工作机制。"

我国《环境保护法》把综合治理确定为环境保护的基本原则。

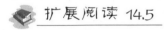

绿色物流工作推进　我国拟推行绿色包装新政

（三）综合治理原则在物流领域的贯彻实施

现代绿色物流业是新兴的复合型产业,涉及运输、仓储、装卸、货代、联运、加工、整理、配送、信息、环保等行业,政策上关联交通部、铁道部、民航总局、商务部、信息产业部、海关、环保、质量监督管理、税务等许多部门,关系到多方利益。我国物流业传统的条块分割管理体制以及多头管理、分段管理体制,造成物流各部门之间缺少有效的协调;物流体系内在联系被人为分割,严重制约物流体系的整体统筹与规划,影响各种物流服务的协调发展,妨碍物流社会化、集约化进程,导致物流资源的严重浪费。

改变这种局面的最佳办法就是综合治理,具体如下。

1. 治理主体多元化

《环境保护法》体现了政府、企业、个人环保公共治理的机制。政府、企业、个人都负有环境保护的义务,政府负责、企业积极、个人自觉。《环境保护法》加大了政府的环境责任,并通过市场机制调动企业参与环保的积极性,把环保与个人修养结合起来形成环保光荣的意识。《环境保护法》第 6 条规定:"一切单位和个人都有保护环境的义务。地方各级人民政府应当对本行政区域的环境质量负责。企业事业单位和其他生产经营者应当防止、减少环境污染和生态破坏,对所造成的损害依法承担责任。公民应当增强环境保护意识,采取低碳、节俭的生活方式,自觉履行环境保护义务。"

2. 治理途径多样化

我国环境保护、环境治理采取了多种途径,如:生态补偿、第三方治理、排污权交易与碳排放交易、企业环保诚信制度、政府绿色采购、环境污染责任制度等。这些制度都是综合治理的体现。《环境保护法》规定:"企业事业单位和其他生产经营者,在污染物排放符合法定要求的基础上,进一步减少污染物排放的,人民政府应当依法采取财政、税收、价格、政府采购等方面的政策和措施予以鼓励和支持。""企业事业单位和其他生产经营者,为改善环境,依照有关规定转产、搬迁、关闭的,人民政府应当予以支持。"

3. 治理机制综合化

我国环境保护法规定了财政、教育、农业、公检法机关等的环保责任,规定了各级人民政府、环保部门的环保责任。这体现了全社会全方位的齐抓共管、相互配合机制。《环境保护法》规定:"国务院环境保护主管部门,对全国环境保护工作实施统一监督管理;县级以上地方人民政府环境保护主管部门,对本行政区域环境保护工作实施统一监督管理。县级以上人民政府有关部门和军队环境保护部门,依照有关法律的规定对资源保护和污染防治等环境保护工作实施监督管理。""对保护和改善环境有显著成绩的单位和个人,由人民政府给予奖励。"

案例 14-3

原告与第三人双方系邻居,第三人系化肥销售商,在自家院内储存有碳酸氢铵。2011 年 8 月份原告以第三人违规销售有害物质,给周边邻居生活造成恶劣影响为由,向被告延津县环境保护局反映,被告随即组织工作人员到现场进行了调查核实,并于 2011 年 8 月 10 日作出了调查报告。

经委托(原告缴费)新乡市环境监测站监测,于 2011 年 8 月 25 日作出了监测报告,被告于 2011 年 9 月 13 日对第三人张兴根作出环罚通字(2011)第 004 号纠正违法行为通知书,通知书处理意见:"1. 限你自接到通知书七日内将院内存放的碳酸氢铵清理完毕;2. 如逾期未将院内碳酸氢铵清理完毕,或整改不到位的,将依据河南省环境保护行政处罚裁量标准,对你处以七万元罚款。"在期限内第三人清除了存放的碳酸氢铵,被告未对第三人进行处罚。2014年10月原告向被告邮寄了要求被告履行法定职责,对第三人进行处罚申请书,并于2015年3月10日向法院起诉。

【案例解析】

原告要求被告履行法定职责,并已向被告递交了申请,被告虽已对第三人作出了环罚通字(2011)第004号纠正违法行为通知书,但也应书面给予原告答复。被告在收到原告申请后60日内未作出具体行政行为,其不履行法定职责事实清楚,原告的诉讼请求,本院予以支持。依照《中华人民共和国行政诉讼法》第54条第(三)项之规定,判决:限被告延津县环境保护局于判决生效后三十个工作日内对原告的申请事项作出具体行政行为。

(资料来源:《王协兰与延津县环保局其他纠纷行政判决书案》河南省原阳县人民法院行政判决书(2015)原行初字第8号)

四、损害担责原则

(一)损害担责原则的含义

损害担责原则是指任何对环境和生态造成损害的单位和个人都必须依法承担相应的法律后果。《环境保护法》第6条规定,一切单位和个人都有保护环境的义务。地方各级人民政府应当对本行政区域的环境质量负责。企业事业单位和其他生产经营者应当防止、减少环境污染和生态破坏,对所造成的损害依法承担责任。这里所指的损害环境的法律责任包括民事责任、刑事责任、行政责任。

环境与自然资源是人类生存与发展的基础。人类对环境和资源的利用,特别是对环境资源的污染和破坏超出了环境资源自身的平衡能力,就会导致自然资源的恶化,反过来影响人类的生存与发展。所以,人类对环境和资源利用或污染、破坏后,必须及时对其价值进行弥补,以维持人类生存和发展所需。这就出现了环境资源责任问题,即由谁承担弥补环境和资源的价值的问题。

(二)确立损害担责原则的依据

在过去相当长的一段时间内,承担环境责任以造成具体的人身和财产损害为条件,这导致了环境污染和生态破坏的加剧。早期对环境资源的保护采取由政府的财政负担的措施,这就等于把污染者的经济责任转嫁给了全体纳税人,使权利和义务脱离,违背了法律的基本原则。因而,20世纪70年代初,联合国经济合作与发展组织提出了"污染者负担原则"(又称为"污染者付费原则")。

损害担责原则是在我国环境保护过程中逐步形成的。1979年的《环境保护法(试行)》中规定了"谁污染谁治理"的原则。20世纪80年代,我国实行自然资源有偿使用制度,这项原则随之增加了利用者补偿原则的内容。1996年8月3日,国务院发布的《关于环境保护若干问题的决定》中规定:"污染者付费、利用者补偿、开发者保护、破坏者恢复。"其中"开发者保护、破坏者恢复"合并为"开发者养护"。

"开发者保护",亦称谁开发谁保护,是指开发利用环境资源者不仅有依法开发自然资源的权利,同时还有保护环境资源的义务。"破坏者恢复"是指造成自然资源和生态环境破坏者必须承担恢复原状的民事责任。这一原则与"污染者付费"原则相比,更偏向于对自然资源的保护。随着经济的发展,人们对自然资源的需求量也在加大,只停留在对自然资源的"保护"上,避免其被污染和被浪费已不够,还要对资源进行适当的改造,以提高其质量,如对久耕土地补充养料,以恢复其地力。这就要求人们主动地"养护"自然资源。环境保护法依据环境保护原有的精神及可持续发展的需要,提出"开发者养护"的原则。2015年1月1日起施行的《环境保护法》又将其确定为损害担责原则。

(三) 损害担责原则在物流领域的贯彻实施

我国将损害担责原则分解为污染者付费、利用者补偿、开发者养护等三个方面的制度予以贯彻实施。

1. 污染者付费

污染者付费,是指对环境造成污染的组织或个人,有责任承担对环境造成的损害及治理环境的费用,或对其污染源和被污染的环境进行治理。污染者付费是通过落实环境保护目标责任制,健全排污收费制度,明确污染者保护环境、治理环境的责任,采取限期治理的措施、实施环保奖惩政策实现的。

(1) 落实环境保护目标责任制

《环境保护法》第26条规定,国家实行环境保护目标责任制和考核评价制度。该制度是把环境保护任务定量化、指标化,并层层落实的管理措施。它一般以签订责任书的形式,具体规定各级领导[从省长、市长、区长(县长)直到基层的厂长]在任期内的环境目标和管理指标,并建立相应的定期检查、考核和奖惩办法。物流领域各环节要真正落实环保任务,在物流各环节把环境保护任务定量化、指标化,并强化环境保护部门的监督管理职能。

(2) 健全排污收费制度

按照污染物的种类、数量、浓度,根据有关规定征收费用,利用经济杠杆的作用,把排污量的大小同企业的经济效益直接联系。政府应对污染排放行为征税,限制造成负面外部效应的物流活动,如汽车运输带来的汽车尾气排放超标问题,可以根据污染者负担原则对其征税用以治理环境污染;征收道路使用税,可以起到鼓励企业选择铁路运输与水路运输的作用；对城市交通繁忙地带加收道路使用税，可以调节交通流、缓解交通拥挤，减少空气污染。

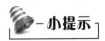

> 为解决地球的温室效应、大气污染等各种社会问题，日本政府与物流业界在控制污染排放方面，积极实施在干线运输方面推动模式转换（由汽车转向对环境负荷较小的铁路和海上运输）和干线共同运行系统的建构，在都市内的运送方面推动共同配送系统的建构以及节省能源行驶等。
>
> 日本政府2001年出台的《新综合物流实施大纲》重点之一就是要减少大气污染排放，加强地球环境保护，对可利用的资源进行再生利用，实现资源、生态和社会经济良性循环，建立适应环保要求的新型物流体系。

（3）明确责任、限期治理

明确污染者保护环境、治理环境的责任，采取限期治理的措施。这种措施使污染物流企业的治理责任更加明确并有了时间上的限制，有助于疏通资金渠道和争取基本建设投资指标，使污染治理得以按计划进行，有利于相关的其他工作的顺利进行。

（4）实施环保奖惩政策

对于在削减污染或综合利用方面作出较大贡献的单位和个人进行政府奖励。如利用别人的废弃物进行生产的，可以减免其产品税。但对于故意违法排污，造成环境污染和环境破坏者，应借鉴外国的惩罚性赔偿制度，严厉处罚，以加强对环境的保护。

2. 利用者补偿

（1）利用者补偿原则的确立依据

环境资源是有价值的，人们对环境资源的利用、消耗，以及对环境资源的污染，必将折损其价值。因此，环境资源的利用者和污染破坏者必须付出相应代价，承担经济责任，来补偿环境资源的损失。大量的生产非环保产品的企业之所以存在，宁可交排污费继续污染也要进行生产，是因为其产品有市场。如果消费者因利益所驱选择了环保产品，就会从根本上消灭不利于环境资源保护的企业的运行动力，否定其产品的市场，从根本上实现环保消费。

（2）利用者补偿原则的内容

利用者补偿原则有两大内容：一是利用环境资源的单位或个人必须承担经济补偿责任。它们是从对自然资源的使用中获得企业的利益的，必须对自然资源进行经济补偿，以恢复其价值。其补偿方式可以是缴纳环境税。二是使用消耗自然资源或对环境有污染作用的产品的消费者必须承担经济补偿责任。以自身消费为目的而利用或污染环境资源的间接受益者，也是环境资源的受益者。

> **小提示**
>
> 为了促进无铅汽油的使用,从1986年开始,瑞典对含铅汽油征税,税额超过含铅汽油无铅化的处理费,使1993年比1988年铅的排放量减少了80%,并逐步实现铅的零排放。美国于1990年对使用臭氧层损耗物质设立税收,收效明显。
>
> 荷兰为了使家庭承担一部分垃圾处置费用,向家庭征收垃圾费,在农村减少了大约10%的家庭垃圾量。从以上的实例可以看出,对消费者征收环保费用收效显著。

(3) 利用者补偿原则在物流领域的贯彻

① 做好"绿色税"的立法工作。建立和规范"绿色税"与"绿色费"的收缴制度。

② 加大宣传力度。让消费者明确"绿色税"的意义,做到自觉缴付。并倡导消费者尽量使用绿色环保产品及运输方式,直至普及绿色环保产品。

③ 严格实施排污总量控制制度、征收环境资源税费制度,建立健全生态补偿制度。

3. 开发者养护

(1) 开发者养护的概念

开发者养护是指对环境和自然资源进行开发和利用的组织或个人,有责任对其进行恢复、整治和养护。它体现了"开发利用与保护增殖并重"的方针。对于可更新的资源,应当在不断增殖的前提下持续使用,对于不可更新的资源,应当节约利用、综合利用。开发利用环境资源的单位和个人,不仅有开发利用的权利,还有养护的义务。

(2) 开发者养护的立法

《环境保护法》第6条规定:"地方各级人民政府应当对本行政区域的环境质量负责。"第33条规定:"各级人民政府应当加强对农业环境的保护,促进农业环境保护新技术的使用,加强对农业污染源的监测预警,统筹有关部门采取措施,防治土壤污染和土地沙化、盐渍化、贫瘠化、石漠化、地面沉降以及防治植被破坏、水土流失、水体富营养化、水源枯竭、种源灭绝等生态失调现象,推广植物病虫害的综合防治。"

(3) 开发者养护在物流领域的贯彻

开发利用环境资源的物流企业和个人,必须按照建设项目环境管理的规定,严格执行环境影响评价制度和"三同时"制度,防止在开发建设活动中对环境和自然资源造成污染和破坏。《水土保持法》第27条规定:"依法应当编制水土保持方案的生产建设项目中的水土保持设施,应当与主体工程同时设计、同时施工、同时投产使用;生产建设项目竣工验收,应当验收水土保持设施;水土保持设施未经验收或者验收不合格,生产建设项目不得投产使用。"《矿产资源法》第32条规定:"开采矿产资源,应当节约用地。耕地、草原、林地因采矿受到破坏的,矿山企业应当因地制宜地采取复垦利用、植树种草或者其他利用措施。"

五、公众参与原则

(一) 公众参与原则确立的依据

公众参与原则是指在环境保护活动中,任何单位和个人均有权通过一定的程序和途径参与有关环境的立法、司法、执行、法律事务监督的决策。

在公民参与环境决策的理论依据中最重要的有环境公共财产理论和公共信托理论。环境公共财产理论认为,在当今环境污染和破坏严重,人类正常生活受到严重威胁的情况下,空气、阳光、水等人类生活所必需的环境要素是有限的,是一种稀有资源。它属于全体居民所共有,任何人在未征得其他共有人同意的情况下,不得任意占有、支配和损害。公共信托理论认为,环境资源是全体人民的"公有财产",为了合理支配和保护公有财产,人民委托国家来管理。国家对环境的管理是受委托行使管理权的,因而不能滥用委托权。

上述理论从不同角度阐述了环境与个人利益的关系,表明环境问题不仅是一个社会公益性问题,而且还是与每个居民的安全和健康密切联系的私益问题,为公民广泛参与环境保护及其成为环境法的原则提供了理论依据。

(二) 环境保护的公众参与原则的内容

1. 公众参与环境资源立法

环境资源法是具有较强技术性的法律,在制定环境资源法过程中,应允许立法机关以外的人员参与发表意见,请有关学科的专家从科学技术角度对是否具有可行性和合理性进行论证。

2. 公众参与环境资源司法救济

在环境资源法的司法救济过程中引入公众参与原则,可以使公民以个人身份对构成公益妨害的污染行为提起诉讼。

3. 公众参与环境资源管理和监督

环境影响评价等环境资源的行政管理中,由于行政部门出于自身的部门利益等原因,可能导致行政行为的不合理。让公众参与这种行政行为并纠正其不合理之处,可以降低行政成本,这样使环境资源行政管理更加科学,同时也调动了全社会参与环境资源保护的积极性。

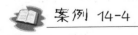
案例 14-4

广州市黄沙水产交易市场是华南地区最大的水产品综合市场,是一个 24 小时全天候的批发交易市场。由于黄沙市场不断发展,有关单位拟对其进行扩建,计划将原来的

2.5万平方米的占地面积增加至5.2万平方米,打算将其发展成国内最大的水产品交易市场。但如此大的举措无疑会对周边群众的生活造成更大的影响。

既然市场的建设同公众的利益休戚相关,就必须倾听群众的呼声,为此,国家环保总局在对该项目进行环境影响评价的过程中积极贯彻公众参与原则,召开了公众座谈会,邀请了当地18位公众代表参与评估。

在座谈会上,承担黄沙市场扩建项目环境影响评价、报告书编制的环保总局华南环境科学研究所向公众介绍了黄沙市场扩建后可能会产生的污染:市场工作人员和顾客的生活废水、海鲜档口废水、海鲜餐厅厨房含油废水;备用柴油发电机的燃油废气、餐厅厨房产生的油烟、厨房燃气废气、进出市场机动车辆尾气、臭气;发电机、空调机组、水泵、风机、机动车辆、船舶及娱乐场所产生的噪声;工作人员日常生活垃圾、海鲜档口丢弃废海鲜以及餐厨废弃物等固体废弃物。

对可能产生的污染,环评报告提出了解决对策:建污水处理装置,对市场内产生的餐饮废水、海鲜市场废水进行简单处理,之后排入市政污水管道;对废弃物进行集中堆放,由环卫部门集中处理;对厨房产生的油烟必须高效处理;噪声产生单位要对高噪声设备进行隔音、消音减震。

公众代表听取环境影响评价报告后,积极发言,阐述了市场周边居民对黄沙市场环境质量的要求。他们的意见对于完善环评报告起到了非常重要的作用。

(资料来源:作者自编)

(三)公众参与原则在立法中的贯彻

公民参与环境管理不仅是环境保护的需要,也是一个国家是否重视和保护公民权利的重要标志。在我国,公民的一部分环境权利在法律形式上得到了确立。《中华人民共和国环境影响评价法》第11条规定:"专项规划的编制机关对可能造成不良环境影响并直接涉及公众环境权益的规划,应当在该规划草案报送审批前,举行论证会、听证会,或者采取其他形式,征求有关单位、专家和公众对环境影响报告书草案的意见。但是,国家规定需要保密的情形除外。编制机关应当认真考虑有关单位、专家和公众对环境影响报告书草案的意见,并应当在报送审查的环境影响报告书中附具对意见采纳或者不采纳的说明。"这条规定是我国首次在环境立法上明确规定公众参与的条款。

此外,《环境保护法》《水污染防治法》《环境噪声污染防治法》《建设项目环境保护管理条例》也有相关的规定,这些规定为公众参与环境保护提供了法律依据,随着民主化进程在环境领域的推进,这项原则将不断完善。

《固体废弃物污染环境防治法》第3条规定:"国家推行绿色发展方式,促进清洁生产和循环经济发展。国家倡导简约适度、绿色低碳的生活方式,引导公众积极参与固体废物污染环境防治。"

扩展阅读 14.6

菜鸟破快递回收难题 "双11"全国百个驿站启动"回箱"计划

思考与练习

1. 简述绿色物流的理论依据。
2. 简述物流的负面环境影响。
3. 如何在物流领域贯彻协调发展原则？
4. 如何在物流领域贯彻预防为主原则？
5. 如何在物流领域贯彻公平承担环境责任原则？

参 考 文 献

[1] 罗佩华.物流法律法规[M].2版.北京：清华大学出版社,2013.
[2] 张冬云.物流法律法规概论与案例[M].2版.北京：北京交通大学出版社,2015.
[3] 王容.物流法规与实务[M].2版.杭州：浙江大学出版社,2016.
[4] 胡美芬.物流法规教程[M].2版.北京：电子工业出版社,2016.
[5] 李爱华.环境资源保护法[M].北京：清华大学出版社,2017.
[6] 方仲民,方静.物流法律法规基础[M].2版.北京：机械工业出版社,2017.
[7] 姚会平.物流法规实务[M].2版.成都：西南财经大学出版社,2017.
[8] 李志文.物流实务操作与法律[M].4版.大连：东北财经大学出版社,2017.
[9] 王海兰,张帅.物流标准与法规[M].2版.上海：上海财经大学出版社,2018.
[10] 李爱华.物流法律法规[M].2版.北京：清华大学出版社,2018.
[11] 施天涛.公司法论[M].北京：法律出版社,2018.
[12] 李联卫.物流案例精选与评析[M].北京：化学工业出版社,2019.
[13] 王枚.物流法律法规[M].3版.武汉,华中科技大学出版社,2019.
[14] 罗佩华.物流法律法规[M].3版.北京：清华大学出版社,2019.
[15] 杨立新.《民法典》总则编案例精解[M].北京：知识产权出版社,2020.
[16] 龙卫球.中华人民共和国民法典合同编释义[M].北京：中国法制出版社,2020.
[17] 崔建远.中国民法典释评·物权编[M].北京：中国人民大学出版社,2020.
[18] 王利明.民法总则[M].北京：中国人民大学出版社,2020.
[19] 戚兆岳.中华人民共和国民法典.合同编释义[M].北京：人民出版社,2020.
[20] 朱广新,谢鸿飞.民法典评注：合同编 通则[M].北京：中国法制出版社,2020.
[21] 李爱华.合同法[M].北京：清华大学出版社,2021.
[22] 李少伟,张晓飞.合同法[M].北京：法律出版社,2021.
[23] 李永军.合同法[M].5版.北京：中国人民大学出版社,2021.
[24] 王利明.合同法上册[M].2版.北京：中国人民大学出版社,2021.

教师服务

感谢您选用清华大学出版社的教材！为了更好地服务教学，我们为授课教师提供本书的教学辅助资源，以及本学科重点教材信息。请您扫码获取。

》 教辅获取

本书教辅资源，授课教师扫码获取

》 样书赠送

物流与供应链管理类重点教材，教师扫码获取样书

 清华大学出版社

E-mail: tupfuwu@163.com
电话：010-83470332 / 83470142
地址：北京市海淀区双清路学研大厦 B 座 509

网址：http://www.tup.com.cn/
传真：8610-83470107
邮编：100084